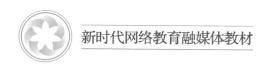
新时代网络教育融媒体教材

现代教育思想

（第二版）

刘志文　张成林　主　编

杨　翠　副主编

U0360561

清华大学出版社

北京

内 容 简 介

本书选取当前国内外主流教育思想分章编写,全书包括素质教育思想、生命教育思想、生涯教育思想、创新教育思想、公民教育思想、终身教育思想、科学教育思想、自然教育思想、劳动教育思想、全民教育思想、网络教育思想和智能教育思想共十二章内容。本书的编写注重内容与形式的创新性和实践性:内容贴近当前基础教育课程改革、教学改革的现实与发展趋势,注重理论与实践相结合;形式注重案例分析和应用指导,适量编排练习,适应网络学习、自主学习的特点和需要。

本书适合作为全日制及网络教育、职业教育本科层次相关课程教材,也适合作为一线教师、教育科研者的参书考。

本书封面贴有清华大学出版社防伪标签,无标签者不得销售。

版权所有,侵权必究。举报:010-62782989,beiqinquan@tup.tsinghua.edu.cn。

图书在版编目(CIP)数据

现代教育思想/刘志文,张成林主编. —2 版. —北京:清华大学出版社,2021.9(2025.3 重印)

新时代网络教育融媒体教材

ISBN 978-7-302-59224-2

Ⅰ. ①现… Ⅱ. ①刘… ②张… Ⅲ. ①教育思想—网络教育—教材 Ⅳ. ①G40

中国版本图书馆 CIP 数据核字(2021)第 184531 号

责任编辑:田在儒
封面设计:刘 键
责任校对:刘 静
责任印制:丛怀宇

出版发行:清华大学出版社
  网   址:https://www.tup.com.cn,https://www.wqxuetang.com
  地   址:北京清华大学学研大厦 A 座   邮   编:100084
  社 总 机:010-83470000   邮   购:010-62786544
  投稿与读者服务:010-62776969,c-service@tup.tsinghua.edu.cn
  质量反馈:010-62772015,zhiliang@tup.tsinghua.edu.cn
印 装 者:三河市人民印务有限公司
经   销:全国新华书店
开   本:185mm×260mm   印   张:14.25   字   数:257 千字
版   次:2012 年 8 月第 1 版 2021 年 10 月第 2 版   印   次:2025 年 3 月第 3 次印刷
定   价:45.00 元

产品编号:076013-01

新时代网络教育融媒体教材
编 委 会

主　编：陈文海　邓　毅

委　员：宋　英　单志龙　武丽志　韩　明
　　　　张妙华　潘战生　陈小兰　卢和琰
　　　　赖显明

本书编委会

主　编　刘志文　张成林

副主编　杨　翠

编　委（排名不分先后）
　　　　甘素文　廖婷婷　何宇媚　任玥姗　吴　光　罗　剑
　　　　吴漫莎　黄一红　骆峰云　陈秋敏　李　晔　贾　勇

进入新时代,党和政府高度重视各级各类教育的教材建设,注重发挥教材在立德树人中的重要作用。2016 年,在全国高校思想政治工作会议上,习近平总书记就提出"教材建设是育人育才的重要依托"这一重要论断。课程教材作为学校教育工作的核心内容之一,集中体现了教育思想和理念、人才培养的目标和内容。教育部陈宝生部长强调高等教育要实现"四个回归",第一个回归就是"回归常识",而"教育的常识就是读书",对于大学生来说,首先要读好、读懂、读通的就是"课程教材"。2019 年,教育部高教司吴岩司长也在多个场合反复强调"教学改革改到深处是课程,改到痛处是教师,改到实处是教材"。足见教材的重要性,以及教材建设的紧迫性。

对于网络教育、继续教育来说,教材则更加重要。因为学习者大多数时间都是依靠教材和数字化学习资源进行自学的。印刷教材成本低、携带方便、容易保存,可以反复看、跳跃看、边看边做笔记,是非常重要但又极易被忽视的移动学习资源。教材是晦涩难懂还是通俗易懂,直接影响着远程教育学生的学习热情、学习体验和学习成效,关乎学生的学习获得感和成就感。

华南师范大学高度重视网络教育教材建设,并将教材建设作为网络教育高质量发展的重要抓手之一。2008—2011 年,我校承担并完成了教育部重大研究课题"继续教育改革和发展战略与政策研究"的子课题"远程与继续教育教材设计的现状、问题与发展研究",并于 2011 年在清华大学出版社正式推出了"新世纪网络教育系列教材",迄今已出版 24 册,在行业内产生了积极影响。在相关研究与实践过程中,我们注重成人学习、远程学习的特点和规律,充分发挥印刷教材作为教学内容主要载体和联系其他教学媒体的纽带作用,以霍姆伯格"有指导的教学会谈理论"为指导,努力创新版面设计、表现形式、编写方式,力争做到图文并茂、通俗易懂、易学易用,满足学习者的多样化、个性化、自主学习需求。

2014 年是中国"融媒体"元年。当年 4 月,《人民日报》刊登《加快推进传统媒体和新兴媒体融合发展》一文,8 月中央全面深化改革领导小组第四次会议审议通过了《关于推动传统媒体和新兴媒体融合发展的指导意见》。所谓"融媒体",就是充分利用互联网载体,把那些既有共同点,又存在互补性的不同媒体,在人力、内容、宣传等方面进行全面整合,实现"资源融通、内容兼融、宣传互融、利益共融"。说到底,"融媒体"要"融"的关键就是传统媒体和网络媒体。

站在"融媒体"的时代高度，网络教育、继续教育的教材应当怎样编、怎样建设——我们一直在思考，在酝酿，在探索。在原有印刷教材建设的经验和基础上，经过积极筹备，我们引导课程主讲教师（也是教材主编）在原有印刷教材基础上，录制系列精品教学微课（通常 5~15 分钟，最长不超过 30 分钟），并用二维码的方式实现纸介图书与在线微课的链接，进一步促进学生的线上线下混合学习。这就是本套丛书的建设背景和基本思路。

概括而言，本套丛书有如下特点，也是我们教材建设的主张和初心。

一是强调立德树人、育人为本，将思想政治教育融入课程，融入文化知识教育，贯穿教材体系。让教师一开始就围绕这个目标来设计教材，从而让学生能够始终围绕这个目标来学习。

二是强调以学生为中心，让学生（特别是成人业余自学的学生）易学、易用，因此我们更愿意称其为"学材"而非"教材"。无论是内容选取，还是编写体例，一切的出发点是"学生"，而不是"教师"。简单说，就是站在学生（读者）的立场来设计。

三是强调突出远程教育特色，特别是促进学习者与教材的交流与对话。我们将教师的"教"融入教材，将学生的"活动"融入教材，增进学生和教材的互动、和网络资源的互动、和其他学习者的互动，从而实现学生跟着教材就能够自学的目的。

四是强调立体化、网络化，也就是定位在"融媒体"。通过二维码实现传统教材与网络视频、音频、讨论组、其他外部资源等的链接，从而使得教材从封闭走向开放，从静态走向动态。

五是强调立足岗位，贴近实践。作为网络教育、继续教育的教材，其内容必须满足成人在职学生的岗位能力提升需求，因此教材会有更多案例，更多实操内容，而非仅仅是概念、原理的罗列。跟得上一线实践的发展，与岗位技能标准对接是我们追求的目标。

六是强调表现形式上的生动活泼、通俗易懂。把复杂的事情用通俗的语言表达出来是一门学问，需要编写者有深厚的学科功底和语言功底。本套丛书从编写体例、栏目设计、语言文字等方面，力求循序渐进、娓娓道来、图文并茂、生动活泼，从而降低阅读难度，提高基于教材的自学效果。

本套教材的出版离不开清华大学出版社一贯的大力支持，也离不开各位领导、专家的关心与指导，更离不开各位主编及其团队的辛勤付出，在此一并感谢！正是大家的共同努力，推动了本套教材的面世，谢谢大家！

邓 毅

于广州·华南师范大学

2020 年 1 月

第二版前言

本书第一版自 2012 年 8 月出版以来已历经九年，其间国内外社会、经济、文化形势发生了较大变化，教育领域中的新思想和新实践层出不穷，令人耳目一新。相形之下，原版本的框架已显缺失，且部分内容泛珠黄之色故需要做出较大修改。本书修改之前，编写团队内部达成共识：在科学研究的基础上，尽量包容新的教育思想观念，反映新的教育发展形势。本次完善的现代教育思想以我国社会主义市场经济改革和教育现代化为背景，借鉴近代以来特别是 20世纪中叶以来世界教育理论与实践的成功经验，研究我国当前教育改革的现实问题，探索我国教育现代化进程的重要规律和发展趋势。本书包括两个维度：首先是从"人"的维度出发，具体涉及素质教育思想、生命教育思想、生涯教育思想、创新教育思想、公民教育思想和终身教育思想等；其次是从"社会"的维度出发，具体涉及科学教育思想、自然教育思想、劳动教育思想、全民教育思想、网络教育思想和智能教育思想等。它是以我国教育教学改革的实践需要和教育基本原理领域内的新的认识成果为依据，介绍当今时代教育思想的发展线索以及我国基础教育的改革与发展情况。

本书是集体劳动的成果，主要由华南师范大学、韶关学院、广西师范大学、上海市嘉定区金鹤学校等院校教师协作完成。本书由刘志文（华南师范大学）、张成林（韶关学院）担任主编，并拟定全书体例和编写提纲，杨翠（韶关学院）担任副主编，甘素文（华南师范大学）、廖婷婷（华南师范大学）、黄一红（广西师范大学）、李晔（上海市嘉定区金鹤学校）、骆峰云（广西师范大学）、陈秋敏（肇庆高新技术产业开发区龙湖学校）等参加编写。全书共十二章，具体分组如下：绪论由刘志文编写；第一章、第四章由陈秋敏和张成林编写；第二章、第三章由廖婷婷和刘志文编写；第五章、第七章由骆峰云和张成林编写；第六章由杨翠编写；第八章、第十一章由甘素文和张成林编写；第九章、第十章由李晔和张成林编写；第十二章由黄一红和杨翠编写。本书由刘志文、张成林统稿，丁彦瑜（华南师范大学）参与文字修改和校对工作。

本书在出版过程中得到了华南师范大学的大力支持和帮助，谨此表示衷心的感谢。尽管本书的编写酝酿已久，但在具体编写过程中还是感觉力不从心，书中难免存在错漏，敬请各位读者批评、指正。

刘志文　张成林

2021 年 8 月

本教材立足基础教育改革国情，放眼世界教育的发展趋势，理论框架注重科学性、时代性和适应性。教材选取当前国内外主流教育思想分章编写，包括绪论、人本主义教育思想、实用主义教育思想、科学教育思想、公民教育思想、素质教育思想、创新教育思想、实践教育思想、终身教育思想和全民教育思想共十章。教材编写注重教材内容与形式的创新性和实践性：内容贴近当前基础教育课程改革、教学改革的现实与发展趋势，注重理论与实践相结合；形式注重案例分析和应用指导，适量编排练习，适用于网络学习、自主学习的特点和需要。

本教材编写是集体合作的结果，各章编写的分工情况如下：第一章（刘志文）；第二章（刘志文、任玥姗）；第三章（刘志文、吴漫莎）；第四章、第五章（吴光）；第六章（贾勇）；第七章（刘志文、罗剑）；第八章（刘志文、罗剑）；第九章、第十章（何宇媚）。

刘志文

2012 年 7 月

目 录

1 绪论

9 第一章　素质教育思想

10　　　第一节　素质教育思想的发展历程

16　　　第二节　素质教育思想的主要内容

25　　　第三节　素质教育思想的案例分析

38 第二章　生命教育思想

39　　　第一节　生命教育思想的发展历程

43　　　第二节　生命教育思想的主要内容

48　　　第三节　生命教育思想的案例分析

53 第三章　生涯教育思想

54　　　第一节　生涯教育思想的发展历程

56　　　第二节　生涯教育思想的主要内容

63　　　第三节　生涯教育思想的案例分析

68 第四章　创新教育思想

69　　　第一节　创新教育思想的发展历程

72　　　第二节　创新教育思想的主要内容

83　　　第三节　创新教育思想的案例分析

89 第五章　公民教育思想

90　　　第一节　公民教育思想的发展历程

93　　　第二节　公民教育思想的主要内容

98　　　第三节　公民教育思想的案例分析

104 | 第六章　终身教育思想

105　　第一节　终身教育思想的发展历程

111　　第二节　终身教育思想的主要内容

117　　第三节　终身教育思想的案例分析

126 | 第七章　科学教育思想

127　　第一节　科学教育思想的发展历程

132　　第二节　科学教育思想的主要内容

138　　第三节　科学教育思想的案例分析

145 | 第八章　自然教育思想

146　　第一节　自然教育思想的发展历程

148　　第二节　自然教育思想的主要内容

153　　第三节　自然教育思想的案例分析

158 | 第九章　劳动教育思想

159　　第一节　劳动教育思想的发展历程

163　　第二节　劳动教育思想的主要内容

168　　第三节　劳动教育思想的案例分析

173 | 第十章　全民教育思想

174　　第一节　全民教育思想的发展历程

177　　第二节　全民教育思想的主要内容

181　　第三节　全民教育思想的案例分析

184 | 第十一章　网络教育思想

185　　第一节　网络教育思想的发展历程

188　　第二节　网络教育思想的主要内容

193　　第三节　网络教育思想的案例分析

198　第十二章　智能教育思想

199　　　第一节　智能教育思想的发展历程

203　　　第二节　智能教育思想的主要内容

210　　　第三节　智能教育思想的案例分析

213　参考文献

绪　论

 学习目标：

1. 掌握现代教育的八大特征；
2. 理解现代教育思想的内涵；
3. 理解现代教育思想的三大功能。

导　读

当前国际竞争日趋激烈，世界各国不约而同地把目光投向教育改革，特别是中小学教育改革，成为教育改革的基石。中国正在进行一场轰轰烈烈的教育变革，中小学教师成为教育研究与发展的生力军，由教育改革的缄默者，成为教育改革的主体。中小学教师从来没有像现在这样，受到学生的关注、受到家长的关注、受到学校的关注、受到政府的关注、受到社会的关注。教师已经随着教育发展的步伐走进社会的中心地带，教师正在影响着千千万万个孩子、千千万万个家庭，影响着国家的未来。随着教育改革的进一步深入，教育内容、教育手段和教学方法的不断更新，教师能否及时更新观念，用现代教育思想指导教育实践，成为影响中国教育改革成效的关键。总之，对现代教育思想的探索和实践是一项充满生机和极富发展前景的教育现代化活动。它的宗旨和任务就是促进受教育者素质的全面提高，为国家、为民族培养高素质人才，为 21 世纪的经济竞争、科技竞争、军事竞争和综合国力竞争服务。现代化教育思想是提高教育教学的核心要求，也是培养和造就全面发展的建设人才的必由之路。[①]

---

① 　张鸿芹. 现代教育思想及方法[J].包头职业技术学院学报,2004(1)：30-31,42.

一、现代教育的基本特征

现代教育是与传统教育相对应的概念，不同的学者有不同的界定。有的学者从内部因素入手，认为以赫尔巴特为代表的教育理论属于传统教育，其特点是强调课堂中心、教师中心和知识中心。而以杜威为代表的教育理论属于现代教育，其特点是强调尊重学生的兴趣和需要，注重学生的个性和经验。有的学者从外部条件入手，把现代教育界定为适合现代生产体系、现代经济体系、现代文化体系、现代科学技术、现代社会生活方式的教育概念、形态和特征。现代教育具有区别于传统教育的特征，其基本特征可以归纳为以下八个方面(图 0-1)。

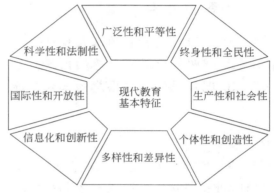

图 0-1 现代教育八大基本特征

（一）广泛性和平等性

现代教育必须满足不同群体的不同教育要求，也就是办好人民满意的教育，人民满意包括了教育的公平和教育的质量。公平包含教育机会的公平、过程的公平、结果的公平。教育机会的公平需要增加投入，教育过程的公平需要合理支配教育资源，教育结果的公平主要表现在每一个学生的潜力都能得到充分发挥，给每一个学生提供最适合的教育，使每一个学生都能成功。2019 年，我国毛入学率高等教育阶段达到 48.1%、高中教育阶段达到 88.3%、义务教育阶段达到 99.9% 以上，教育机会的公平性得到大幅提高，但是教育过程的公平性，教育的质量，与发达国家还有较大差距。

（二）终身性和全民性

终身教育思潮是逐步发展的，开始仅仅是为了适应科学技术的发展和产业结构调整，需要每一个人都能不断学习，学会生存。今天，终身教育已经不仅仅限于成人谋生的问题，更重要的是要促进人的全面发展。现在已经进入了学习型的社会,学习型的社会就是以学习求发展的社会,也就是创新的社会,是全民素质高水平的社会。教育不限于学校,也没有年龄限制,而是全民学习,时时学习,处处学习。

(三)生产性和社会性

教育与劳动相结合、与社会相结合,是现代教育的普遍规律。我们要培养掌握科学技术的人才,那就要把教育和科学技术、先进的生产力结合起来,与社会的生活结合起来,尤其是信息社会更是如此。现代教育必须打开大门,与企业、社会、各种团体联系,为社会经济发展服务。

(四)个体性和创造性

人的发展既有共性,又有个性。共性更多体现在社会的要求,个性更多体现在个体的要求。工业社会强调标准化、统一化,个性不能得到充分的发展;信息社会强调个体性、多样性,信息网络化为个别学习提供了可能,为个性发展提供了条件。个性的核心就是创造性,科学技术迅猛发展,要求教育培养具有创造能力的人才,同时激烈的社会竞争需要人才有个性,有创造精神和开拓精神。怎样培养个性、创造性呢?首先要承认学生的个别差异,每个学生都不一样。现在基础教育最大的问题是儿童的兴趣、天赋、爱好还无法得到充分的发展。

(五)多样性和差异性

既然教育有个体性,那么社会的多样性必然要求教育有多样性和差异性。教育已经进入了大众化的阶段,大众化教育与精英教育并存,既要培养社会生产发展需要的大众化、职业型人才,同时仍然要培养精英,培养一批杰出人才。所以,教育要有多样性、有差异性。

(六)信息化和创新性

信息技术应用引起了一场教育革命,引起了教育观念、教育过程、教育模式、师生关系、师生角色一系列的变革。教育已经冲出学校范围,学生可以随时获得信息。教师不是知识的唯一载体,只是引导学生选择正确的路线和策略,使他们在信息的海洋中不至于迷失方向。社会在变革,教育只有不断地创新,才能适应时代发展的要求。信息社会要求学校成为信息的策源地。

(七)国际性和开放性

随着国际间交流越来越频繁,信息交流越来越快,地球变得越来越小,教育的开放性、国际性越来越强。教育不能不被纳入全球化的轨道,教育只有加强开放的力度,才能够吸收世界优秀文化,为己所用。

国际化另一个内涵，就是要培养具有国际视野、了解国际形势、掌握国际交往能力的人才。

（八）科学性和法制性

现代教育建立在高度理智性的基础上，不是凭经验，而是依靠科学决策。教育科学性包含教育法制性，现代社会是法制社会，教育科学性要与法制结合起来，教育行为要由国家立法规范。

根据以上现代教育的特征，我们认为，现代教育是与现代社会相适应并为之服务的教育思想、教育制度、管理体系、教育内容、教育方法、教育形式的总和。虽然现代教育的内容十分广泛，但其核心和关键是现代教育思想观念，因为教育现代化是靠有现代教育理念的人去贯彻执行的。

二、现代教育思想的内涵

教育思想是人们对于教育的理性认识结果。一定的教育现象等社会存在决定着一定的教育思想。从广义上说，教育思想泛指人们对教育现象的认识，是指人们通过直接或间接的教育实践而形成的对教育现象和教育问题的认识、观点和看法。教育思想的核心内容集中在三个方面：培养什么人，为什么培养这样的人，怎样培养人。在狭义上，教育思想主要是指经过人们理论加工而形成的，具有思维深刻性、抽象概括性、逻辑系统性和现实普遍性的教育认识。因此，我们说教育思想是人的认识的产物，它本身是一个中性的概念，是人人都可能具有的普遍存在的概念；评价某个具体的教育思想是否正确，不同的人可能会有不同的看法。一般而言，只要是根据客观事实或符合于客观事实和规律所得出的认识结果，我们就说它是正确的教育思想，反之，不是根据客观事实或不能符合客观事实和规律的认识，就是不正确的教育思想。

教育思想具体包括教育指导思想、教育观念和教育理论三个部分，这三者既相互渗透又各有区别。①教育指导思想是指直接指导教育工作实践的带有方向性、指针性、政策性的教育思想。教育工作的指导思想是一个国家、一个社会占主导地位的教育思想的集中表现，它集中地反映了社会和国家办教育的根本方向、性质、目的和根本任务。宏观上表现为指导国家教育发展与改革总体走向的纲领性思想，如战略重点、优先发展和三个面向的思想等。微观上表现为学校工作的指导思想，主要表现为一所学校实际奉行的办学指导思想和学校各项具体工作实际坚持的指导思想。②教育观念是指以观念的形式存在于教育工作者和其他社会成员头脑中的、直接影响人们的教育行为的教育主张、教育观点和教育评价标准等，如人才观、质量观、教师观、学生观、方法观、主体观等。③教育理论是指人们在教育实践经验基础上抽象概括出来、由感性上升为理性、由一系列理论范畴所构成的较为系统和严密的教育思想,如我国人民教育家陶行知先生提出的"生活即教育、社会即学校、教学做合一"的生活教育理论。教育理论是对教育实践的较高层次的反映,具有间接性、深刻性、全面性、稳定性。教育理论、教育指导思想、教育观念都属于教育思想的范畴,它们有共同的本质属性,即它们都是来源于一定社会的教育实践,都是表明对于教育的认识和看法,都要指导教育实践。但它们各自的表现形式如上所述是不同的。此外,它们各自形成的途径也是不同的。教育指导思想主要是通过国家教育行政部门及教育决策机构按规定的程序来形成或制订的,可以适时地加以调整;教育观念则是人们在长期的教育实践中和在制约教育的各种社会因素的影响下逐步形成的,非一日之功;至于教育理论,只有通过长期的教育实践经验积累和进行系统的教育科学研究才能形成和发展。

现代教育思想是一门专门研究人们对于教育现象和教育问题的理性认识的学科。经过人们的理性加工,使其具有抽象的概括性、思维的深刻性、逻辑的系统性和现实的普遍性,从而达到教育、启发广大教育工作者,以及提高全体社会成员分析、解决实际问题的能力,正确认识教育发展变化规律,正确使用教育教学方法的目的。现代教育思想是在我国社会主义现代化建设背景下产生的新型教育思想,代表着当今社会的教育特点以及当今社会的发展主题,现代教育思想可以分为理论型现代教育思想、实践型现代教育思想以及政策型现代教育思想①。理论型现代教育思想是现代教育的理论基础;实践型现代教育思想是我国广大教师群体在对学生进行实践教学的过程中逐渐积累形成的教育思想;政策型现代教育思想是我国教育部根据当代教育的发展趋势,对学校教育发展方向进行政策性引导的现代教育思想。三种现代教育思想在现代教育思想发展方面相辅相成,相互促进,共同推动我国现代教育思想的快速进步。② 现代教育思想是反映现代教育教学的内在规律,符合现代教育发展和改革的时代需要的教育思想。现代教育思想既有共性,又有个性。现代教育思想的共性特征,是指现代教育思想必须符合国际上现代教育发展的共同趋势,是能够在现代教育的发展与改革中起主导或指导作用的主流教育思想。

本书选编的现代教育思想以我国社会主义市场经济改革和教育现代化为背景,借鉴近代以来特别是 20 世纪中叶以来世界教育理论与实

① 季瑶佳. 现代教育思想下的汉语言文学教学分析[J]. 中外交流,2017(28):153-154.

② 严梅. 现代教育思想引导下的汉语言文学教学创新路径[J]. 黑龙江教育学院学报,2019,38(8):34-36.

践的成功经验,研究我国当前教育改革的现实问题,探索我国教育现代化进程的重要规律和发展趋势。全书内容可分为两大方面:一是从"人"的维度出发,具体涉及素质教育思想、生命教育思想、生涯教育思想、创新教育思想、公民教育思想和终身教育思想等;二是从"社会"的维度出发,具体涉及科学教育思想、自然教育思想、劳动教育思想、全民教育思想、网络教育思想和智能教育思想等。总体上来看,以我国教育教学改革的实践需要和教育基本原理领域内的新的认识成果为依据,介绍当今时代教育思想的发展线索以及我国基础教育的改革与发展情况。

三、现代教育思想的功能

现代教育思想与教育实践有着密不可分的关系,从来源看,教育思想源于教育实践;从性质看,教育思想高于教育实践;从功能看,教育思想服务于教育实践。从教育思想与教育实践的关系来说,现代教育思想的功能体现在认识教育实践、指导教育实践、推动教育改革三个方面(图 0-2)。

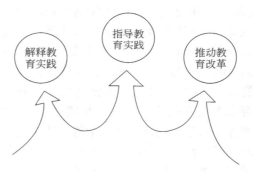

图 0-2　现代教育思想的三大功能

（一）认识教育实践

现代教育思想的价值在于揭示教育的本质和发展规律,对过去和当前的教育现象作出科学的说明和阐释,从而增进人们对教育的完整理解以及对教育诸多要素之间逻辑关系的把握,是教育者提高认识能力、理论素养和科学精神的重要条件。现代教育思想有助于启发人们的观察和思考,提高人们的认识能力,形成人们自己的教育思想和观点,从而使人们成为拥有教育智慧的人。现代教育思想还可以促进教育者进行自我观照、自我分析、自我评价、自我总结等,使教育者能够客观而理性地分析和评价自己的教育行为及结果,从而增强自我教育意识,学会自我调整教育目标、改进教育策略、完善教育技能等,最终由一个自发的教育者变成一个成熟的教育者。

（二）指导教育实践

现代教育思想的真正价值,在于告诉人们现代教育"是什么""为什么"与"怎么做"。这些问题的回答,可以从宏观与微观的不同维度给教育实践以有效的指导。现代教育思想对实践的指导主要表现在:在教育决策领域,它可以指导决策者借助理性的规范,遵循教育发展的客观规律去完成各种正确的决策,使决策过程按教育规律办事而不是按主观愿望、长官意志办事,从而避免决策的失误,提高决策的科学性;在学校教育教学过程中,现代教育思想可以帮助教师按照教育和教学规律及学生的身心发展特点去完成教育和教学的任务。认真研究教学过程的本质和特点,研究学生的智力和非智力状况,研究教学方法和教学原则,吸收古今中外优秀的教育遗产,从而提高教育和教学的效果与质量;在学校教育管理领域,现代教育思想可以提高管理者的教育理论水平和管理能力,指导学校管理者协调各方面的力量,以人为本,确定制度,加强监督,提高管理的科学化和效率化水平。

（三）推动教育改革

教育改革是人们有计划有目的地变革现存教育的活动,它是一种特殊的教育实践。教育改革是教育领域里的创新。进行教育改革既需要改革的勇气和魄力,又需要相应思想和理论的理性指导。没有理论指导的实践是盲目的实践,而盲目的实践是注定要失败的。现代教育思想作为教育实践的研究成果,它既来自教育实践,又高于教育实践。它是在若干教育实践和教育经验的基础上,经过理性的抽象概括而总结出来的带有普遍指导意义的理性精华。同样,由于教育改革理论经过了理性的加工,因而它能摆脱具体经验的局限而对所有的教育改革实践起指导作用。它可以根据社会发展的必然趋势和对教育的需求,提出教育改革的理论框架,并对教育改革的背景、动因、目的、条件、过程、模式、策略、方法、保证和效应机制等给予系统化的说明,从而使得教育能够在理性的指导下进行,避免"摸石头过河""跟着感觉走"带来的诸多失误。

现代教育思想对教育改革的推动作用,主要体现在三个方面:第一,用"理性尺度"评价现实,揭露现代教育中的种种弊端,使人们认清现代教育中存在的不合理因素;第二,对未来教育进行预测、设计、规划,从对现代教育的评价中和对未来社会发展的分析中提出未来教育的目标、内容、方法、制度、形式等,指明教育改革的方向;第三,靠社会舆论力量呼唤社会,尤其是教育界投身教育改革,使教育工作者具有参与教育改革的自觉性、积极的热情和必胜的信心。

思 考 题

1. 现代教育的基本特征是什么？
2. 教育思想的内涵是什么？
3. 现代教育思想的功能是什么？
4. 教育思想由哪三部分组成？三者之间是什么关系？
5. 现代教育思想对教育改革的推动作用体现在哪些方面？
6. 结合实际，谈谈学习现代教育思想的意义。

第一章
素质教育思想

 学习目标：

1. 了解素质教育在西方的发展历程及代表人物；
2. 了解素质教育在中国的发展历程；
3. 理解素质及素质教育的内涵；
4. 掌握素质教育思想的主要内容；
5. 掌握素质教育的主要目标；
6. 掌握素质教育的实施策略。

导读

20世纪80年代初，针对教育中片面追求升学率的应试教育倾向，中国学者提出了素质教育概念，并逐步丰富、发展成为我国教育改革的重要指导思想。素质教育思想的核心是教育要面向全体学生，促进学生全面的、主动的、生动活泼的发展，素质教育思想与西方"博雅教育""自由教育"有一定的历史渊源，是对"全面发展教育"思想的完善和深化。

教学视频

第一节 素质教育思想的发展历程

一、素质教育思想在西方

西方没有"素质教育"这一提法，他们的"博雅教育"大体上可与我国素质教育概念相对应。博雅教育译自 General Education 或 Liberal Education，源于古希腊，是西方传统文化中最早的教育思想，即"普通教育"或"自由教育"。其本质就是使人成为人的教育过程，其教育的目的不是给学生一种职业训练或专业训练，而是培养一种身心全面发展的理想的人格，或者说发展一种丰富的健康的人性。因此，博雅教育和素质教育有异曲同工之处。探讨素质教育在西方的发展也可以认为是探讨博雅教育在西方的发展。

从古希腊、古罗马到近代英国，再到当代美国，博雅教育思想的发展深刻地影响了西方教育制度、课程模式及知识传统。可以说，"博雅教育"概念是理解整个西方教育思想的关键所在。其发展历程大致经历了以下几个阶段（图 1-1）。

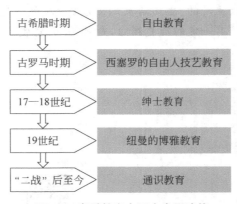

图 1-1　素质教育在西方发展脉络

（一）作为政治教育与哲学教育的自由教育

一般认为，博雅教育思想的萌芽源自古希腊的亚里士多德。在他看来，城邦是"由自由人组成的共同体"，自由人教育不仅是一种在理性中的教育，也是一种在德行中的教育。真正的自由人不仅区别于奴隶，而且区别于工匠、佣工等普通平民，他们是城邦中的理想公民，拥有充分的闲暇从事政治、研究哲学。在这个意义上，亚里士多德的自由人教育是一种政治教育和公民教育，而且是对"理想公民"，即政治家的教育。由于公民是一项特权而非权利，所以这种教育不是对所有人的教育，而是对那些具有闲暇的自由人的教育。"自由"的教育是音乐、政治和其他理论科学（哲学）的教育；"实用"的教育则是绘画、读写、体育等学科的教育。这两种教育形式并不排斥，而是相互补充、前后相继。青少年第一阶段的教育（7～14 岁）以实用而必需的事物为主，第二阶段的教育（15～21 岁）则以自由而高贵的事物为主。

（二）西塞罗的自由人技艺教育

古罗马著名的政治家、雄辩家和哲学家西塞罗最早提出了自由人技艺教育概念。他认为，"自由人技艺"是指符合生来自由人之身份的、高贵的技艺，所谓"自由"，主要指相对于生活必需品的自由。这种自由指自由民等贵族阶层可以拥有参与政治、进行哲学思考的闲暇，而政治和哲学则被视为真正自由和善的领域；西塞罗心目中的雄辩家并不是普通的罗马雄辩术教师所培养出来的狭隘化的、专业化的雄辩家，而是受到全面的文化训练并将哲学与修辞学结合起来的"哲学家—雄辩家"。西塞罗在博雅教育思想史上的意义，一方面在于他强调雄辩家应该具有全面的知识，另一方面则在于他强调雄辩家应该将智慧与雄辩结合起来。哲学与修辞的结合，或者说智慧与雄辩的结合是西塞罗的修辞学教育理论最重要的标志。

在古罗马教育学说中，西塞罗的自由人教育学说是主导性的观念，它将"自由"理解为与财富、出身相联系的政治自由，即"适合于生来自由人的"。后来塞涅卡引入了一种对于"自由"的新的理解，与传统的强调自由人身份的理解不同，他将自由和实践德行、追求哲学智慧结合起来，从而一定程度上缓和了自由人和奴隶之间的阶级对立，这标志着对自由人教育的理解已经开始从"政治自由"转向"精神自由"。

（三）17—18 世纪的绅士教育

17—18 世纪，博雅教育旨在养成文雅绅士和文雅学者。18 世纪的绅士是一个"文雅的人"或"绅士—学者"，故绅士教育以文雅知识为核心。博雅艺术或博雅学科可理解为绅士学科。由于礼仪、社交、交谈成为博雅教育最为重要的目标，因此，语言和礼仪备受重视。舞蹈、击剑成为绅士教育的必要组成部分，舞蹈学校、击剑学校纷纷兴起，炙手可热。和中世纪相比，"博雅艺术"概念发生了革命性的变化。随着现代美术概念的形成以及美术地位的提高，绘画、雕塑、建筑这三门"视觉艺术"或"姐妹艺术"，被普遍认为属于博雅艺术的范畴，政治学、自然哲学、医学都被视为博雅艺术或博雅科学。自然而然地，liberal 一词的内涵也发生了变化。在中世纪，人们普遍地从心灵自由和精神自由的层面理解 liberal，而在 18 世纪，人们更多地从"雅"的角度来定义 liberal。

（四）纽曼的博雅教育学说

纽曼的博雅教育思想是希腊传统、古罗马传统、中世纪传统、文艺复兴传统、18 世纪绅士教育传统、19 世纪理智教育学说的一次交汇和综合。在很大程度上，亨利·纽曼几乎成了博雅教育的代名词。

绅士、博雅知识、心智的培育、心灵的教育是纽曼博雅教育理论中最重要的几个概念。"自由"知识或博雅知识的概念可上溯至亚里士多德，纽曼赋予 liberal 一词的含义异常繁复，但对纽曼来说，博雅知识最核心的特征是"自成目的的""非专业性的""符合绅士身份的"，面对"实用知识运动"的挑战，纽曼希冀重申知识的内在价值，从而为日益陷入危机的古典学辩护；纽曼将普遍知识的概念追溯至百科全书教育传统和中世纪大学的"泛邦大学"。和前人一样，纽曼强调知识的整体性和相互关联性；尽管反复强调理智教育的局限性，但纽曼始终坚持理性和信仰可以调和的立场，坚持博雅教育的本质是心智培育和理智教育；纽曼坚持博雅教育旨在养成绅士，他希望教育塑造的理想人格是一个"绅士"，为了塑造理想的绅士，纽曼根据各种各样的原则（非功利的、哲学的、善的、非奴性的、符合绅士身份的）来进行"知识的挑选"，符合这些原则的知识，纽曼称为博雅知识。在纽曼的定义中，绅士是一个具备"训练有素的心智"、拥有哲学式的心智习惯的谦谦君子，因此纽曼把博雅知识定义为哲理性的知识。

（五）从"博雅教育"到通识教育

"二战"后，尽管自由技艺、自由教育的概念还非常流行，但自由教育一词已经逐渐丧失了"高贵的""适合于自由人的""适合于绅士的""绅士般的""文雅的"等原始含义，保留下来"普通的、贯通的、广泛的""解放心智"等不含价值色彩与阶级意味的中性词义，自由教育与通识教育逐渐合而为一。然而，自由教育与职业教育之间的体制分割依然存在。

通识教育理论是一种不同于古典绅士教育的新的教育理论范式。这种新的教育理论范式共享以下核心信念：第一，现代的通识教育理论抛弃了"自由人"与"奴隶"之间的二元划分，主张人人平等，通识教育是面向所有人的教育;第二,各种知识间不存在由高到低的等级秩序,所有的知识都具有"通识教育"的价值,据此,会计学和古典学具有同样的通识教育功能;第三,通识教育主要是一种知识教育,以训练心智为目的;第四,通识教育和职业教育之间的界线不是绝对的。

当然,通识教育理论与博雅教育理论也存在一些共通之处,这主要表现在两者均崇尚"博"与"通",18、19 世纪的英国博雅教育理论,均意指非专业性的通识教育,到 19 世纪中叶,"博雅教育"和"通识教育"已经成为几乎可以通用的教育概念。

(六) 素质教育与人本主义教育思想

以马斯洛、罗杰斯等为代表的人本主义心理学为基础兴起的现代人本主义教育思想,对东西方教育思想影响深远。区别于传统教育思想,人本主义教育思想的目的在于实现人的自我价值,关心人的全面发展而不是仅在智育方面取得进步。人本主义教育思想主张培养能适应变化和自我成长、学会学习的人,它以学生为中心,重视教育者与学习者间平等、和谐的关系以营造良好的学习氛围。

人本主义教育思想与素质教育思想有一定的共同之处,素质教育实质上是一种人本主义教育观,因为两者都是将教育视作人本身发展的需要而不是社会的需要,是以人、受教育者为出发点,以劳动力为出发点。

人是地球上最高级的动物,有着独特的发展潜能,人类需要教育,以发展区别于其他生命的素质;这种潜能的发展不是简单的知识技能的教育、传授和培养,而是素质的发展。素质教育主体性特点,都要求教育者将学习者当成独特的个体,尊重学习者自身的诉求和发展需要,把传授知识当作学习者自我发展的途径和手段,而不是目的;素质教育同样看重学习者的发展性,要求培养学习者自我发展能力,让学习者学会自我学习,适应未来发展的需要,而不是被动的"知识接受者"。一方面,人本主义教育思想是素质教育的思想来源;另一方面,结合我国的教育特点和需要,素质教育思想又有自身的独特内涵。

二、素质教育思想在中国

(一) 素质教育思想的传统文化根基与渊源

素质教育在中国的产生与发展绝非偶然,是与中国古代传统文化密切关联的。早在几千年前,古代贤哲们就有了天人合一的宇宙观和道法自然的哲学观。道法自然既指人的观念又包含人自身,即顺乎自然、顺乎天性,人的生长、发展与行为要顺乎此,达到天人合一的境界。

古代教育家孔子是顺乎天性教育的先行者。孔子幼年丧父,早年失学,没有常师而自学成才,身通"礼、乐、射、御、书、数"六艺,晚年开门授徒,教人六艺六经,培养弟子三千,贤人七十有二,各类人才济济。如子迟、子有善御,子路、子游能兵,子贡精于理财,等等。我国古代的教育著作《学记》对孔子的教育思想与实践有所阐释,即因材施教、有教无类、长善救失。这或许就是中国素质教育思想的雏形和萌芽。

（二）素质教育思想的前期酝酿

进入 20 世纪 80 年代,世界各国的政治家、教育家们共同认识到决定人类命运的最重要的因素是人的素质,不仅是精英人物的素质,更是几十亿普通地球居民的整体素质。人们不约而同地把目标对准教育事业,并逐步树立了新的教育价值观,这种世界性的变化也逐步影响到了我国。

1985 年 5 月,邓小平同志在第一次全国教育工作会议上,从社会主义现代化战略和中华民族的根本命运的高度,强调了要把我国沉重的人口负担尽快转化为巨大的人力资源优势的必要性和紧迫性。同年发布的《中共中央关于教育体制改革的决定》中明确指出:"在整个教育体制改革过程中,必须牢牢记住改革的根本目的是提高民族素质,多出人才,出好人才。"这可以被认为是我国素质教育初始的思想源头。

素质教育一词最早出现在《上海教育(中学版)》1988 年第 11 期刊载的《素质教育是初中教育的新目标》一文中,文章把"素质"与"教育"结合成为一种新兴教育思想的提法引起教育界多方的重视,之后便在教育界引起了有关素质教育的讨论。1990 年,《江苏省教育委员会关于当前小学教育改革的意见(试行)》中指出:"实施以提高素质为核心的教育,关键是转变教育思想,树立国民素质教育的观念。各级教育行政部门要组织学校和教师学习教育科学理论,开展素质教育的研究和讨论,并扩展到家庭和社会,唤起为中华民族的未来而全面提高学生素质的公众教育意识,形成强大的舆论力量和良好的改革环境,推进小学素质教育的全面实施。"这是第一次正式在地方政府文件中使用素质教育的概念。

（三）素质教育思想的正式提出

1993 年 2 月 13 日,中共中央、国务院颁布的《中国教育改革和发展纲要》指出:"中小学要从'应试教育'转向全面提高国民素质的轨道,面向全体学生,全面提高学生的思想道德、文化科学、劳动技能和身体心理素质,促进学生生动活泼地发展,办出各自的特色。"

为了贯彻和落实《中国教育改革和发展纲要》,中共中央在 1994 年召开的全国教育工作会议上提出:"基础教育必须从'应试教育'转到素质教育的轨道上来,全面贯彻教育方针,全面提高教育质量。"同年 8

月,《中共中央关于进一步加强和改进学校德育工作的若干意见》中明确指出:"增强适应时代发展、社会进步,以及建立社会主义市场经济体制的新要求和迫切需要的素质教育。"这是第一次正式在中央文件中使用素质教育的概念。1996 年,第八届全国人大四次会议通过的《中华人民共和国国民经济和社会发展"九五"计划和 2010 年远景目标纲要》中又明确提出,要"改革人才培养模式,由应试教育向全面素质教育转变"。这就以法规性文件的方式,确立了素质教育在基础教育改革中的地位。1997 年 10 月 29 日,原国家教委颁发《关于当前积极推进中小学实施素质教育的若干意见》(以下简称《意见》)。《意见》强调:"在中小学全面贯彻国家的教育方针,积极推进素质教育,已经是摆在我们面前的刻不容缓的重大任务。"由此,素质教育思想在我国得以正式确立。

(四)素质教育思想上升为国家意志

1999 年 6 月 13 日,中共中央、国务院颁布的《关于深化教育改革全面推进素质教育的决定》中明确指出:实施素质教育,就是全面贯彻党的教育方针,以提高国民素质为根本宗旨,以培养学生的创新精神和实践能力为重点,造就"有理想、有道德、有文化、有纪律"的、德智体美等全面发展的社会主义事业建设者和接班人。这标志着素质教育正式上升为国家的意志。

2006 年 6 月 29 日颁布的新《义务教育法》第一次将"实施素质教育,提高教育质量,使适龄儿童、少年在品德、智力、体质等方面全面发展,为培养有理想、有道德、有文化、有纪律的社会主义建设者和接班人奠定基础"作为义务教育必须贯彻国家的教育方针的要求,以法律形式做出了规定。2006 年 10 月 11 日中共中央第十六届六中全会通过的《中共中央关于构建社会主义和谐社会若干重大问题的决定》,在与教育相关的部分再次强调了"全面实施素质教育,深化教育改革,提高教育质量……保障人民享有接受良好教育的机会"的要求。素质教育思想不断得到加强和深化。2007 年 10 月,党的十七大报告提出"要全面贯彻党的教育方针,坚持育人为本、德育为先,实施素质教育,提高教育现代化水平,培养德智体美全面发展的社会主义建设者和接班人,办好人民满意的教育。"素质教育成为推进我国教育改革的政策指向。

(五)素质教育思想成为新时代教育改革的方向

2014 年底,教育部印发《关于普通高中学业水平考试的实施意见》和《关于加强和改进普通高中学生综合素质评价的意见》。这两个文件既是考试招生制度改革的重要突破口和切入点,也是推进素质教育,实现科学选拔人才的重要制度。

2019 年 6 月,国务院办公厅印发的《关于新时代推进普通高中育人方式改革的指导意见》提出构建全面培养体系、优化课程实施、创新教学组织管理、加强学生发展指导、完善考试和招生制度、强化师资和条件保障六方面重点任务，要求逐步改变单纯以考试成绩评价录取学生的倾向，引导高中学校转变育人方式、发展素质教育。2019 年 7 月，国务院印发《关于深化教育教学改革全面提高义务教育质量的意见》，提出了全面提高义务教育质量的五项主要任务，第一项任务为坚持"五育"并举，全面发展素质教育。要求认真落实党中央、国务院关于"发展素质教育"的新要求，强化德育、体育、美育和劳动教育应有地位，突出德育实效，提升智育水平，强化体育锻炼，增强美育熏陶，加强劳动教育，促进学生全面发展。

第二节 素质教育思想的主要内容

一、素质教育概述

（一）素质的概念

素质是一个内涵丰富、外延宽广的概念。什么是素质，许多研究者从各自所属学科和研究对象出发提出了自己的意见，形成了素质概念众说纷纭的局面。一般来说，素质是作为心理学的一个专门概念来运用的。其基本含义是：素质一般指有机体天生具有的某些解剖生理的特性，主要是神经系统、脑的特性以及感官和运动器官的特性，是能力发展的自然前提和基础。随着对素质教育研究的深入，人们逐渐认识到，心理学上所讲的素质概念，仅仅是从人的生物学的角度上而言的，已不能科学地解释素质的内涵。为适应教育发展的现实需要，人们又从教育学的视角来探讨素质教育的概念。从教育学的角度来讲，素质是指人先天具有的生理、心理特点和后天通过环境、教育影响所形成的人的一系列基本品质，包括遗传素质、心理素质、社会素质和创新素质。

（二）素质教育的内涵

素质教育是一个具有中国特色的教育理念。由于专家学者各自研究的出发点和立场上的差异,对素质教育的定义也不尽相同。目前,学者们还是比较认可原国家教委在《关于当前积极推进中小学实施素质教育的若干意见》中的解释:"素质教育是以提高民族素质为宗旨的教育。它是依据《教育法》规定的国家教育方针,着眼于受教育者及社会长远发展的要求,以面向全体学生、全面提高学生的基本素质为根本宗旨,以注重培养受教育者的态度、能力,促进他们在德智体等方面生动、活泼、主动地发展为基本特征的教育。"1999 年 6 月,《中共中央国务院关于深化教育改革全面推进素质教育的决定》中又明确指出:"实施素质教育,就是全面贯彻党的教育方针,以提高国民素质为根本宗旨,以培养学生的创新精神和实践能力为重点,造就一代有理想、有道德、有文化、有纪律的德智体美劳等全面发展的社会主义事业建设者和接班人。"这份文件则明确提出当前基础教育改革的重点是培养学生的创新精神和实践能力。

素质教育的概念并不是一成不变的,而是一个不断发展、不断变化的教育范畴。在当前我国建构和谐社会的时代背景下,又赋予了素质教育新的内涵与时代特征。素质教育必须立足于人的整个生命历程,坚持以人为本的理念,体现人自主、能动的主体性要求,超越人的自然素质,不断提升人的创新素质。

(三)素质教育的价值多元性

素质教育的价值多元性是指素质教育对于不同的主体(或不同条件下的同一主体,或同一主体的不同方面)的价值有不同的性质,我们可以从以下三方面的具体内容理解素质教育的价值多元性。

第一,素质教育对不同主体其价值不同。主体有个体主体、群体主体和社会主体,个体主体和群体主体所包含的主体巨大,因此主体的多元性决定了价值的多元性。对于个体主体来说,素质教育的价值在于使个体的素质得到全面的进步,使受教育者在德、智、体、美、劳等方面均得到和谐发展,而对于群体主体来说,素质教育的价值则体现在对于整个国家、民族教育事业的发展上,素质教育能否提高全民族的素质以及通过各种教育形式培养合格的公民,决定素质教育是否具有意义。

第二,素质教育在不同时期、不同条件下对同一主体有不同价值。素质教育概念的提出和发展,对我国教育的改革与发展有其特殊价值。素质教育概念的提出,对改变我国基础教育偏重智育、教学评价偏重考试分数的现状和更好地实施《义务教育法》具有积极的推动作用;而在21 世纪,国家竞争本质是经济、人才的竞争,中华民族能否屹立于世界民族之林的关键在于我国的教育事业能否培养高素质的人才,素质教育已然成为我国的战略性举措。

第三，素质教育对同一主体的不同方面有不同的价值，甚至产生完全相反的价值。即使面对同一主体，由于其不同方面具有不同的特点与功能，素质教育的价值依然存在多元性。例如，对于只在乎能否让孩子考上名牌大学的教育者来说，他们更在乎是否能在短期内提高学生的分数，素质教育的效果反而比不上应试教育。

二、素质教育思想的主要内容

素质教育思想的主要内容包括以下四个主要方面（图1-2）。

图 1-2　素质教育思想的主要内容

（一）提倡教育对象的全面性和教育空间的开放性，追求教育价值的多元化

素质教育思想提倡教育对象的"全体性"，从广义上说，是指面向全体国民，要求每个社会成员都必须通过正规的或非正规的渠道接受一定时限、一定程度的教育，以达到提高全体国民素质的目的；从狭义上说，是指全体适龄儿童都必须接受正规的义务教育，不得因种族、民族、性别、出身、宗教信仰、经济等因素而限制或剥夺其受教育的权利和义务。具体到学校和班组级，则必须面向全体学生，不得人为地忽视任何一个学生素质的培养与提高。素质教育思想注重教育空间的开放性。课堂已不再是单纯地灌输知识和机械地强化训练的场所，而是灵活安排与适当组合的生动活泼的开放性教育场所；教育不再局限于课堂和书本知识，而是积极开拓获取知识的来源和获得发展的空间。素质教育思想的价值取向是多元化的。素质教育首先必须满足学生个体生存与持续发展的需要，使学生学会生存、学会学习、学会发展、学会做人、学会健体、学会审美、学会劳动、学会共同生活；其次必须满足学生的兴趣爱好，发挥其特长及潜能，使其个性得到充分而自由的发展，充满创造的活力。

（二）培养学生的主体意识，注重学生个性健康发展

素质教育强调教育要尊重和发展学生的主体意识，培养和形成学生的健全个性和精神力量，使学生生动活泼地成长。这也是马克思全面发展学说所强调的"每个人的自由发展是一切人的自由发展的条件。"素质教育不是把学生看作知识的被动接收器，而是看作知识的主人；不仅把学生作为认知主体，更本质的是把学生作为包含认知方面和非认知方面的完整的生命主体。它要指导学生怎样做人，要为学生指导完整人生，要形成学生的人格力量和精神风貌。

素质教育的课程体系应该以提高学生素质为核心而不是以学科为中心，必须逐步改变单纯以学科为中心的倾向，建立以学习者为中心的教学体系。就学生的学习而言，则不仅是继承性学习，更是创新性学习。素质教育不仅重视人的发展需要，而且重视社会的发展需要，将人的发展和社会的发展统一起来了。

（三）重视学生创新精神和实践能力的培养

素质教育要完成培育民族创新精神和培养创造性人才的特殊使命。因此，在基础教育阶段，首先要面向全体学生因材施教，培养每个人的创造性，其次要为培养能够攀登世界科学高峰的高层次创造性人才打下基础。每个学校、每个教师都要爱护和培养学生的好奇心、求知欲，帮助学生自主学习、独立思考，保护学生的探索精神、创新思维，营造崇尚真知、追求真理的氛围，为学生的禀赋和潜能的充分开发创造一种宽松的环境。素质教育要以培养学生的创新精神和实践能力为重点。在重视培养学生创新精神的同时，改变那种只重书本知识、忽视实践能力培养的现象。素质教育要调整和改革基础教育课程体系、结构和内容，试行国家课程、地方课程和学校课程，建立新的基础教育课程与教学体系。要改变过分强调学科体系、脱离时代和社会发展以及学生实际的状况，加强课程的综合性和实践性，重视实验课教学，培养学生的动手操作能力。

（四）着眼于学生的终身可持续发展

终身教育是现代教育的重要标志。为了主动适应科学技术的飞速发展和全球化知识经济社会变化，缩小知识差距和培养"知识型劳动者"，适应人口老龄化趋势而建设一个充满活力的社会，必须建立终身教育体系，这是当今社会发展的必然趋势。在学习化社会中，唯有具备终身学习能力和自主发展能力的人，才能适应并创造未来。素质教育要着眼于学生的终身可持续发展。教是为了不教，素质教育不仅注重学生现在的一般发展，更重视直接培养学生自我发展能力。正规学校

已经不再是一个学生为一生准备一切的地方，知识和技术需要时时追加和更新，学习伴随人的一生。因此不仅要让学生"学会"，更要让学生"会学"；不仅要给学生知识，更要给学生打开知识宝库的"钥匙"，要使学生学会学习、学会发展。

三、素质教育的主要目标

全面提高国民素质是素质教育思想的总目标。确定的范围是清楚的，就是培养合乎当前社会存在和发展所需要的公民或国民，这是中小学教育的根本目标。具体来说，素质教育的主要目标包括以下四个方面（图 1-3）。

图 1-3　素质教育的主要目标

（一）促进学生身体和心理健康发展

基础教育既然处于学生个体发育的关键时期，那么任何有助于并促进身体发育顺利进行的教育，就是好的教育；相反，就是不好的教育。"应试教育"使学生的学业过重，学时过长，会影响到学生的身体发育。现代社会提倡终身学习，人的发展也不仅仅局限于中小学阶段，身体在这一阶段出了毛病，对以后的生存发展会造成不良影响。另外，中小学阶段也是个体心理逐渐成熟的阶段，但现在中小学教育在促进个体心理成熟上做得还不够。只注重考试科目和技能的训练，而偏离了很多学生心理成熟有关的训练，因而使学生起码的自我服务能力都没有，更谈不上去独立面对外部世界、独立谋生了。这方面的任务交给大学阶段去完成，实际上耽误了大学阶段的更广阔、更深入的学习。因此，促进学生心理的成熟也是素质教育的目标之一。

（二）培养学生的公民或国民意识

基础教育首先也应该是公民教育，个体在接受完基础教育之后，个体就开始作为一个具有相应权利和义务的独立的公民进入社会。既然基础教育是公民或国民教育,而中小学教育又要求"全面提高国民素质",因此,基础教育就必须在其结束之日,起码能够使个体具有行使公民权利以及承担相应义务的能力、知识和技能,这是从学生个体本身保证其实现其公民性的内在保障。否则,平等的公民社会是建立不起来的。

（三）培养学生自主学习的习惯、爱好和能力

现代社会科学技术已经渗透到社会生活的各个领域。生存的科技含量不断增加,因而任何人都面临着随时学习的境遇,不再能仅凭原有的知识和经验,就可顺利驾驭新的情况。因此基础教育必须能形成学生个体自我学习的习惯和爱好,以及这种能力。无论个体将来做什么,无论在什么领域,这种自我学习的习惯、爱好和能力,都是其继续生存和发展所必需的基本素质。没有这种基本素质,个体随时都有面临淘汰的可能,在市场为主导型的社会里更是如此。

（四）培养学生适应社会的能力和品质

基础教育结束之时是个体人生发生转折之时,尽管现在家长喜欢帮助甚至代替孩子选择,但按照个体发展的趋势,孩子必然要面对独立的选择,这个选择是个体第一次,也是真正重大的自主的选择。这种选择,既是基础教育结束后个体是否趋向成熟的标志,也是基础教育是否成功的风向标。不过,不管选择什么,基础教育都有义务提供其进入社会后独立生存的基本能力。这种能力不只是某种具体的职业技能,更是一种能随时调整自我与外部生存环境相适应的能力和品质,如自信、自尊、自律等品质,道德上的诚实守信等。因此,素质教育的目标要提供个体适宜的生存能力、基本品质的训练,使个体在基础教育结束之时,具有适应多样生存环境所需的能力和品质。

四、素质教育的实施策略

实施素质教育是关系社会主义事业兴旺发达和中华民族伟大复兴全局的大事,涉及教育结构、教育体制、招生考试制度、课程体系、教育方法、评价标准等全方位的改革,可以说,素质教育的提出与实施触及了教育的深层次矛盾。但是,所有的变革都离不开思想和观念的变革,因此,素质教育思想的实施对策,最根本的是要解决思想理念上的冲突和矛盾,正确处理素质教育与基础教育、素质教育与全面发展教育、素质教育与应试教育的关系(图 1-4)。

（一）正确处理素质教育与基础教育的关系

基础教育是国民素质教育的奠基工程,具有鲜明的基础性、相对稳

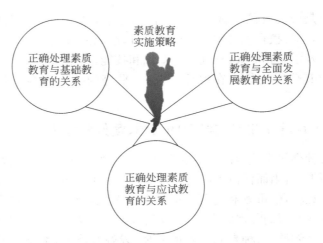

图 1-4　素质教育的实施策略

定性，也具有一定的时代性。这里的"基础"内涵十分丰富，包括思想品德素质、科学文化素质、身体心理素质、劳动技能素质、审美素质在内的广泛而全面的基础。人在步入社会之前所应具备的最基础的素质，都应在基础教育阶段打好。基础必须扎实坚固，使学生形成继续发展的坚实丰厚的生长点。基础教育的课程目标、内容和教学方式具有相对稳定性。同时，也需要根据时代发展和社会需要，适当吸纳最新科技、文化成果，调整、充实和完善教育目的、内容和方法，以适应现代社会和未来世界多方面的挑战。这就鲜明地体现了基础教育的"时代性"。

素质教育鲜明地体现了基础教育的本质属性和基本特征。素质教育是一种着眼于发展、着力于打基础的教育，其根本任务是为每一个学生今后的发展和成长奠定坚实而稳固的基础。因此，素质教育必须坚持基础性。坚持素质教育的基础性的主要意义包含以下三个方面。第一，一个人只有具备了良好的基本素质，才有可能实现向较高层次的素质或专业素质的"迁移"。基础教育以发展和完善人的基本素质为宗旨，因而不少人指出基础教育的本质就是素质教育。第二，人类蕴含着极大的发展自由度，即人的可塑性。自由度越高，可塑性越强，反之亦然。教育是塑造、培育人的事业，如果在基础教育中充斥了定向的、专门化的训练，而不是着眼于把普通的基础打扎实，那就等于抑长趋短，缩小了发展的自由度、窒息了人的可塑性。第三，从教育控制论的意义上讲，教育是一种人为的、优化的控制过程，以便受教育者能按照预定目标持续发展。但如果把基础教育局限于职业的、定向的训练，就会使本来应得到扩大发展的可能性空间过早地停滞、萎缩，结果将与素质教育的初衷背道而驰。

（二）正确处理素质教育与全面发展教育的关系

素质教育与全面发展教育既有联系又有区别。素质教育与全面发展教育的联系体现在发展目标上具有一致性。全面发展教育就是要促进人的智力和体力充分自由地、生动活泼地、主动地发展,就是要促进人的各方面才能和兴趣、特长和谐统一地发展,同时包括人的道德水平、审美情操的发展。素质教育同样把教育工作的重点放在促进人的全面发展和综合素质的提高上,这二者所要达到的教育目的和人才培养目标在本质上是一致的。

素质教育与全面发展教育的区别体现在素质教育的内涵更丰富、更完善。长期以来,在人们的心目中,全面发展就是德、智、体的全面发展,全面发展教育就是德育、智育、体育几方面的教育。并将它作为我国各级各类学校教育的指导思想。在其指导下,我国培养了大批人才,取得了举世瞩目的成绩,但从发展的观点看,它显然存在不足。因为它仅指出了全面发展的几个主要方面,而没有明确界定全面发展的内涵和外延。素质教育中的"素质"概念正好解决了这一问题。全面发展什么?全面发展人的德、智、体、美、劳等几方面的素质。可见,素质教育概念能更准确地表达全面发展教育的内涵。

素质教育还进一步深化了全面发展教育的内涵。"全面发展"已经列入世界上许多国家(包括发达国家和发展中国家)的教育目标之中。但是,素质教育中的全面发展有三个方面的具体规定性。第一,针对个体来说,它是"一般发展"和"特殊发展"的统一;第二,针对班级、学校乃至整个社会群体而言,它是"共同发展"和"差别发展"的协调。全面发展既要讲共同性,又要讲个别性,它决不排斥有重点地发展个人的特殊方面,允许在一个群体中各个体之间有差别地得到发展,全面发展决不能被理解为均匀发展。全面发展实际上就是"最优发展"和"个性化发展"。最优化不等于理想化,而是力求取得对具体条件来说是最大可能的最佳效果。个性化发展则表现我们不仅要承认每个学生应该有不同的素质结构,同时还要使这个结构达到尽可能的合理化。只有这样,每个学生才能有信心根据他自己的特点找到发展的"突破口"或"生长点",打破"千人一面"的格局。

(三)正确处理素质教育与应试教育的关系

应试教育是指脱离社会发展和人的发展的实际需要,以应付升学考试为目的,违反教育教学规律的一种传统教育模式。时至今日,我国中小学教育仍未彻底摆脱这一模式,在一定程度上,应试、升学仍然左右着我们学校的办学方向。

应试教育与素质教育的关系,当前有三类观点。

第一,应试教育与素质教育是对立的。有人认为,素质教育是针对以升学为唯一目标的应试教育而提出来的命题,与应试教育是对立的。因而,应试教育与素质教育是两种完全不同的教育。

第二，不能说应试教育与素质教育是对立的。有人认为，教育与社会是互相照应、相依发展的，应试教育与素质教育都是社会发展在不同阶段的产物；应试教育与素质教育，不能认为是对立的，并由此肯定一个，否定一个。应试教育与素质教育是两种互相联系、互相渗透、层次不同的教育模式。应试教育是素质教育的低级阶段，素质教育是应试教育发展的必然结果，由应试教育到素质教育提升发展，迈进比转轨更为合适。

第三，素质教育与应试教育或升学教育部分对立，部分不对立。有的学者提出把升学教育分为片面追求升学率的升学教育和全面提高学生素质的升学教育，从而认为"升学教育与素质教育既对立，又不对立"。

我们认为，应试教育与素质教育是否对立，关键在于如何理解应试教育的含义。应试教育一词有其特定的含义，主要是指单纯追求升学率的教育模式。而素质教育一词诞生在 20 世纪 80 年代后期，它正是针对应试教育而出现的，是对应试教育的直接反驳。由此我们认为，素质教育与应试教育是对立的。但这并不等于全面否定我国过去的基础教育，事实上我国过去的基础教育取得了有目共睹的成就。应试教育不是对我国现行教育的概括，而是对我国目前存在的单纯以应考为目的产生的教育弊端的概括，因此，不能说我国过去的基础教育就纯粹是应试教育。

应试教育也培养一些素质。应试素质也是素质整体的一部分，但不能以此认为应试教育与素质教育是包含与被包含的关系。看待应试教育与素质教育的着眼点，不是某些应试教育内容本身而是整个的办学指导思想。应试教育关心的是如何考高分，关心的是应试能力，它不关心其他能力甚至排斥其他能力，也不关心应试能力的社会应用。它只知道工具的、功利的目的而不知道本体的、内在的目的。而素质教育是有灵魂的，它关注内在目的，它作为一个整体是不能割裂的，它不仅关注素质，更关注对素质的驾驭。因此，虽然应试素质可以构成素质整体的一部分，但应试教育与素质教育却是对立的，这正如同片面与全面是对立的。

我们摒弃应试教育绝不是要摒弃考试。相反，素质教育更重视考试，更重视改进考试和完善教育评价制度。我们否定应试教育，反对片面追求升学率，并不等于反对升学率高的示范学校。升学率高本身并不是一件坏事。升学率高的学校，不一定完全实施素质教育，其真正的综合教育质量，可能高，也可能一般。而实施素质教育的学校，升学率一般并不比同类学校低。素质教育并不是要求或鼓励不及格，相反，实施素质教育必将硕果累累，高升学率仅是其中之一。

第三节
素质教育思想的案例分析

自从 1999 年中共中央国务院《关于深化教育改革全面推进素质教育的决定》颁布以来,我国素质教育改革实践取得了丰硕成果,各地都涌现出许多素质教育先进经验和先进典型,很多省市还编制了各具特色的实践案例。下面以南京市为例,选择具有借鉴价值和典型意义的十个案例,供大家学习讨论。

一、愉快教育

愉快教育是教育者正确运用适应儿童年龄特点的教育方法和教育手段,创设生动活泼和谐的教育氛围,激发学生的情趣,唤起学生的自主性、能动性和创造性,使他们以最佳的精神状态自觉地参与各种教育活动,从而在德、智、体、美、劳诸方面得到全面、主动、和谐发展的教育。

实施愉快教育是为了保证学生在学习过程中的主体地位,充分调动学生学习的自主性、能动性和创造性,使学生爱学、乐学、会学,拥有一个快乐的童年。

实施愉快教育要把握以下要领:在教育目标的导向上,要以提高学生的整体素质为目标;在教育内容的安排上,注意德、智、体、美、劳五育的全面开展、全面落实;在"教"与"学"的关系上,积极倡导以教师为主导,学生为主体的师生双边活动,通过教师的指导、引导,激发学生的学习兴趣和学习自觉性,使他们成为学习的主人;在教育形式上,摒弃单一的课堂教学形式,建立以课堂教学为基础,课内课外相结合,学校、社会、家庭教育相结合的形式多样的教育形式。

实践案例

20 世纪 80 年代,南京市琅琊路小学从提高学生的主体地位,发挥学生的主体性出发,提出把每个学生培养成"学习的小主人、集体的小主人、生活的小主人"的教育目标。琅琊路小学以自己的实践，为教育改革实验研究树立了一个榜样。经过近40年的锲而不舍，将理论与实践相结合，不断深入，不断完善，将"小主人教育"和"快乐教育"整合在一起，建构了小学素质教育的时代范式：快乐做主人。快乐做主人之"快乐"是指儿童内心的审美化体验、感受，包括对勤奋、刻苦以及挫折、困难的经历、体验、感悟，由内而外生成的兴趣、喜乐、愉快等。快乐做主人绝不是一味的轻松、享受，绝不是放弃严格、放弃规则、放弃意志的培养。

他们将"快乐做主人"的理念、目标、要求落实到课程教学中，将进行的课程教学改革的重点放在一体化设计上。所谓一体化设计，注重课程理念、结构、原则与教学的内在一致性，在课程的框架下设计教学；注重学科间、学科与综合实践活动之间的关联与整合，注重课程教学与生活的关联性、融合性、互促性。同时，根据"快乐做主人"的需求、特点，开发了生活馆、工程院、梦剧场的三类校本课程。

在琅琊路小学"快乐做主人"的学习设计和实践中，有许多创意的举措。一是将学习划分为三种类型：基础性学习、专门性学习、独特性学习。基础性学习是国家课程的高水平实施，学生的高质量学习，重在基础；专门性学习是主题性、专题性学习，重在探究性；独特性学习则满足不同学生不同的认知风格和需求，重在个性的发展。二是帮助、指导学生形成了自主学习样态。琅琊路小学提出了十二字的要求："早知道、会安排、能落实、有反思。"这是学生自主学习的路线图，是学生学会学习的方法论指导。三是为学生学会学习、自主学习创设了小主人个性化学习平台和三种工具，学习计划书、学习进程表、学习评价单，分别对应学习路线图。

二、赏识教育

赏识教育是在继承陶行知先生"爱满天下"和斯霞老师"童心母爱"教育思想的基础上，致力于达成被爱、引导施爱、启发自爱，优化师生关系，促使学生自信舒展、快乐、健康、最优成长的教育模式。

赏识教育是通过"尊重、相信、理解、激励、包容、提醒"与"善待差异，引导自选"的态度和方式，达到"走近生命"，从而"发现潜能，唤起自信"，使学生学会感激、学会关心，促进学生的最优发展。

实施赏识教育要解决"不赏识"问题。改变教育中指责、抱怨的习惯心态，变"食指教育"为"大拇指教育"。实施赏识教育要解决"假赏识"问题。改变教育中一味地溺爱、一味地褒奖的错误倾向。赏识教育看重优点，不纠缠缺点，用优点激励孩子不断进步，让所有的孩子都成为"好孩子",拥有"好心情",过上"好日子",形成良性循环,拥有一个幸福的童年,充满自信地面对未来的竞争和挫折。

 **实践案例**

五里行知小学在实施赏识教育中,制作精美的优点卡,要求教师用赏识的眼光发现每一位学生的闪光点,以优点卡的形式把闪光点的时间、地点、细节、评价具体化,定期公布、分享,形成了充满赏识氛围的、良性互动的教育局面。

三、"模拟—体验"教育

"模拟—体验"教育是指为了促进学生个体社会化的进程,中小学通过创设各种丰富多彩的社会角色模拟活动,促进学生更好地理解成人生活、成人职业和成人社会的一种学习和教育的活动形式。诸如模拟法庭、模拟竞选、模拟联合国等。

通过"模拟—体验"教育活动,学生积极而富有创造性和想象力地扮演角色,了解各种成人职业的要求与特点,理解成人生活、工作和社会,学会体验和换位思考,提高学生综合实践能力,帮助学生建立职业意向和人生理想。

"模拟—体验"教育活动包括前期准备和模拟活动两个阶段。首先要选择模拟活动主题,并设计模拟活动方案;其次要教育学生认真阅读并思考模拟活动文本,理解角色的内涵和背景;对所模拟的角色有充分的理解,深入情景中去理解所模拟的角色,体会各种社会关系,并根据要求在模拟活动中施展个人魅力、展现自身个性特征。

 **实践案例**

南京师范大学附属中学开展了模拟联合国活动。他们独立编撰了模拟联合国课程的专门教材。在模拟联合国活动中,同学们分别扮演不同国家的外交官在模拟的国际性会议上开展各种外交活动。该模拟活动有着明确的课程目标:增强同学们对于联合国组织的结构、程序和功能的认识,促进他们对于当前的多元文化的理解,让他们学会以世界公民的眼光与立场思考问题与看待问题。

提高同学们组织、策划、管理的能力，研究和写作的能力，辩论的能力，解决冲突、求同存异、换位思考的能力，运用英语的能力，与他人沟通交往等多方面能力。

南京财经大学附属小学挖掘社区课程资源，开设了"模拟银行""模拟超市"对小学生进行经济启蒙教育。还开展了模拟"蛋爸""蛋妈"活动，让孩子体验父母的艰辛。

四、中小学生才艺拓展

中小学生才艺拓展是指依托丰富的科技、文艺、体育等资源，面向全市组建的科技、艺术、体育等学校团队，旨在发展学生才艺和个性特长的教育活动。才艺拓展教育活动促进了学校特色办学，为学生发展科技、艺体等方面的特长提供了平台。实施才艺拓展教育活动，学校要从本校实际出发，充分发挥自身优势，善于挖掘社区资源，注意加强教师专长的培养，努力打造学校特色品牌。学校才艺拓展教育活动应成为丰富校园生活的重要载体，要鼓励大多数学生参与，对特长明显的学生要加强个别指导，使学生的特长更加显现化。市区县教育行政部门要加强对各类特色学校创建工作的规划、组织和指导，并在资金、政策等方面给予一定的支持。

 实践案例

南京市教育局从 2003 年开始实施"中小学生才艺拓展计划"，充分利用南京科研院所、高等院校、文博场馆、文体单位众多的资源优势，分别在全市命名了中小学生艺术团（中心）学校 10 所、体育基地学校 16 所、科技特色学校 10 所。此外，还在 20 所中学、33 所小学建立了美术中心、排球训练基地、航模活动中心、集邮活动中心、无线电测向中心、文学活动中心等，为学生才艺培养、才艺交流、才艺展示创造条件。南京市教育局定期与南京市电视台联合举办中小学生才艺大赛，不仅丰富了学生生活，还促进了学生的全面发展。

五、课程超市

课程超市是为实现学校的培养目标，在自主开发、建设丰富的校本课程的基础上，学校将三级课程一体化，为学生提供的多元化、有层次、可选择的课程体系。

课程超市根据学生不同的发展需要建立课程结构,通过科学的课程管理,以学校给学生"配餐"和学生自己"点菜"等方式,使每一位学生能拥有一份个性化的课表,从而满足不同学生发展的需要。

构建课程超市要根据培养目标,确定统领整个课程体系的理念;以课程理念为指导建立科学的课程结构;着力打造校本的核心课程,使其产生引领作用;依据可供资源,开发丰富的校本课程;建立系统的课程管理制度,科学地指导学生选择和参与课程,对课程质量进行适时监控和评估。

实践案例

南京师范大学附属中学是我国较早探索课程改革的学校。20世纪80年代,该校开始分层次教学改革实验。21世纪初,该校已基本建立选修课、活动课、劳技课和社会实践课课程体系,形成多元化、可选择的课程结构。近几年来,该校为学生创设的课程超市,已形成以下课程版块:①德育课程;②创造性思维和实践能力培养课程;③国际课程;④学业超常学生的发展课程;⑤网络课程;⑥其他课程。共计开设了130多门选修课,组建了30多个学生社团,并经常性开设"走近大师"专题讲座,为学生主动、生动、协调发展提供了良好的平台。

六、校本课程

校本课程是指学校自行设计、量身定做的个性化课程。它包含两层含义:一是学校和教师通过选择、改编、整合、拓展等方式,使国家和地方课程校本化、个性化;二是学校设计开发具有学校特色、可供学生选择、旨在促进学生发展的新课程。

校本课程的开发与实施是为了提高课程的适应性,形成国家课程、地方课程、校本课程各自侧重的三级课程体系。建设校本课程,一要明晰学校教育理念、调查学生需求、分析学校资源、把握社区发展需求等;二要确定方案(目标与计划),包括确定校本课程总体目标、课程结构、科目、课程纲要;三要抓好组织和实施,包括选择安排知识或活动序列、班级规模、时间安排、资源分配、需要注意的问题等事项;四要关注评价与改善,涉及评价内容与方式、结果处理、改进建议等。

实践案例

　　南京市拉萨路小学以智慧教育理念为指导，开发《智慧园》校本课程。编写《智慧园》校本教材供1～6年级学生使用，其中有《智慧园》（课内·课外版），内容包括："科学新视野""聪明动！动！动！""艺体大观园""时代少年"等栏目，联系学科内容又不拘泥于学科内容，活动突出探究性、趣味性、实践性和开放性。还编写《智慧园》（学校·社区版），以"智慧家园——拉萨路小学""大显身手——拉小文化""金陵溯源——拉小的社区""智慧殿堂——拉小社区的大学""健康童年——拉小社区的医院"为内容，将拉萨路小学的智慧教育和社区的资源结合起来，通过组织学生参观、调查、访问、探究、实验等方式，培养学生的社会实践能力，促进学生智慧的生长。该校重视校本课程的过程管理，确定双周的星期三下午2:40—3:40为"智慧园活动课"，并在全校范围内招聘合适的教师担任课程教师，然后根据教师专长确定承担的教学任务。每位教师每学期只研究和教学一个专题，学生轮流换班，以保证校本课程的质量。

七、研究性学习

　　研究性学习是以学生的自主性、探索性学习为基础，从学生生活和社会生活中选择和确定研究专题，以个人或小组合作的方式，在教师组织、参与和指导下的学习活动。

　　开展研究性学习是为了培养学生信息采集和处理能力、独立探索和合作学习的能力，使学生获得亲身参与研讨探索的积极情感体验，激活各科学习的"仓储知识"，培养综合运用各学科知识解决实际问题的能力，了解研究的一般方法，培养严谨的研究态度。

　　研究性学习的一般形式有：个人独立学习，小组合作探索，班级共同研讨。研究性学习的基本方法是：实验操作，走访专家；社会调查，讨论问题；现场观察，查阅资料。

　　指导研究性学习的一般程序是：开设讲座，指导选题，组织课题组，进行选题交流，实施研究（中期交流），处理结果，撰写报告，组织阶段性成果交流和论文答辩。

　　研究性学习要鼓励学生从兴趣入手，独立思考，积极探究，不盲从权威，培养动手能力和创新能力。研究性学习的选题宜小，注重过程体验,不应刻意追求"价值"和"定论"。

实践案例

南京市金陵中学从 2000 年春季开始,在高一、高二两个年级开展研究性学习,并作为学校的必修课程。每周两课时,要求高中学生全员、全过程参加。

金陵中学开展研究性学习的操作要领:①动员布置,提高认识。组织校内师资力量,协调行动。聘请校内外有关专家进行开展科学研究的方法辅导。②指导选题,确定课题。在教师指导下,学生自主撰写"课题研究方案"。③班级交流,教师初审。教师初审时可对课题从科学性、实践性、逻辑性、可行性等角度提出商榷性建议。④组建课题组,制定研究方案。⑤开题报告、方案论证和评审。以班级为单位举行开题报告会,在此基础上,推荐出较为优秀的方案参加全年级开题报告暨评审会。年级组可聘请校内外专家组成"专家小组"参加论证和评审会。专家小组提出评定意见。⑥实施研究,教师调控管理。学生在校内外按课题要求收集信息,聘请顾问和指导教师辅导,填写"阶段性研究活动情况表"。⑦中期小结,示范指导。以年级为单位,举行中期报告会,总结经验,示范指导,推动全局。⑧整理资料,分析研讨,撰写报告。⑨研究成果答辩,组织年级报告会。⑩总结经验,表彰先进,评定学分。对每一学生在研究性学习中的态度和成绩予以评定,以学分形式予以激励。

八、心理健康教育

心理健康教育旨在深化素质教育,加强和改进未成年人思想道德教育,进一步健全和完善中小学生心理健康教育体系,强化对中小学生的心理咨询和心理危机干预工作等心理保健工作,促进他们人格健康、和谐发展。

实践案例

20 世纪 90 年代初,南京市成立了"中小学生心理咨询中心",

开通了"中小学生谈心电话"，对保障学生心理健康发挥了积极作用。在此基础上，2004 年成立了"南京市中小学生心理援助中心"。又被称作"陶老师工作站"。该站由"陶老师热线""陶老师心理咨询中心""陶老师心理辅导流动服务站"和"陶老师信箱"四部分组成，形成了一个完整的心理援助网络。中心拟定了《心理热线接待员工作准则》《危机干预接待员工作准则》，对每一位上岗的接待员进行专业培训。多年来，"陶老师热线"通过接听心理咨询电话、危机干预类电话以及直接处理可能对他人造成严重暴力伤害以及有自残、自杀倾向的个案等方式，成功地对中小学生心理危机进行疏导、干预和救助，调动了他们的心理潜能，保障了他们的健康成长。

九、成人仪式教育

成人仪式教育活动是在全日制中学（含中等职业学校）在校学生中倡导开展的一项公民素质教育活动，主要包括公民意识教育、成人预备期志愿服务、技能培训和成人宣誓仪式四个环节。

通过成人仪式教育强化中学生成人意识，引导他们在成人之际，严格遵守法律法规，自觉履行公民义务；通过成人仪式教育培养服务技能，引导广大中学生在"服务他人，奉献社会"志愿服务中，培养和训练生活技能、劳动技能、服务技能和创造技能；使他们在学会关心、学会负责、学会参与中，把自己培养成为爱国家、爱人民、富有道德责任感和社会责任感的合格公民。

开展成人仪式教育活动有以下形式。

（1）开设公民教育课程和法制课程，组织参观爱国主义教育基地，使 14～16 周岁的青少年掌握宪法和法律的有关知识，培养中学生的国家公民意识。

（2）开展成人预备志愿服务，主要是组织中学生在 14～18 周岁成人预备期内参加总时数不少于 100 小时的志愿服务活动，培养他们的社会责任感。

（3）开展技能训练，培养中学生学会掌握和运用基本生活和学习技能，遇到突发事件时的自护、自救、互助技能。

（4）举行成人宣誓仪式，在中学生年满 18 周岁时，组织他们集体面向国旗宣誓，突出仪式神圣、庄严的特点，给中学生的一生留下深刻印象。

实践案例

　　每年的 4 月 23 日为南京市人大立法确定的"南京市 18 周岁成人宣誓日",在这一天,将组织适龄学生,在雨花台烈士陵园、渡江战役胜利广场等大型爱国主义教育基地或鼓楼市民广场、南京长江二桥公园等标志性地区举行集中性的成人宣誓仪式,在仪式结束后开展义务献血、栽植成人纪念林等公益性志愿服务活动。

十、素质教育校外基地

　　素质教育校外基地是面向中小学生,以提高学生综合素质为目标,以学生亲历实践过程为主要形式,开展各类(爱国主义、科技、国防等)教育活动的场所。

　　通过组织学生参加素质教育实践基地活动,引导学生贴近生活、贴近社会,走进自然,活跃身心,培养学生的实践能力和创新的才干,增强社会责任感,促进学生素质的全面提高。

　　组织学生参加素质教育实践基地活动要遵循不同阶段、不同年龄中小学生生理、心理特点和认知规律,确定目标、任务和要求;要因地制宜,充分整合教育资源、自然资源、人文资源,达到教育效益最佳化;要和基础教育课程改革紧密结合,促进书本与实践相结合、动脑与动手相结合、学校教育与社会教育相结合;内容设计要突出针对性、实践性、趣味性、教育性,要确保安全性。

实践案例

　　南京市中小学社会实践行知教育基地是一个依托五里行知小学,以农村科技实践为主要内容,面向中小学生的素质教育基地,开办 11 年来逐步形成了三大课程系列。一是"学习农村科技"课程系列,涉及的有大田作物、果木蔬菜、花卉苗木、家禽家畜、水产养殖,化肥农药、能源气象等,让学生有新观察、新运用。二是"了解农村建设"课程系列,涉及农业生产、农民收入、水电道路、土地流转、结构调整、人口计生、乡风民俗、农村环保等诸多专题。通过这一课程系列,学生可看到我国农村的变化、看到发展、看到问题、看到希望、想到责任。三是"体验农村生活"课程系列，让学生体验粗茶淡饭、集体住宿、简单洗浴、军事管理、田间漫步、篝火晚会、烟花爆竹、夜半行军、营地帮厨、野餐生存……培养学生的自我管理能力，集体合作精神和吃苦耐劳品质。逐步形成了"农""科""行""新""陶"五大特色。

目前，南京市建立的中小学素质教育校外基地有5类180多个，如爱国主义教育基地有雨花台、梅园新村周恩来纪念馆、侵华日军南京大屠杀遇难同胞纪念馆等；科技教育活动基地有紫金山天文台、中山植物园、海底世界、地震台等；农村实践活动基地有傅家边农业科技园、汤山基地、牌楼基地等；国防教育基地有国防园、十月军校等；法治教育基地有句容少管所、税法教育基地等。这些基地对中小学生实行免费或优惠，为中小学生开展各类教育活动提供了丰富的资源。

 拓展阅读

罗伯特·加涅（Robert Mills Gagne，1916—2002年），美国教育心理学家，出生于美国马萨诸塞州的北安多弗，逝于美国田纳西州哈密尔顿县信号山镇（图1-5）。罗伯特·加涅1933年进入耶鲁大学主修心理学，受到了新行为主义的严格训练，1937年获文学学士学位，毕业后进入布朗大学攻读实验心理学，并于1939年和1940年分别获得理科硕士学位和实验心理学博士学位。1940—1949年执教于康涅狄格大学，其间曾于1945—1946年任宾夕法尼亚州立大学教授，1949—1958年任美国空军知觉和动作技能实验室主任。1958—1962年任普林斯

图1-5　罗伯特·加涅

顿大学心理学教授，并从事学校知识科目及技能科学教学的实验研究。1962—1965年任宾夕法尼亚州匹兹堡的美国科研工作协会研究主任，研究人类行为、教育方法以及教育程序的设计与评价。1966—1969年任加利福尼亚大学伯克利分校教育心理学教授，负责建立地区的教育实验室，管理教育方面的研究生培训计划，且继续研究学校的学科教学。1969—1985年任佛罗里达州立大学教育研究所教授，期间完成了学习层次、学习结果的种类以及成人电视学习的研究。第二次世界大战期间，他曾应征入伍，作为航空心理学家从事测量、选拔和训练飞行员的研究工作。

加涅的学生素质结构观及其对素质教育的启示

罗伯特·加涅在1992年修订出版的《教学设计原理》中对学生素

质结构构成成分进行了分析,他独特的视角或许会对我国的素质教育讨论有所启迪。加涅从学生是学习者,而且是可持续学习的学习者这个角度出发,把学生的素质分为先天的、发展中形成的和习得的三类。

1. 学生的先天素质

传统上素质的先天成分主要指一个人的神经解剖学基础。而加涅则主要从学习过程(信息输入、信息加工和信息提取)的角度对学生的先天素质进行分析。在信息输入阶段,如人的眼睛的视敏度(即视力)有个别差异,这种差异是先天的。虽然我们可以通过戴眼镜或手术使视力得到提高,但它却无法通过学习而改变。在信息加工阶段,美国心理学家乔治·米勒(George Miller,1956)证明,人的短时记忆容量为5~9个信息单位。短时记忆这种先天的容量限制会影响学习。虽然我们可以用扩大记忆组块的办法来增加短时记忆的信息量,但短时记忆的信息单位数不能改变。在信息提取阶段,亨特(Hunt,1978)运用"减法技术"设计的实验证明,人的信息提取速度有个体差异,这种差异是先天的。

2. 学生在发展中形成的素质

加涅提出两种发展中形成的素质:智力和人格特质。

许多专家同意,智力是处理抽象观念、处理新情境和进行学习以适应新环境的能力,是在个体发展的过程中,由先天和后天因素相互作用的结果,具有相对的稳定性。美国教育心理学家阿瑟·詹森(Arthur Robert Jensen,1969)指出,在同种族、同文化的条件下,个体智商的变化75%~80%归因于基因,20%~25%归因于环境。智力具有明显的个体差异。

人格特质是所有的人共有的、能被人格测验揭示的、个体的一般倾向,也是先天和后天相互作用的产物,也同样是长期稳定的,不容易受教学的影响。加涅提到的人格特质有焦虑、性格内向、谨慎、冲动、自我满足等。人格特质在量上因人而异,从而构成了人格特质的个体差异。

3. 学生后天习得的素质

加涅把学生习得的五类学习结果,即言语信息、智慧技能、认知策略、态度和动作技能,作为学生后天习得的素质。

(1)言语信息。相当于"双基"中的基础知识。中小学历史课、地理课中大部分知识是言语信息。它是回答世界是什么的知识,是个人具有有意识的提取线索,能直接陈述的知识。它们以单个命题和命题网络的形式储存在认知结构中。

(2)智慧技能。相当于"双基"中的基本技能,语文、数学、外语等学科的学习要求掌握的基本上是智慧技能。加涅认为,智慧技能的实质是人们应用符号处理信息或问题的能力。通俗地说,就是根据某种语法规则说话或造句,或运用某些数学、物理、化学等规则去解题等。加涅又进一步把智慧技能由低到高区分为四个亚类,分别是辨别、概念、规则和高级规则。此处的辨别是指把事物的不同之处区分开,在教学中主要培养学生能对相似的事物区分的能力;概念是反映一类事物共同的本质属性,概念学习主要培养学生在一大堆各种不同的事物中能对同类事物进行分类的能力;规则是几个概念之间的关系,以命题的形式呈现,规则学习主要培养学生运用规则办事的能力,如运用欧姆定律求电压等;高级规则指通过简单规则重新组合而得到的规则,高级规则学习主要培养学生运用简单规则以产生新的规则并解决复杂问题的能力,如中学数学中解复杂平面几何题就涉及许多规则的综合运用。这四个亚类,有严格的层次,高一级的智慧技能必须以低一级的技能为基础,我们称为加涅的智慧技能层级论。智慧技能在大脑中以产生式和产生式系统的形式镶嵌在与之相关的命题网络之中。中小学生掌握的读、写、简单的心算等技能属于自动化的智慧技能。

(3)认知策略。有些类似于学习方法,但其内涵要丰富得多。认知策略是"学习者用以支配自己的心智加工过程的同步组织起来的技能",是处理内部世界的能力。如果一组概念和规则支配了人的认知加工活动,提高了其信息加工能力,则他就习得了认知策略。例如,一位小学教师教给学生一套纠正"四则混合运算"差错的程序:一找,二核,三算,四订正。如果学生每次都能用这套程序纠正错误,我们就认为他已获得了"纠错"的认知策略。态度,态度是习得的、影响个体对特定对象作出行为选择的有组织的内部状态或反应的倾向性,包括认知、情感和行为倾向三个成分,其核心成分是情感。我国教育方针中的德育包含在态度之中。二者有时同质使用,但也有所不同。如学生做作业字迹比较潦草,上课不认真听讲,我们只能讲他学习态度不好,不能说他品德不好。只有涉及社会道德规范的态度才属于品德范畴。态度(品德)学习渗透在一切学科的学习中,如学习理科类的数学、物理、化学等学科时,需要形成喜欢这些学科的态度;而文科类的语文、历史、政治等学科品德的教育占有相当重要的地位。在素质教育中,态度(品德)教育是学校教育的最重要目标之一。

(4)动作技能。动作技能是在运动规则的支配下,因练习和反馈而逐渐变得精确和连贯的实际肌肉运动,在许多学科中都有。如小学生学写钢笔字、毛笔字;语文课要学会朗读,朗读中有复杂的声带肌肉的协调运动;中学物理、化学课要学会做实验;音乐课要学会弹钢琴;美术课要学会作画;体育课和劳技课则以学习的动作技能为主。我国学术界对加涅的五类学习结果的分类并不陌生,但加涅把它们视为学生后天习得的素质,这个观点理应引起我国教育界的重视。当然,加涅把学生习得的学习结果作为学生后天习得的素质来看待,这是否合理,有待检验。在我国素质教育的大讨论中,有人提出"三育(德、智、体)说""五育说""六育说",甚至"十育说",还有其他诸如"三个层次五个方面说""三位一体说""复合内容说"及"四个关心说"等。随着时代的发展和研究的深入,可以预料还会有专家继续提出素质教育的新内容。我们认为,加涅的理论有一个特点,就是学生的素质不管提多少种(当然指后天习得的),基本可以用他提出的后天习得的五类素质得到合理的解释,真正做到了以不变应万变。抓住了这五种习得的素质,素质教育就抓到了根本。

思　考　题

1. 简述素质教育在中国的发展历程。
2. 素质教育的内涵是什么?
3. 素质教育的主要内容有哪些?
4. 素质教育的主要目标是什么?
5. 素质教育的实施策略有哪些?

第二章
生命教育思想

 学习目标：

1. 了解生命教育在西方的发展历程；
2. 了解生命教育在中国的发展历程；
3. 理解生命教育的内涵；
4. 掌握生命教育的主要内容；
5. 掌握生命教育的实施策略。

导 读

　　生命教育是由西方社会面对自杀、吸毒等种种负面现象开展的主题教育，以及死亡教育的兴起而发展起来。20世纪60年代末由美国学者杰·唐纳·华特士正式提出并实践，之后向世界各国辐射扩展。半个世纪以来，生命教育受到世界各国的普遍关注并广泛实施。20世纪90年代中国香港、台湾地区引入生命教育并开展实践，取得了显著成绩，随后，生命教育亦成为中国大陆教育界的重要议题。面向未来，应积极践行生命教育理念，倡导人们关注生命、尊重生命、热爱生命、善待生命、成就生命。

教学视频

第一节 生命教育思想的发展历程

一、生命教育思想在西方

生命教育源自美国,最早提出生命教育理念的是杰·唐纳·华特士(J.Donald Walters)。华特士不仅提出了生命教育的理念,还进行了生命教育的实践。他在美国加州北部内华达山脚下的丘陵地带,设立了阿南达村(Ananda Village)和阿南达学校(Ananda School),践行其生命教育理念。1986年华特士出版《生命教育:与孩子一同迎向人生挑战》一书,总结生命教育的经验,并指出生命教育是一个系统,旨在帮助孩子们学习如何生活在这个世界上,在心灵与心智、身体与精神的各个层面上逐渐进步,成长为比较平衡、成熟、有效率、快乐、和谐的人。随着华特士生命教育思想的传播,美国各地开始重视生命教育,进行生命教育的实践。美国政府出台各项法律法规推动生命教育的发展。20世纪90年代,美国中小学已经基本普及生命教育。目前,美国生命教育的内容主要有三个方面:品格教育、生命挑战的教育和情绪教育。作为最早实施生命教育的国家,美国在生命教育实施上已形成了一套涵盖学生道德教育、善待生命、婚姻与性、健康、环保教育、热爱劳动、爱的教育、诚信和法制教育、职业与生存教育、家庭教育和死亡教育等多方面的科学完整的体系。[①]

日本的生命教育起源于1964年谷口雅春出版的《生命的实相》一书,呼吁重视生命教育。20世纪80年代,日本重新修订了教学大纲,针对青少年自杀自残、校园欺凌、破坏环境等矛盾突出的现实,提出了以尊重人的精神和对生命的敬畏作为道德教育的目标。21世纪以来,针对日本青少年自杀率居高不下的现实,教育界提出"余裕教育",旨在帮助青少年认识生命的美好和重要,勇敢面对并承受挫折,更加热爱生命、珍惜生命。其口号是"热爱生命,选择坚强",热爱生命的主要内容

① 张鸿燕. 美国开展生命教育的做法及启示[J]. 北京:北京教育(德育),2011(6):7.

之一是要求人与自然和谐相处，并热爱其他生命，主张青少年多亲近大自然与野生动物友好和谐相处。

澳大利亚的生命教育源于 1974 年，牧师特德·诺夫斯（Rev. Ted Noffs）针对青少年吸毒并致死事件频发的社会问题，提出了生命教育的主张，呼吁青少年远离毒品热爱生命，并于 1979 年在悉尼成立"生命教育中心"，该中心以"预防药物滥用、暴力与艾滋病"为宗旨，协助学校进行反毒品教育。如今，各中小学普遍设有生命教育中心，以戒毒和健康教育课程，培养中小学生为安全、健康、幸福的生活做出选择的能力。①

英国的生命教育源自于澳大利亚，英国查尔斯王子在访问澳大利亚后，十分赞赏其生命教育，1986 年英国建立了第一个生命教育中心。不过英国并未在学校开设专门的生命教育课程，而是融入 PSHE（Personal，Social，Health and Economic）教育计划实践中，在英国，PSHE 教育是一门必修学科。PSHE 教育是一种够为帮助儿童和青少年成长，以及发展成为家庭和社会一员的课程。

二、生命教育思想在中国

我国最早开展生命教育的是台湾地区。20 世纪 90 年代，台湾地区针对校园暴力和自杀事件频发，开始在中小学推行生命教育。这一时期的生命教育旨在使学生了解生命、珍爱生命，建立青少年正确的生命价值观，预防青少年暴力与自杀。1997 年，台湾地区颁布《中等学校生命教育计划》，推动生命教育发展。2000 年，台湾地区成立"推动生命教育委员会"；2001 年，台湾地区实施《推动生命教育中程计划》（2001—2004 年），并宣布该年为"生命教育年"，该计划规划了从小学至大学十六年一贯生命教育的实施，是台湾地区推动生命教育的重要里程碑。2008 年，台湾地区颁布《普通高级中学选修科目生命教育课程纲要》，将生命教育明列为高中选修课，以引领学生探索生命，使学生在生命实践中做到知行合一。2009 年，台湾地区创办《生命教育研究》期刊，推动生命教育的理论与实践研究。2014 年，台湾地区《十二年基本教育课程纲要总纲》中明列生命教育为普通高中必修课、技术型高中选修课。②2018 年，台湾地区《十二年基本教育课程纲要总纲议题融入说明手册》中，提出生命教育的学习主题涵盖了哲学思考、人学探索、终极关怀、价值思辨与灵性修养五大范畴，以"人生三问"为核心，即"人为何而活？人应如何生活？应如何能活出应活的生命？"，开展生命教育，使学生形

① 冯建军. 生命教育教师手册［M］. 太原：山西教育出版社，2018：18.

② 晋银峰，胡海霞，陈亚茹. 我国大学生生命教育研究十六年［J］. 黑龙江高教研究，2018，36（11）：41-46.

成正确的生命价值观,做到知行合一。

　　我国香港地区的生命教育开始于 20 世纪 90 年代,可以追溯到 1995 年,民间慈善组织以预防药物滥用珍爱生命为目的发起的"生命教育活动计划"。1996 年,生命教育正式进入学校系统,香港天水围十八乡乡事委员会公益中学开设的生命教育课程。① 2001 年,香港特区政府成立了"生命教育委员会"。2002 年,香港地区将生命教育归之于德育、公民及国民教育之下,以追求"全人"为目标,致力于培养学生"坚毅、尊重他人、责任感、国民身份认同、承担精神、诚信、关爱"的正面价值观和态度,在各级学校推广生命教育课程。2002 年香港撒玛利亚防止自杀会成立"生命教育中心",推行香港首个"防止自杀教育计划",致力于通过举办各种服务与训练,向香港人民传递预防自杀和珍惜生命的信息。香港神托会于 2003 年起推行"生命教育计划"特别项目,在全港大专、中小学及社区推行服务。该计划旨在以 KARES 即认识(Knowing)、欣赏（Appreciating）、尊重（Respecting）、探索（Exploring）及分享(Sharing)为宗旨,通过不同艺术媒体如心理戏剧治疗、录像制作、音乐治疗、文字及图像创作等鼓励参加者去尝试不同的体验及反思生命,借此了解并接纳自己,尊重他人,建立正面的自我价值及人生观。香港教育学院、香港浸会大学等开发了一系列课程教材,帮助青少年认知自我,珍爱自己与他人的生命。2010 年香港生命教育基金（LPD Educational Foundation)正式注册成立,以"生命接触生命·生命触动生命·生命启动生命"及 Reach the Unreachable 为宗旨,推出了一系列活动如"学校同行阅读计划""一个都不能少",出版翻译图书《超凡学生手记》《爱·不释手》《家长成长系列(一)成为孩子的伯乐》等,并举办多个工作坊,为香港地区的生命教育做出了较大的贡献。目前香港地区的生命教育主要是民间慈善团体、教会组织、香港教育局、社区机构、教育人士合力推动;生命教育的内容主要是认识生命、爱惜生命、尊重生命、探索生命四个阶段②;主要通过课程教学与日常生活的各种活动渗透式的隐性课程实施,教学方式多元灵活,与体验实践为主。

　　在国外和我国台湾、香港地区生命教育的影响之下,大陆地区开始关注生命教育领域。1993 年,黄克剑先生谈到教育的使命是"授受知识,开启智慧,点化或润泽生命。这后一方面也可以理解为确立人的生命的价值向度,陶冶人的虚灵的精神境界。"③1997 年,叶澜教授《让课堂焕发出生命活力——论中小学教学改革的深化》一文中针对传统课

---

① 冯建军. 生命教育教师手册[M]. 太原：山西教育出版社,2018：29.
② 冯建军. 生命教育教师手册[M]. 太原：山西教育出版社,2018：30.
③ 张文质. 教育的价值向度与终极使命——访黄克剑先生[J]. 教育评论,1993(4)：3-7.

堂存在的问题提出了"从生命的层次，用动态生成的观念，重塑课堂教学，让课堂焕发出生命的活力"[①]。20 世纪 90 年代的生命教育实践主要以"安全教育""环境保护"等形式出现，90 年代中期，郑晓江曾在南昌大学开设生死哲学课程。

进入 21 世纪，生命教育繁荣发展，各省市先后出台了一系列政策文件，要求各级学校开展生命教育。2004 年辽宁省教育厅印发了《辽宁省中小学生命教育专项工作方案》，要求各中小学通过专题教育、主题教育活动、经常性生命教育活动、学科课程融入等方式，引导学生认识自我生命的独特性与珍贵性，树立正确的人生观和价值观。为配合生命教育工作的开展，要求用三年时间在全省 100 个县区设立未成年人生命教育指导中心，以面询、非面询、协调等方式帮助解决未成年人的心理问题、青春期困惑、危机状况等问题。2005 年，上海市颁布了《上海市中小学生命教育指导纲要》，其着眼于全体学生的全面发展，目标为形成学校、家庭、社会优势互补、资源共享的生命教育实施体系，并指出"生命教育是旨在帮助学生认识生命、珍惜生命、尊重生命、热爱生命，提高生存技能，提升生命质量的一种教育活动。"同年，黑龙江省印发了《黑龙江省中小学生命教育指导意见》、湖南省颁布了《湖南省中小学生命与健康教育指导纲要》指导开展生命教育。2008 年，云南省颁布了《关于实施生命教育、生存教育、生活教育的决定》《关于生命教育、生存教育、生活教育的实施意见》，要求在各级各类学校中实施生命教育、生存教育、生活教育（简称"三生教育"）。编制了供幼儿园、中小学、中职、高校使用的"生活、生存、生命"7 册系列教材，并进行教师培训，在全省市县各级各类学校实施"三生教育"取得良好成效，引起了全国广泛关注。随后，各省市教育行政部门、学校、教育界人士纷纷投入生命教育实践中，或进行生命教育试点或是开设生命教育课程，或举办各类高峰论坛或著书传道。

2010 年，《国家中长期教育改革和发展规划纲要（2010—2020 年）》颁布，明确提出应"重视安全教育、生命教育、国防教育、可持续发展教育"，这标志着生命教育已上升为国家战略高度。2013 年，全国第一个生命教育专业委员会中国陶行知研究会生命教育委员会成立。迄今，全国已举办多个学术讨论会、年会，如中国宋庆龄基金会举办"中华青少年生命教育论坛"、浙江传媒学院主办的"海峡两岸大学生命教育高峰论坛"，以及北京师范大学生命教育研究中心主办"全国生命教育年会"等，学术论著和教科书已相继出版多本，如郑晓江《生命与死亡》、肖

---

① 叶澜. 让课堂焕发出生命活力——论中小学教学改革的深化[J]. 教育研究，1997(9)：3-8.

川《生命教育引论》、冯建军《生命与教育》以及北京师范大学出版的《珍爱生命——小学生性健康教育读本》等。我国生命教育起步虽晚，但发展较快，以全社会之力推进生命教育的发展。

第二节
生命教育思想的主要内容

一、生命教育的含义

关于生命教育的含义，目前在学术界还尚未有定论。广义的概念认为生命教育是一个系统，教育和生命本身有相同的目标，应该将生命置于教育的过程之中，重视个体的经验，使孩子在快乐中学习成长成熟，达到身心和谐发展。美国杰·唐纳·华特士的生命教育概念就持这个观点。他认为，"孩子们所学习的是如何生活在这个世界上，而不只是如何找到一份工作、一种职业；他们必须懂得如何明智、快乐而且成功地生活，而不违背自己内在深层的需求；当然，更不会执着于金钱和权力。"[1]我国学者顾明远教授也持类似观点。他认为，教育的本质是生命教育，生命教育是一种教育理念，应转变教育观点，关注儿童的生命发展，使学生健康快乐成长。[2]

中观层面的生命教育，是重视生命的各个层次，珍视和尊重生命、热爱生命，提倡重视发展生命的意义与价值，提倡发挥生命价值的最大化。冯建军认为，生命教育是关乎生命的教育，它必须以生命为出发点，直面生命，满足生命的需要，完善生命的发展。生命教育是一种全人类的教育，应呵护自然生命，塑造社会生命，激扬精神生命。[3] 郑晓江认为，生命教育是以生命为核心的教育，其核心与难点在于生死教育，其本质上是一种教育理念。[4] 冯建军、朱永新、袁卫星等人倡导"新生命

① 杰·唐纳·华特士.生命教育：与孩子们一同迎向人生挑战[M].林莺，译.成都：四川大学出版社，2006：5.
② 顾明远.教育的本质是生命教育[J].课程·教材·教法，2013，33(9)：85.
③ 冯建军.生命教育与生命统整[J].教育理论与实践，2009，29(22)：8-11.
④ 郑晓江.生命与死亡——中国生死智慧[M].北京：北京大学出版社，2011：131.

教育"理念，指出新生命教育是基于人的生命发展的内在需要，以"过一种幸福完整的教育生活"为核心理念，围绕人的自然生命、社会生命和精神生命展开教育，引导学生珍爱生命、积极生活、成就人生，拓展生命的长宽高，让有限的生命最大化，让每个生命成为最好的自己。① 《上海市中小学生命教育指导纲要》指出，生命教育是旨在帮助学生认识生命、珍惜生命、尊重生命、热爱生命，提高生存技能，提升生命质量的一种教育活动。云南省提出并实践的"三生教育"即生命教育、生存教育、生活教育，是将自然生命教育、人文生命教育、人生价值教育融为一体，体现了生命教育的丰富性和多向性。

狭义的生命教育是指在实践过程中针对某一社会问题，而采取的教育措施，如安全教育、预防自杀教育、禁毒教育等，内容仅是针对生命的存在而言，爱护自己和他人的自然生命，并未涉及生命价值和生命意义以及如何成就人生等方面的问题。

综上所述，我们认为生命教育是一种有组织、有目的、有计划地开展以生命为基点的，旨在引导人们珍视生命、积极生活、成就人生的，以认识生命、珍爱生命、发展生命为主线的教育活动。

二、生命教育的主要内容

（一）生命教育的目标

总体目标：生命教育着眼于全体学生的身心和谐发展，为其终身幸福奠定基础。旨在帮助学生认识生命、热爱生命，建立尊重自我生命、尊重他人生命、呵护自然生命的和谐关系，学会关爱生命，学会自我生存，学会生活，建立正确的生命观，提高生命的质量与价值，焕发出生命的精彩，即认识生命、热爱生命、发展生命。

针对不同学习阶段的学生，应设立符合其年龄特征的具体目标，以切合其身心发展的规律。

小学阶段目标：以身体养护和养成健康生活习惯为主，帮助学生初步认识自己的身体器官，初步认识自然界，树立保护生命的意识。学会关爱家人，了解友谊，学会基本的自我保护技能，建立对爱护生命的意识。

初中阶段目标：使学生了解青春期的生理特点，进一步了解自己的身体发展阶段；掌握自我保护的技能；学会如何与人相处；学会尊重生命、关爱生命、学会对自己和他人负责；养成健康的生活方式。

---

① 冯建军，朱永新，袁卫星. 论新生命教育课程的设计[J]. 课程·教材·教法，2017，37(10)：12-18.

高中阶段目标：了解和掌握科学的性知识；掌握正确的灾难逃生的技能和方法；学会应对挫折的方法，培养积极乐观的生活态度；自觉保护环境，尊重自然，与自然和平相处；学会尊重他人，与他人融洽相处，尊重他人的生命；理解生命、热爱生命，学会规划生活，创造生命价值。

（二）生命教育的内容

生命教育内容由社会需要、人的需要、教育规律三方面确定。各个国家与地区实施的生命教育内容各有特色。美国中小学的生命教育的内容主要由死亡教育、品格教育、挫折教育、生计教育四部分组成。[①] 英国中小学生命教育的内容分为三个主题，即健康与幸福、人际关系和性教育、职业和工作的发展规划[②]，包含了个人、社会、健康和经济的教育（Personal，Social，Health and Economic Education，PSHE）。中国台湾地区的生命教育主要以全人教育为理念，坚持"为何而活（生命）"和"如何生活（生活）"两个方向。围绕人与自己、人与他人、人与环境、人与宇宙四个向度开展生命教育。[③] 我国香港地区的生命教育是德育、公民与国民教育之中的一部分，将生命教育聚焦于认识生命、欣赏生命、尊重生命和探索生命四个维度上。[④]

大陆地区生命教育的内容体现在各省市组织的生命教育实践中。《上海市中小学生命教育指导纲要》规定，生命教育要形成各学段有机衔接、循序递进和全面系统的教育内容体系，主要围绕生命与健康、生命与安全、生命与成长、生命与价值和生命与关怀等方面。云南省提出了"三生教育"理念，即生命教育、生存教育和生活教育。生存教育的主要内容是使学生认识生存及提高生存能力的意义，把握生存规律，提升生存适应能力和创造能力，强化生存意志，树立人与自然、社会和谐发展的正确生存观。生活教育的主要内容是使学生认识生活的意义，热爱生活，奋斗生活，幸福生活，树立正确的生活观。朱永新主持的新生命教育实验改革确立了生命与安全、生命与健康、生命与养成、生命与交往、生命与生涯、生命与价值六个领域，并以此为主题开展生命教育。

综上所述，生命教育主要是围绕生命的存在与安全、建立自我生命与其他生命的和谐关系、焕发生命价值这三方面进行的。

---

① 李霞，刘晓. 美国中小学生命教育及其对我国的启示[J]. 教育探索，2010(1)：155-157.

② 王荣. 英国中小学生命教育及其启示[J]. 中学政治教学参考，2019(8)：19-22.

③ 徐秉国. 中国台湾中小学生命教育的实施特点[J]. 教育评论，2006(4)：75-78.

④ 陈志威. 中国香港生命教育课程的框架[J]. 香港教师中心学报，2017(16)：85.

三、生命教育的实施策略

（一）理念构建

全人教育是生命教育的核心理念。全人教育是以人为本，关注人的身心和谐发展，关注人格的完整，不仅关注其自然生命的安全，还关注其精神生命的健全与社会生命的发展，以达到学生知行合一的践行认识生命、热爱生命、发展生命、自我实现的目标的过程性教育。其次，还应树立生命之本的理念，增强生命意识，生命是生存之本，是存在之根本。只有拥有健康的体魄，才有发挥生命价值的可能，因而要树立从生命出发，以生命为原点和出发点，以生命为过程的教育理念，在实践中更好诠释生命教育。

（二）加强课程建设与实施

1. 课程资源建设

生命教育课程是生命教育实施的载体，生命教育课程资源是生命教育课程建设基础。生命课程资源目前主要有各省市教材编撰组或科研组编撰的教科书，如云南省编撰的供各学龄段使用的"生命、生存、生活"7 册系列教材；南京师范大学道德教育研究所生命教育团队编撰的从小学到高中 24 册《新生命教育》教材，还有各类专题教育如心理健康教育、体育与运动、环境教育、法制教育、禁毒教育、抵制诱惑、预防疾病等，因而需要加强课程资源建设，使课程资源多元化，积极开设生命教育资源网，整合生命教育内容进行网络共建共享等。

2. 课程的实施

生命教育课程的实施具体可以通过以下几种形式：①显性课程。中小学主要是通过显性课程的实施来开展生命教育。通过在各学龄段开设符合其需要的显性课程，如小学阶段开设《自然与科学》《思想品德教育》《体育》等，在初中阶段开设《生物与科学》《思想道德与法律修养》《体育与健康》《历史》等，在高中阶段开设《思想政治》《历史》《生物》《体育》《社会生活》等。②隐性课程。课程应加强隐性课程的渗透力，如语文、音乐等学科中也蕴涵着丰富的生命教育课程资源，可以通过阅读经典进行渗透教育，如将《唐诗三百首》《三字经》《大学》等所蕴含的生命精神与生命教育，与学生自身相联系，通过阅读经典陶冶心灵。③专题教育。针对频发的威胁生命安全与健康的交通安全、心理问题、校园欺凌、自杀自残、破坏环境、吸烟吸毒等问题，进行专题教育。如可以聘请专家开展专题讲座、座谈会，组织主题班会、纪念日活动、社团活动等，通过学生喜闻乐见的形式如观看主题电影、进行角色扮演、演讲比赛等，与学生共同探讨对生命的认识，体悟生命的价值，树立生命意识，尊重并热爱生命。④实践活动。通过实践活动教育，感受生命的美好，践行关爱生命的理念。如带领学生外出登山望远感受大自然的魅力，激发学生热爱自然、保护自然的情怀；带领学生进行社区志愿服务活动，体验助人为乐的情感，培养人道主义救助精神；带领学生到医院进行临终关怀志愿服务，引导学生思考生与死的意义，培养其热爱生命、感悟生命价值等。

（三）师资培养

生命教育的实施，需要具有践行生命教育课程的师资队伍。教师自身的生命教育素养是实施生命教育课程能力的基础，因而培养高素质、专业化的生命教育师资是必然选择。我国生命教育起步比较晚，对于生命教育的实施主要是通过对德育教师、心理教师、班主任等人员进行培训，专业的生命教育教师队伍有待建设。作为生命教育教师不仅应具备相应的生命教育的专业知识，对生命有正确的认知，树立正确的生命教育理念，还应具备科学的教育知识以及掌握开展生命教育的技能方法。有自我提升与教育的意识与行动，有热爱生命与热爱学生的情怀。教师生命素养的形成，不仅需要教师的通过各种途径进行自我教育，发展自身的生命意识，自我反思、自我促进，还需要专门的生命教育师资培养进行塑造。因而，现阶段生命教育需要建立完善的师资培养体系，建立多层次、多维度的师资培养系统，形成以国家、省级、校级为三级主体的培训平台打造知、情、意、行四维度师资培养、培训的生态系统。

（四）合力共推

生命教育的实践，不仅需要学生学会自我救助、自律和自我教育，还需同伴之间、师生之间、家人之间相互帮助。因而生命教育既要发挥学校教育的主导，还需要家庭、社会合力共推，通过各种资源的整合，发挥最大效力，形成教育合力，促进生命教育的发展和实效的发挥。强调学校教育主导的同时，需要良好的家庭教育，家长是孩子的第一任教师，家庭教育在促进学生养成健康生活习惯、提高与人相处的能力和形成积极向上的生活态度中发挥重要作用。2019 年 10 月 23 日的一则新闻显示，安徽阜阳一男孩，父母常年在外，长期与祖父母一起生活，因其父母爽约家长会，手持匕首爬上 27 楼欲轻生。由此也可知，家庭的关爱与教育发挥着重要的作用，爱的港湾是人内心力量的源泉。

第三节 生命教育思想的案例分析

一、阿南达生命教育学校

1966 年,杰·唐纳德·华特士,在美国加州北部内华达山脚下的丘陵地带,设立了"阿南达村",成员大约 800 名。其中,阿南达学校是社区生活不可分割的一部分。在阿南达社区和阿南达学校中,实践着华特士的生命教育理念和原则。华特士设计了一整套的生命教育系统,如何在这个世界上生活,在心灵与心智、身体与精神的各个层面上逐渐进步,成为比较平衡、成熟、有效率、快乐、和谐的人。阿南达学校是一个从幼儿园到中学的学校集团,其目标是教导孩子生活的艺术,同时传授传统教育的教导的知识。阿南达学校以生命教育为理念,结合各个年龄阶段的特征,开展不同的生命教育课程实践,以培养学生,具体如下。

在幼儿园阶段即学前阶段(0～6 岁),主要是以其身体为媒介,通过五官发展孩子的认知。应用简单的戏剧表演,让学生了解自己的身体及其限制与力量;通过跳舞训练身体动作的协调与"轻盈"的心智,发展学生的想象力;通过玩"为色彩加油打气"的游戏进行彩绘和素描课程,训练学生肢体动作与身体协调;通过欣赏音乐的旋律和曲调,启迪学生智慧;通过倾听自然拓展孩子的认知。

在小学阶段(7～12 岁),主要是通过情感和情绪来教学,培养孩子的情感发展。课程内容包括绘画、雕刻、音乐等方式,进行感官训练;通过心灵图像法刺激其想象力,促进其想象力的发展;充分的肯定训练其有意识的兴高采烈;通过制造音乐如练习合唱、拉小提琴等,培养乐感;通过舞蹈动作诠释音乐,从而呼应其情感;通过瑜伽、兴趣凝视等方式,培养专注的心理品质。

在中学阶段(13～18 岁),主要在于引领学生获得真正的幸福。这个阶段的学校教育主要围绕四个主题进行:探险和旅行、服务、自我发现、个人成功的标准。

阿南达学校的生命教育课程实践包括以下几个方面。

（一）课程目标

华特士认为长大成人真正且完整的含义是成熟，"成熟就是恰如其分与自身之外的其他现实发生关系的能力"①课程开设的目的是协助孩子发现不断前进、迈向成熟的道路。他认为迈向成熟的学习法则是体会到"人类所有奋斗的终极目标，是要回避痛苦，实现快乐"。因而，其生命教育课程是通过人性化的教育过程，使个体获得迈向成熟的路径，以达到成熟的身心均衡状态。

（二）课程内容

华特士将生命教育原则加入教育行列，重新定义了所有标准的学术科目的课程。

1. 我们的地球——我们的宇宙

该课程是标准学习科目的"科学"的替代，它包括了物理学、天文学、化学、生物学、普及科学、植物学、地质学和解剖学等学科，旨在引领学生欣赏宇宙生命状态的平衡，敬畏宇宙之奥秘，以整体的角度思考宇宙。并深切感受自己是万物的一分子，学会与自然和谐相处。

2. 个人发展

个人发展包括生理发展、心智、心灵的发展。生理发展方面包括卫生、饮食、性教育、运动和一般的体育。心智发展包括专注的课程与柔软体操、解决问题、自我控制、自律。心灵发展包括快乐的秘诀，以及积极向上的心态和心灵的修炼，旨在帮助学生获得内在的发展，以达到个人的全面成长。

3. 自我表达与沟通

自我表达与沟通包括数学、文法、艺术，以培养学生的创造力，达到心智清明，促进学生生命的扩展。不仅将数学与文法融合，还有舞蹈、音乐、创意写作，以及一些实用性的技能如木工、计算机应用、演讲等。并且教导学生自我表达是为了沟通，而不是观点的强加。

4. 了解人

了解人包括历史、地理、心理学、不同文化习俗与信仰的研究，以及文化风俗的评价。以帮助学生扩展视野，理解人、理解自我，实现自然人向社会人的过渡。

5. 合作

该课程是通过合作来促进学生的生命扩展。它融合了政治、语文、

---

① 杰·唐纳·华特士. 生命教育——与孩子们一同迎向人生挑战[M]. 林莺，译. 成都：四川大学出版社，2006：22-23.

经济学等传统课程。在该课程的教学过程中,着重培养学生合作能力、服务精神。强调与人交流、分享能力的培养,引导学生树立正确的合作与服务观念,在实践中促进学生创造力的发展。通过分享式的沟通,服务式的活动,学习彼此互助的重要性,并从中体验到帮助他人的快乐与欣慰。

6. 整体意识

该课程是综合性质的,是个人发展、自我表达与沟通、了解人、合作这四门学科的综合,形成一个完整的课程体系。该课程包括艺术与音乐欣赏、文学、哲学与宗教之类广泛的课题。旨在帮助学生立足于人道关怀,研究学科的相互参照。它强调通过完整的存在来促进学生的生命扩展,重点强调学生身体与心智的平衡发展与共同成熟,培养学生与他人互动的能力,创建和谐的人际关系。

（三）课程特征

华特士的生命教育课程有以下几个特征:①综合性。华特士的课程像是一个轮子的辐条,从轴心向外辐射,轴心是人道关怀。整体意识便是其课程综合性的表现。帮助学生从不同的学科上获得知识,并逐渐形成对生命的整体性认知。其每一课程内容都综合了不同学科的知识,做到了内容上的相互渗透与融合。②实践性。华特士生命教育课程十分重视实践性学习与体验,许多隐性课程都是通过活动进行的。③连续性。华特士生命教育课程每一个阶段的内容是下一个阶段的基石,其生命教育课程都指向帮助学生达到"成熟"这一目标指引下设置的,因而课程内容围绕着人"知、情、意、行"的发展与成熟,而人的发展是连续的,因而表明其课程也具有连续性。

二、新生命教育实践

新生命教育是朱永新教授主持的新教育实验的"新六大行动"即新父母教育、新公民教育、新生命教育、新职业教育、新教师教育、新农村教育之一。新生命教育强调在新视野下的生命教育,它指出生命教育是一种全人教育,是一种以"幸福完整的教育生活"为核心理念,以"生命"为中心和原点,围绕人的自然生命、社会生命和精神生命展开的教育,旨在引导学生珍爱生命,积极生活,成就人生。

新生命教育以儿童为出发点,以生活本身为主线,组建课程与组织课程形式,具有生活性、灵活性、实践性、综合性、人文性等特点。其生命教育内容主要是分为 6 大领域,即生命与安全、生命与健康、生命与养成、生命与交往、生命与生涯、生命与信仰。其中安全与生命领域包括居家安全、校园安全、社会安全、身体健康、心理健康、两性健康 6 大模块;养成与交往领域包括习惯养成、社会交往、与自然相处 3 大模块;生涯与信仰领域包括生涯规划、价值信仰、生死智慧 3 大模块。针对小学、中学不同学龄阶段制定了相应的具体内容与目标。

其目前已设置的课程有新体育课程、晨诵午读暮省课程、电影课程、班会课程、主题课程的每月一事、生日课程、生死课程、生命叙事课程等综合实践课程。下面就其中 3 门课程进行简要介绍。

1. 新体育课程

新体育课程是针对当前体育教育偏向于运动训练而提出的,旨在通过体育锻炼培养健全的人格,而不是简单地强调运动技能与动作。其以健康、健壮、健美为三级目标,以身心统一发展为指向,将特质充分发扬为特色的运动课程,是对身体的完整教育。提倡将个性化方案,尊重学生的个体差异与身心发展规律,注重将学生兴趣与体育运动相结合。如海门市东洲小学、三厂小学等新教育实验学校开展的"三全一自主"课程。"三全一自主"即教师、学生、家长的"全参与";晨练、大课间、体育课、社团课、节假日的"全天候";学校、家庭、社区的"全方位";因人而异,选择适合自己爱好特长的运动项目的"自主性"。该课程向师生提出了"一二三"要求,即坚持一项运动,热爱两项运动,熟练三项运动。该课程旨在强健师生体魄,凝聚团结力量,激发生命潜能,幸福人生;真正做到"让身体承载梦想,让运动张扬生命,让阳光洒满跑道,让健康点亮人生"。

其中,"全参与"有利于调动学生参与体育锻炼的积极性,教师与家长是学生的重要他人,既发挥着榜样的作用,又有利于其与学生的沟通与交流,构建了情感沟通的桥梁;"全天候"不仅强调时间上的延续性,还体现了其生活的融入性,将儿童置身于体育生活之中;"全方位"是家庭、学校、社会三联动的合力体现,为学生创设了一个良好的家庭、社会环境;"一自主"体现了对学生自主性和差异性的尊重,也是课程灵活性和个性化的体现,能帮助儿童感知自己的兴趣爱好,发挥特长,以发挥其生命的潜力。其"一二三"体现了对学生品格的培养,"坚持与热爱"的要求有利于培养学生坚韧的品格,熟练是运动技巧的掌握,也是基本生活技能的要求。

2. 主题课程——每月一事

"每月一事"课程,主要是通过行为习惯养成来帮助学生习得良好的生活与学习习惯。其目前确定有 12 个主题,分别为:1 月,节约的主题——学会吃饭;2 月,规则的主题——学会走路;3 月,公益的主题——让我们种棵树;4 月,自然的主题——让我们去踏青;5 月,劳动的主题——学会扫地;6 月,艺术的主题——学会唱歌;7 月,健身的主题——学会玩球;8 月,交往的主题——学会微笑;9 月,求知的主题——学会阅读;10 月,感恩的主题——写封家书;11 月,自信的主题——学会演说；12月，自省的主题——坚持日记。践行"每月一事"的江苏海门新教育实验区海门实验小学，进行了有益的探索。2011年开发和建构了"十个学会"技能课程，学会生活中的十小事件，提升其生活技能。2014年，开发构建了"八礼四仪"教育，从生活细节入手，培养学生的文明素养。即仪表之礼、餐饮之礼、言谈之礼、待人之礼、行走之礼、观赏之礼、游览之礼、仪式之礼，基本涵盖了学生生活的各个领域，易懂、易学、易做。童心、真爱在耳濡目染中被唤醒，"爱惜自己、尊重他人"的生命意识因"礼"而走在"仁"的途中。通过各种小活动，孕育生命的成长，充分体现了其课程的生活性，与学生生活和经验相适应，尊重学生的主体性，从做中学，是非常好的体验性教育方式。

3. 生日课程

诞生是生命的起点和原点，生日课程充分体现对了生命的尊重，唤醒对生命的热爱。老师结合学生的个性特点和自己对学生的期望，精心挑选出吻合学生特质的诗歌、故事，通过音乐、舞蹈、故事等方式为学生庆祝生日，将学生的生命与音乐、美术、文学等融为一体。

新生命教育不仅通过上述综合实践类课程进行生命的教育，而且积极通过学科显性课程践行其理念，如小学的体育与健身、语文、自然、品德与社会等学科，初中的体育与健身、语文、生命科学、科学、思想品德、社会、历史等学科，高中的体育与健身、语文、生命科学、思想政治、社会、历史等学科，当然还充分挖掘音乐、美术等学科的生命教育资源，进行学科渗透式生命教育。通过分层次、分阶段，适时、适量、适度地对学生进行生动活泼的生命教育，引导学生认识生命、珍惜生命、尊重生命、热爱生命，提高生存技能和生命质量。

思 考 题

1. 简述各国的生命教育发展历程。
2. 生命教育的基本内涵是什么？
3. 生命教育的主要目标与内容是什么？
4. 生命教育的实施路径是什么？

第三章
生涯教育思想

 学习目标：

1. 了解生涯教育在西方的发展历程及代表人物；
2. 了解生涯教育在中国的发展历程；
3. 理解生涯教育的内涵；
4. 掌握生涯教育的主要内容；
5. 掌握生涯教育的实施途径与形式；
6. 掌握生涯教育的经典理论。

导 读

　　生涯教育源自 1909 年美国弗兰克·帕森斯(Frank Parsons)提出的职业指导理论，经历了由职业指导到职业咨询再到生涯教育的三个发展阶段。在美国的实践与推动下，生涯教育在西方兴起。20 世纪初从美国引入我国，我国开始进行生涯教育理论的探索与实践，随着新高考的到来，生涯教育也成为我国基础教育界的重要议题，如何更好地帮助学生认识自我，形成自我概念，探索职业兴趣，掌握生涯知识，树立生涯意识，学会生涯规划实践与管理，是当今的重要课题。

教学视频

第一节

生涯教育思想的发展历程

一、生涯教育思想在西方

生涯教育源自 1909 年美国弗兰克·帕森斯提出的职业指导理论。弗兰克·帕森斯等在《职业选择》一书中不仅提出了"职业指导"这一专门术语，还提出了"人职匹配"理论——特质因素论，指导人们进行职业选择。1913 年，美国国家职业指导协会成立，1916 年哈佛大学首次开设就业指导课。

20 世纪五六十年代，职业指导向职业咨询转化。1951 年，金兹伯格及其研究团队首次提出了生涯发展理论，他认为职业选择是一个发展的过程，具有动态性，提出了早期的职业发展三阶段理论。同年，卡尔·兰塞姆·罗杰斯出版了《当事人中心治疗：实践、运用和理论》，提出以当事人为中心的方法，而非传统的职业辅导偏重人与事的配合，强调以人为中心，尊重和发挥人的自我发现、自我抉择能力。在这种观念的冲击下，职业指导向职业咨询转变。

1957 年，舒伯提出了职业发展理论，将人的职业发展分成生理和心理成长、探索、建立、维持和衰退五个阶段，并提出各个阶段的职业发展特点。[1] 舒伯提出的生涯发展理论，可以说是职业辅导转变为生涯教育的标志。[2] 20 世纪 70 年代欧洲各国兴起了生涯教育的热潮。如 1970 年，英国全国生涯教师协会（NACT）公布了有关中学生涯工作的调查报告《麦金太尔报告：中学生涯工作的师资》。这一调查报告显示，大多数学校都有专职的生涯教师，四分之一的学校把生涯教育作为一门教学科目出现在课程表中，可见生涯教育在英国已占据重要地位。1971 年，美国教育总署署长马兰提出了"生涯教育"的构想。1972 年，时任美

---

[1] 张洪烈. 舒伯生涯发展论的评析及应用[J]. 云南财经大学学报，2010，26（4）：154-160.

[2] 沈之菲. 生涯心理辅导[M]. 上海：上海教育出版社，2000：27.

国总统尼克松宣布生涯教育是"由政府创办的一种最有前途的教育事业"。① 1974 年,美国颁布了《生计教育法案》,掀起了生涯教育运动。20 世纪 70 年代末,美国一半以上的学区已进行职业生涯教育。20 世纪 80 年代,美国的职业生涯教育逐步趋于平稳,生涯教育理念已深入人心。1989 年,美国国家职业信息协调委员会(NOICC)首次发布《国家职业发展指南》,提出职业发展能力和掌握指标,并推荐实施针对青年人和成年人的职业发展计划的策略。1994 年 5 月美国政府以生涯教育为基本理念,颁布了《从学校到工作机会法》,明确规定联邦政府将向各州和地方提供联邦资金作为风险资本来承销规划和建立全州"学校工作机会"系统的初始成本,为学校开展职业发展活动提供资金支持,极大地推动了生涯教育的发展。

综上所述,生涯教育经历了"职业指导——职业咨询——生涯教育"三个阶段的发展。生涯教育的主要推动国家是美国,20 世纪 70 年代以来,伴随着生涯教育理论的发展完善和有效生涯教育实践经验的累积,生涯教育实践项目逐渐在欧洲和北美盛行起来。至今,生涯教育实践已经成了西方学校教育、继续教育领域不可或缺的重要组成部分。

二、生涯教育思想在中国

我国的生涯教育源于民国时期的职业指导实践与理论探索。当时,由于实业教育所培养的学生质量无法满足迅速发展的民族资本主义工商业的要求,出现了学校与社会不相适应的情况。彼时,随着国内教育家、知识分子和留美归国人员对于美国教育的介绍,引进了西方先进的职业指导理论。于是,兴起了职业指导活动。1917 年成立的中华职业教育社,更是将职业指导作为职业教育的先决问题。其中最早进行职业指导理论探讨的是穆藕初,他于 1917 年发表了《选择职业之三大要点意见书》,提出了选择职业时应符合个人的性情、社会需要,且家庭环境对个人的职业选择有重要影响。1919 年《教育与职业》创立专号,"职业指导号"刊登了多篇关于职业指导的文章,不仅介绍了职业指导的目的、内容、意义,还介绍了美国进行职业指导的经验,对职业指导的理论进行了初步探索。

1919 年,中华职业教育社又成立了专门的职业指导委员会指导实践活动,不仅对江苏职业和其中等以上学校情况进行调研,还组织编写或编译了《职业智能测验法》《小学校职业陶冶纲要》《职业分类表》等。1928 年 5 月 15 日,全国教育会议通过了《设立职业指导所及厉行职业

① 魏燕明. 美国生涯教育发展历程、特点与借鉴[J]. 成人教育,2011,31(7):125-126.

指导案》，将职业指导法制化。要求各级学校开展职业指导及升学指导，各省设立职业指导所。此方案实行后，职业指导在全国推行。1930年9月21日，中华全国职业指导机关联合会成立，将全国各职业指导机构联合起来，解决共同的职业指导问题，推动了职业指导在全国的发展。1933年《各省市县教育行政机关暨中小学学校施行升学及职业指导办法大纲》颁发，将职业指导工作推向制度化。大纲颁布后，各省和各级各类学校均设立了相应的机构实施职业指导活动。这一时期，涌现了邹韬奋、顾树森、廖世承、刘湛恩等职业指导理论与实践的先行者。

改革开放以后，为了适应市场经济改革的需要，我国开始重新重视职业指导和生涯教育。1990年《现行普通高中教学计划的调整意见》中表示：全国各个省、市、区要设立职业生涯规划课程，配备专业教材用以辅导学生进行志愿专业的相关辅导工作，而后我国较发达地区：上海、广州等地相继实施职业生涯规划课程并且编撰相关书籍。1992年国家颁布了《普通中学职业指导教育实验纲要》为职业生涯规划教育提供了纲领性文件。1996年颁布的《中华人民共和国教育法》，明确要求国家要继续实施职业生涯规划教育，提高全国学生教育素质。2001年《基础教育改革纲要（试行）》中又提出了我们的课程中必须要囊括学生的职业意识、职业观与就业等，同时这也成为劳动教育课程中的一项基本内容。2006年3月23日，教育部教育发展研究中心"职业生涯教育项目组"组织召开的"职业生涯教育"理论与实践研究座谈会，极大地推动了职业生涯教育的理论与实践研究。2010年《国家中长期教育改革和发展规划纲要（2010—2020年）》颁布，明确提出了"建立学生发展指导制度，加强对学生的理想、心理、学业等多方面指导。"之后，随着新高考的到来，山东、上海、河南、河北、深圳、广东、海南、江苏等各省市颁布文件实施生涯教育，将生涯教育理论研究与实践探索推向高潮。

第二节

生涯教育思想的主要内容

一、生涯教育的含义

关于生涯的含义，不同时期不同学者有不同见解。其中，1953年，美国心理学家唐纳德·E.舒伯(Donald E. Super)在《美国心理学家》杂志上发表的文章,阐释的"生涯"概念,最为学术界所接受。舒伯认为:"生涯是指生活中各种事件的演进方向和历程,它是个人一生中所经历的各种职业和生活角色的总称。"①生涯具有以下特性:①终身性,即生涯发展是一个连续不断的过程,贯穿人的一生;②独特性,即人生命历程和人生理想的独特性,造就了其生涯发展的独一无二;③发展性,即人是生涯的主动塑造者,不同的发展阶段有不同的需求,人也会不断地成长与发展;④综合性,即生涯发展不仅包括其职业生涯的发展,也包含了其他与工作有关的角色,包括学生、父母、子女等涵盖人生整体的各个层面的角色的发展。

1971 年 5 月,美国教育总署将生涯教育定义为:生涯教育是一种综合性的教育计划,其重点放在人的全部生涯中,从幼儿园到成年,按照生涯认知、生涯探索、生涯定向、生涯准备、生涯熟练等步骤,逐一实施,使学生习得谋生技能,形成个人的生活形态。② 1972 年,沃兴登(Robert M. Worthington)认为,生涯教育是改变所有教育系统,以求造福全民的革命,它强调所有教育的经验、课程、教学及咨询辅导,是为个人将来经济独立、自我实现及敬业乐群的生涯预备,它通过改善职业选择的技巧与获得职业技能的方式,提高教育的功能,使每位学生都能享受成功及美满的生涯。

我国学者冯国锋认为,"生涯教育是以促进个体充分发展,以职业为核心的综合性的终身教育"。③ 南海、薛勇民等认为,广义的生涯教育是指社会个体在其整个生命活动的时空中所接受的,以认识自我与职业、规划未来生涯为主要内容的一切教育活动。狭义的生涯教育主要指社会个体在其某一段生命活动的时空里所接受的、以认识自我与职业、规划未来生涯为核心内容的一切教育活动(主要为学生时代),也可以指社会个体在其某一生命活动的时空里所接受的以认识自我与非职业认知规划为核心内容的教育(培训)活动(主要为跨入职业界以后)。④

在实践层面,2018 年 3 月上海市颁布的《上海市教育委员会关于加强中小学生涯教育的指导意见》,指出中小学生涯教育是运用系统方法,指导学生增强对自我和人生发展的认识与理解,促进学生在成长过程中学会选择、主动适应变化和开展生涯规划的发展性教育活动。规

---

① 沈之菲. 生涯心理辅导[M]. 上海:上海教育出版社,2000:3.

② 沈之菲. 生涯心理辅导[M]. 上海:上海教育出版社,2000:29.

③ 冯国锋. 生涯教育是以职业为核心的综合性的终身教育[J]. 教育与职业,2012(6):176-178.

④ 南海,薛勇民. 什么是"生涯教育"——对"生涯教育"概念的认知[J]. 中国职业技术教育,2007(3).

定中小学生涯规划实施的主要内容为自我认识、社会理解、生涯规划 3
个方面。

概而言之，我们认为当前的生涯教育是属于狭义上的，主要指学校
形态的生涯发展教育与辅导。普通高中以学业指导和职业指导作为重
心，从职业或专业选择倒推出学科选择；中小学生涯教育的普遍思路是
通过主题活动和实践体验了解和认识职业。

二、生涯教育的主要内容

（一）生涯教育的目标

生涯教育的总体目标是引导个体建立生涯认知，进行生涯探索和
实践，塑造个体的生涯能力，使其能够自我引导、调适和完善，不仅能完
成从学校到社会的顺利过渡，还能实现个人的价值，完成自我生命的
绽放。

由于个体拥有不同的智能结构、不同的生活背景，因而不同阶段的
具体目标及发展的侧重点不一样。

小学阶段生涯教育的主要目标在于使学生获得生涯启蒙。主要通
过观察及各种游戏或角色体验，使学生达成以下目标：①发现并了解自
己的兴趣爱好；②知道自己目前所学习的知识与技能，可以应用到未来
的学习和工作中；③能拓展对于周围世界和工作世界的认识；④形成
基本的职业认知和兴趣，树立终身学习的意识。

初中阶段生涯教育的主要目标在于使学生在生涯探索中，拓展自
我认知、理解社会分工与职业角色，形成生涯规划的意识。具体而言，
应达到以下几个目标：①进一步了解自己的兴趣、性格、能力倾向；②了
解不同受教育内容和受教育阶段对于职业选择的影响；③了解不同职
业的生活环境、工作环境、所需掌握的知识与技能等有所差异；④初步
学习生涯规划与决策的技能。

高中阶段的生涯教育的主要目标在于帮助学生形成自我概念，帮
助学生学会选择适合自己发展的方向和路径，树立生涯发展的自主意
识，提高生涯决策能力，培养学生的学业和职业的规划与管理能力。具
体而言，应达到以下几个目标：①充分了解自己的兴趣、性格、能力倾
向、价值观与职业倾向；②确立未来的目标，并能分析自己目前所处的
阶段，能提出实现的步骤与发展自身能力的计划；③学会面对应对生涯
发展的转变；④通过社会实践加入职场生活，体验职业与工作，初步检
验自己的职业选择；⑤提高职业与专业的认识，能做出毕业后的升学的
专业选择或职业就业的能力。

大学阶段生涯教育的主要目标是使学生能充分认识自我、不断挖
掘自我潜能，了解社会与职业，树立生涯发展的自主意识，掌握生涯规

划的技术技能,能自主进行生涯规划,顺利实现职业生涯的实践。

（二）生涯教育的主要内容

生涯教育主要是根据学生身心发展规律围绕自我认知、职业与社会认知和生涯规划三大板块展开。不同学龄阶段实施的侧重点不一致。小学阶段生涯教育的主要内容是通过游戏活动、研学旅行等的形式开展各种生涯经验的活动,帮助学生了解自己的兴趣,理解社会角色。初中阶段生涯教育主要通过开设生涯教育课程,如自我探索技能,帮助学生逐渐获得生涯发展的知识,树立生涯规划意识,进行自我学业与职业的规划,并通过开展各种社会实践活动,帮助学生形成基本的社会认知与沟通能力。高中阶段生涯教育除了开设生涯教育课程,如自我探索技能、职业探索技能等课程,还应增加高等院校的专业设置、专业选择和社会的职业需求等的指导,并引导学生进行相关调研或参加实践活动,初步进行职业选择和探索,进行自我学业与职业的规划。大学阶段生涯教育主要是开设职业生涯规划与就业指导、生涯决策技术、生涯管理技术等相关课程,并将生涯教育渗透于各学科的教育教学之中,开展组织社会实践与实习,帮助学生进一步明确职业发展目标,进行职业初探,做好职业规划与就业准备。

（三）生涯教育实施途径与形式

1. 课堂教学

课堂教学是实施教育的主要途径。要充分发挥课堂教学的作用,在各级各类学校中设立生涯教育课程,如职业生涯规划、自我探索等课程,提高学生对于生涯的认知与执行技能。此外,还应在各学科中进行渗透式教学,充分挖掘蕴藏在学科中丰富的生涯教育素材,建立学科学习与未来职业的深层链接,帮助学生将学业发展、个人志趣与职业梦想相结合。

2. 实践活动

实践活动是进行生涯体验式教育的主要形式。实践活动通过多元化的形式展开,提高学生的参与度,帮助学生更为清晰地了解自我,增加职业体验,有助于学生检查自己的职业选择是否符合自身的期待与要求。具体而言:①开展主题班会或主题教育活动,即通过形式多样的活动与学生讨论生涯认知、生涯决策与管理等相关的话题,为学生提供生涯信息,指导学生科学规划和探索;②通过校园节日、校园模拟招聘会、学生自主创业大赛、社团活动等活动,帮助学生了解自我、发现兴趣、形成自我概念;③通过社会调研、短期实习等方式,依托社会资源,让学生对职业建立初步的认识,引导学生了解不同职业的特征及相匹配的人格特质。

3. "家""校""社"三联动

整合家庭、学校、社会的资源，指导学生树立生涯意识与进行生涯规划，如通过家长学校、家长会等，向家长宣传生涯发展理念，引导家长了解学生的职业倾向，并邀请家长参加学校举办的生涯教育活动，如开展职业家长宣讲日，让家长言传身教，给予学生引导。此外，充分利用社区资源，如在社区开展志愿服务，创造职业体验机会，明确各种职业创造的社会价值，培养学生的社会责任感，激发学生对职业的向往。

4. 咨询辅导

咨询辅导分为个体咨询和团体辅导两种形式。咨询辅导主要是针对有生涯发展困惑或有特殊需要的学生，通过咨询师应用谈话技巧和心理测量工具帮助学生进行生涯测评、价值澄清等，充分了解自己的内在需求，并帮助其意识到自己的生涯发展优势和问题，指导其制订个性化的生涯发展规划，促进其采取行动，使其能有更好的发展机会。通过团体辅导的方式，协助学生进行自我探索、自我发展、自我完善。

（四）生涯教育的经典理论

1. 帕森斯的特质因素理论

特质因素理论是 1909 年由美国"职业指导之父"弗兰克·帕森斯在《职业选择》中提出的经典的"人职匹配"理论。该理论认为个体存在个性差异，每个人都具有自身独特的人格特征；某一特征或能力倾向与某类职业因素存在相关性；人的特征是可以通过心理测量工具测量的。由此，他提出了职业设计的三个步骤：①通过心理测量工具，了解自身的体能、能力倾向、兴趣爱好、气质类型和性格等生理和心理特征；②熟悉职业岗位的职责以及对人的要求等各种职业信息；③通过对比得出个体较适合的职业，使人职相匹配。[①] 帕森斯的特质因素理论，提出的人职匹配原则成为后来生涯规划理论的黄金规则。

2. 霍兰德的职业兴趣理论

1959 年，美国心理学家约翰·霍兰德（John Holland）提出了职业兴趣理论。他认为人的人格类型、兴趣与职业密切相关，职业选择是人格的反应与延伸，从事同一职业团体的人具有类似的人格特征。霍兰德认为，职业者如果能够选择与职业兴趣相一致的职业环境，他才能达到工作的最佳状态，其才能才会得以高水平地发挥。他将美国社会中的职业归纳为 6 大类型，即现实型、调研型、艺术型、社会型、企业型、常规型，如表 3-1 所示。每一种职业由 3 个代码标志组成，人们可以通过相应的《职业自我探索量表》SDS 得出自己的霍兰德代码，找到与其一致的职业代码，即可明确自身的职业兴趣与倾向。霍兰德所划分的 6 大类型有明晰的边界。为此，他以六边形标示出 6 大类型的关系如

---

① 徐大真. 职业心理学[M]. 北京：高等教育出版社，2011：92-93.

图 3-1 所示。因此,霍兰德的职业兴趣理论为培养学生的职业兴趣的必要性与意义提供理论依据,并提供了一个可以测量学生职业兴趣的工具。如今在应用中经常以"霍兰德职业兴趣岛"测试的形式出现,其被广泛应用到测量学生的职业兴趣与倾向之中,为引导学生正确地认识自我,准确地进行职业定位,明确职业方向,提供了极大的帮助。

表 3-1 霍兰德社会职业类型分类

类 型	共 同 特 征	典 型 职 业
社会型(S)	喜欢与人交往、善言谈、关心社会问题、渴望发挥自己的社会作用,即喜欢从事与人接触的活动	教育职业者、护理、社会咨询及公关人员等
企业型(E)	喜欢冒险、竞争,追求权力、权威和物质财富,具有领导才能	企业管理者、政府官员、营销人员等
常规型(C)	尊重权威与规章,喜欢按计划办事,细心、有条理,较为谨慎和保守	会计、银行、秘书、办公室人员等
实际型(R)	动手能力强,偏好于具体任务,不善言辞,缺乏社交能力	技术型、技能型职业者、建筑师、工程师等
调研型(I)	抽象思维能力强,善于思考,喜欢独立的和富有创造性的工作	科学研究人员、教师、医生等
艺术型(A)	喜欢自由自在,富有创造力,具有一定的艺术才能和个性	艺术家、文学家、戏剧家等

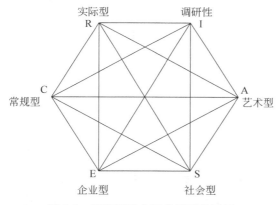

图 3-1 霍兰德社会职业类型关系图

3. 舒伯的生涯发展理论

舒伯是生涯发展理论的代表性研究者,在批判继承金兹伯格的理论研究和实践成果的基础上,舒伯提出了以差异心理学和自我概念理论来解释职业选择的过程的生涯发展理论。[①] 舒伯把职业生涯的发展看成是一个动态的过程,一个持续渐进的过程。他认为,职业选择不是

---

① 张洪烈. 舒伯生涯发展论的评析及应用[J]. 云南财经大学学报,2010,26(4):
154-160.

一次性完成的，是伴随个人一生的。其主要理论观点是：①"自我概念"，即个人对自己的兴趣、能力、价值观及人格特征等方面的自我认知。一个人的自我概念在青春期前就开始形成，到青春期时表现得较为明显，到成人期则向职业生涯概念转化。他认为，一个人对于工作与生活满意，主要取决于个人能否在工作和生活中找到自我展现、实现自我价值的机会，即"职业生涯就是对自我的实践"。②生涯发展阶段，舒伯认为人的职业生涯发展分为 5 个阶段，即成长、探索、建立、维持、衰退。③职业循环发展，即在一个人一生的职业发展过程中，职业发展的成长、探索、建立、维持、衰退这 5 个阶段是一个循环往复的过程。其中，职业发展的 5 个阶段并不完全和年龄相关，而且各阶段之间并不存在严格的界限，可能有交叉，在人生中的不同时期，都可以经历由这 5 个阶段构成的一个"小循环"。④生命彩虹图，即一个人的职业生涯发展与在个人在发展历程的各个阶段中所扮演的各种角色，如子女、学生、休闲者、公民、工作者、家长、父母和退休者等。他把发展的各个阶段称为生活广度，生活空间则指代个人扮演的角色。生活广度和生活空间交汇成为生涯彩虹图，它描绘的是生涯发展阶段与角色彼此间交互影响、多重角色生涯发展的状况。彩虹图的外圈代表横跨一生的生活广度，即人的年龄及生涯（生命）发展的 5 个阶段，里面的纵向层面代表的是纵观上下的生活空间，由一组角色组成，舒伯把它们分为 6 类，即子女、学生、休闲者、公民、工作者及持家者。舒伯认为，一个人一生中扮演着各种角色，就如同一条彩虹同时具有多条色带，内圈用颜色标注部分，长短不一，表示在不同的年龄段各种角色的分量，在同一阶段也可能同时扮演数种角色，因此人在某一阶段对某角色投入得多，会导致这一角色的成功，同时也可能导致另一角色的失败，如图 3-2 所示。

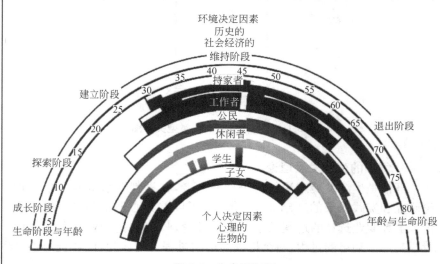

图 3-2　生命彩虹图

4. 生涯混沌理论

生涯混沌理论是职业生涯理论的新兴科学。生涯混沌理论是从化学、物理学等自然科学中的混沌理论发展而来的。21世纪初,布莱特与普约尔在前人研究的基础上提出了生涯混沌理论(The Chaos Theory of Careers),该理论认为个体生涯发展是一个混沌状态的动力系统,具有非线性、初值敏感性和不可预测性等特点,主张个体职业心理的定性分析,而非工具测量。[①] 生涯混沌理论认为,影响职业生涯发展得并不一定是那些巨大的、长期的事情,一个不起眼的因素足以改变一切,个体与职业环境是一个整体,不能割裂或分开理解,生涯辅导要充分捕捉现代世界的动态性和不确定性,帮助个体在掌握尽可能多的信息前提下,提高其应变能力和创造性,发展其个性化的生涯模式和应对模式。生涯混沌理论提倡生涯辅导的定性研究、个案研究,比标准工具测量更加综合。职业生涯辅导过程中,教师应鼓励学生们全面而真实地展现自己,毫无保留地叙述他们的经历、倾诉他们的困惑、展现他们的个性,比如,家庭环境、生活中遇到的重大事件、情感等。传统的"人职匹配"生涯辅导模式强调过程的连续性和发展的可预测性,难以应对现实中充满复杂性、非线性、不确定性、机会性的工作世界,而生涯混沌理论则弥补了这些缺憾,为职业生涯发展和生活转换指导提供了新的认识视角和路径。

第三节　生涯教育思想的案例分析

一、美国中小学的生涯教育

(一)中小学生涯教育的目标

生涯教育运动在美国开展,各州都有自己的生涯教育模式,主要有以下四种：雇主本位生涯教育模式、家庭本位生涯教育模式、偏远地区

---

① 高艳,王瑞敏,林欣. 基于生涯混沌理论的大学生职业生涯规划课程设计[J]. 高教探索,2017(12)：119-123.

生涯教育模式、联邦政府推广的生涯教育模式。其中联邦政府推广的生涯教育模式更符合学校生涯教育和辅导的实施，其又被称为 K-12 教育模式，该模式将中小学生涯教育目标分为三个阶段，分别为职业生涯认知阶段、职业生涯探索阶段和职业生涯准备阶段。一阶段是幼儿园到小学六年级为职业生涯认知阶段，这一阶段的主要目标是使学生形成初步的自我认识和职业认知，了解职业的概念，了解自身与工作世界的关系。二阶段是七年级到九年级为职业生涯探索阶段，这一阶段的主要目标是深入了解与探索感兴趣的职业群，通过各种方式获得切实的职业体验，并进行钻研与学习。三阶段是十到十二年级为职业生涯准备阶段，这一阶段应使学生获得职业领域的入门技能或具有进入专业教育的准备知识。

（二）中小学生涯教育的内容

美国小学职业生涯教育依据职业生涯发展理论及《国家职业生涯发展指导方针》，在内容选取时主要遵循以下三个原则：①面向全体学生；②将职业生涯教育作为贯穿学生一生的持续性教育；③通过职业体验和职业实践的方式培养学生的职业意识和职业素养。[1] 小学阶段根据学生身心特征，其内容主要是与职业相关的游戏活动，帮助儿童初步认识和了解工作世界。以美国教育专家划分的 15 个职业系列如商业、通信与新闻媒介、建筑业、公用事业和卫生等，采用教学单元形式，培养儿童的职业意识，扩大他们对不同职业的了解，了解各种工作环境和职业，如某项工作的角色和任务，每个职业对一个群体生活的影响等。七年级到九年级是职业生涯探索阶段，这一阶段主要内容是明确自我概念，集中了解最感兴趣的职业系列，通过参观、访问工作现场，进行初步的职业体验，认识劳动的价值。学生在他选择的某些职业领域进行更深入的探索，并在三种选择中定向。十到十二年级是职业生涯准备阶段，这一阶段主要是提供相应的技能课程、学术课程、职业教育等，便于学生在深入探索之后，进行职业选择。

（三）中小学生涯教育的实施途径

美国中小学的生涯教育实施没有统一的标准，灵活多样。根据不同年龄段学生的身心发展特征，采取不同实施路径。主要有以下几种。

1. 课堂教学

将教学内容与各种生涯教育联系起来，开设专门的生涯教育课程与学科渗透课程。学科渗透课程是指有目的、有计划、有步骤地将生涯教育渗入文学、数学、化学、生物、物理等各学科教材中，对学生实施生

---

① 栗新. 美国小学职业生涯教育管窥[J]. 教学与管理，2015(20)：57-58.

涯教育。通过课堂教学,向学生教授生涯知识,如职业的分类、职业选择的依据、自我认知的探索技能、职业道德、行业现状、职业发展路径、升学的学术性课程与职业性课程等。如小学阶段生涯教育主要是以兴趣评估和启蒙教育为主。课堂主要是通过形象具体的事物,如图片展览、放映幻灯片、阅读漫画等,帮助儿童认识工作世界,扩大儿童的职业视野,了解职业内容。中学阶段主要是开设生涯发展指导、特殊生涯指导,以及与生涯学术相关的学术课程,使学生对生涯发展有更深刻的了解,使学生的生涯意识和职业规划的能力不断发展、成熟。

2. 实践活动

美国生涯教育将学生的实践体验作为中学生学习经验的重要组成部分。让学生从实践中学习,从体验中感悟,从做中学,拥有真实的职业体验,进而培养和发展其职业兴趣和职业能力。小学生的生涯教育实践活动多以模拟游戏为主,例如,得克萨斯州的学校以学习者为中心,大力开展实践活动,校内有商店,学生可以靠上课、参加活动和优秀的表现获得玩具钞票,每个月可用赢得的钞票从商店购买商品,以此来培养儿童的生涯意识,使学生初步了解工作、职业、劳动。[①]中学阶段的生涯教育实践活动主要是组织学生实地参与到与学校学习相关的生产劳动或职业工作中,如通过志愿服务活动、工读计划等形式,到公司、工厂、医院等单位进行"工作",使学生通过亲身的职业体验,掌握第一手职业信息,获得相关的劳动经验,了解工作的环境与内容,并可以知晓自己的职业兴趣是否与职业测试的兴趣相一致,然后做出相应的职业选择。美国的中小学每年都举行"职业日"活动,请社会上各行各业的人或学生家长到学校来给孩子们介绍各自的职业和工作。

3. 咨询活动

学校职业咨询机构常年向学生开放,咨询活动主要是咨询师应用心理学原理和各种谈话技巧,通过与学生的对话或应用心理测量工具进行评估,帮助学生澄清自我意识,发现问题与需要,纠正不当行为,其基本形式包括个别咨询与小组咨询。通过咨询的形式,能给予学生个性化、具有针对性的辅导。

二、广州市番禺实验中学的生涯教育

广州市番禺区实验中学,是 2010 年新建的省级示范类高级中学,学校以"为每一个梦想铺路搭桥"的办学理念,试图构建人人"有梦、追梦、圆梦"的教育生态,旨在为社会培养有梦想、有担当、有智慧、有雅趣

① 杨婧. 从美国生涯教育的经验看我国普通高中生涯教育及其课程设置[D]. 天津:天津师范大学,2007.

的现代公民。该校自 2013 年开始开展中学生生涯教育，经过生涯导师团队 6 年时间的不断探索与实践，生涯教育工作开展得卓有成效。

该校设立了"梦想之桥——高中生生涯规划"特色校本课程，旨在帮助每一名同学构筑梦想、追逐梦想，最终铸就梦想。该课程主要是以职业认知与探究为主题，建立并实施了生涯教育课程的"3＋1"全栖模式。"3＋1"即校内实施"导师指导""活动体验""专家讲座"，校外开展"社会实践"。"全栖"是指全体高中生每周都有一节生涯教育必修课，进行以导师指导、专家讲座和活动体验为主的校内课程和以社会实践为主的校外体验课程。暑假期间会安排职业探索实践拓展，让学生选择自己喜欢的职业，化身从业者调查访谈亲朋好友或各行各业的工作者，再根据职业兴趣测试结果和发展方向，让学生提前感受大学氛围。并鼓励学生利用暑假期间找一份兼职，亲身体验职场，了解职业并锻炼自己。该校拥有四大品牌生涯体验活动：家长职业宣讲日、学科与专业链接宣讲会、学生自主创业大赛、校园模拟招聘会。还开设了生涯体验式工作坊，其生涯主题有"找到你的生命色彩""遨游霍兰德兴趣岛""提升生涯决策力""描绘生涯远景"等。

此前，番禺区实验中学举办了生涯规划课程示范课，该课程以职业接龙游戏导入，课堂气氛活跃。该校宋老师为学生介绍了职业的分类及学生感兴趣的新兴职业特性，与同学一起探究了解职业的途径，首先引导学生通过梳理家族职业树，了解家族资源对自己的影响，并提供资源非常丰富的"学职平台"，最后课程重点是如何通过职业人物访谈加深对相关职业的直观了解。

关于生涯体验式课程，该校已经连续举办了 3 年模拟招聘会，旨在让学生们感受未来职场的实况情景，增强学生对未来就业形势和压力的认知，引发学生对自己未来发展方向的思考，进而激发学生的学习内驱力。通过模拟招聘会的体验培养学生在思维能力、应变能力以及检验自我综合社会能力，从而更好地为学生今后在高考中选报学校和专业做出准确、全面的指导。每届模拟招聘会均有 50 多个招聘单位，设立 230 多个招聘岗位，涵盖教育系统、党政机关、科技通信、军事航空、医疗技术、商业金融、工程制造、艺术文化、商业服务九大行业领域。学校还将历届高考录取分数与大学专业设置等信息公布出来供学生参考选择。并且邀请身为高级人力资源管理的家长为学生展开"求职面试技巧与简历设计"专项培训。从求职面试技巧、面试礼仪、着装要求、简历设计要点等方面进行详尽讲解。学校生涯导师也专门开设简历设计与指导课程。通过简历的设计，也让同学们更好地全面审视自己的兴趣、能力。一对一面试、无领导小组讨论、实操能力考核，体验面试的场景，熟悉面试流程，了解求职过程。

从番禺实验中学的生涯教育实践可知，该校积极推进学校课程建设,推出了丰富、多元、分层的课程,满足学生的需求。其主要目标是让学生了解自我,发掘自我兴趣,形成自我概念。并初步了解职业与工作,初步体验职场生活,为学生在未来报选学校与专业、规划职业生涯,奠定良好的基础。其"3+1"全栖模式,将生涯理论与生涯实践相结合,开设的课程具有可操作性与实用性。在实践过程中,表现出如下特征:①将生涯教育理论引入实践,如根据霍兰德职业兴趣理论开展实践层面的"遨游霍兰德兴趣岛",帮助学生寻找自己的兴趣领域,以更好地发掘自己的潜力,澄清自我需求。②注重整合学校、家庭、社会三方面的资源,如在模拟招聘会中通过邀请人力资源管理职业的家长担任简历设计指导教师、招聘的高管、招聘面试官等形式参与到学校的生涯教育实践活动中,调动了家长的积极性,发挥了学校平台的桥梁作用,为学生的发展搭建了一个可以利用的、走向社会和职业世界的真实平台与环境。③该校生涯教育给中学生提供了丰富、多元、优质的生涯体验,其四大品牌活动,如家长职业宣讲日、学科与专业链接宣讲会、学生自主创业大赛、校园模拟招聘会等便是极好的诠释。其中校园模拟招聘会为学生提供直接且清晰的职业世界认知。丰富的生涯体验活动,让学生有机会在不同领域、不同方向的尝试中逐渐形成自我认同。其通过提供不同类型、不同领域、不同要求的学习机会,有利于激发学生的生涯自主性与能动性。④生涯教育实施形式多元化,既有课程教学,又有体验式教学、模拟演练、探索活动等。

思　考　题

1. 简述美国的生涯教育发展历程。
2. 生涯教育的基本内涵是什么?
3. 生涯教育的主要目标与内容是什么?
4. 生涯教育的实施路径是什么?
5. 简述生涯教育的经典理论。

第四章
创新教育思想

 学习目标：

1. 创新教育思想在西方兴起的背景；
2. 了解创新教育思想在西方兴起的历程；
3. 了解创新教育思想在中国兴起的背景；
4. 理解创新教育的内涵及存在的误区；
5. 掌握创新教育的主要内容；
6. 掌握创新教育实施的基本原则；
7. 掌握创新教育实施的途径。

导 读

　　科学技术的飞速发展，知识经济和信息社会的来临，迫切需要高素质的、具有创造能力并全面发展的人才，为此，世界各国都十分重视开展创新教育。创新教育就是以培养人们创新精神和创新能力为基本价值取向的教育。其核心是在普及九年义务教育的基础上，在全面实施素质教育的过程中，为迎接知识经济时代的挑战，着重研究与解决在基础教育领域如何培养中小学生的创新意识、创新精神和创新能力的问题。教育创新是创新教育的基础，要实施创新教育，必须对教育体系、教育结构、教育观念、教育方法、教育手段、课程教材等教育领域进行不断创新和变革。

教学视频

第一节

创新教育思想的发展历程

一、创新教育思想在西方

（一）创新教育在西方兴起的背景

创新教育在西方兴起的背景包括如下两个方面（图 4-1）。

图 4-1　创新教育在西方兴起的背景

1. 经济全球化呼唤创新教育

经济全球化是一个不断演进的过程，是人类社会生产力的客观趋势，其根本动力是科学技术突飞猛进，全球市场经济的形成，产业结构、经济体制的不断调整和各国在经贸领域合作意愿的增强。[①] 经济全球化的发展，不仅极大地改变了人们的生产方式、行为方式和生活方式，影响了人们的思想理念、价值取向和思维习惯，而且极大地促进了新经济（知识经济）的崛起。知识经济（Knowledge Economy）是建立在知识的生产、分配和使用基础之上的经济，即以知识为基础的经济（Economy Based Knowledge）。这种经济的内核是知识，外核是对知识的把握和运用。换言之，知识经济时代的经济活动是围绕着知识运行的，它的发展受制于知识的生产、传播、分配和使用。知识有两个十分重要的特性：一是知识的时效性，即没有永恒不变的知识。人类要进步，社会要发展，人们就要不断地掌握知识和创造新的知识，以应付各

---

① 黄晋太. 创新教育与创新人才培养［M］. 北京：红旗出版社，2002：99.

种接踵而至的挑战。二是知识的无限增值性，即知识在使用的过程中可以产生新的知识，用得越多，产生的新知识就越多。知识经济已经来临，知识的这两个特性越来越突出。我们只有充分把握知识的这两个特征，实现知识的不断创新，才能真正符合知识经济的要求；反过来说，如果我们不能实现知识的创新，也就谈不上什么经济的创新，知识创新是知识经济的核心。

2. 学习化社会需要创新教育

科技的飞速发展所带来的大量知识对于每个个体来说都无法全部掌握。为了适应飞速发展的社会，现代人除了不断学习外，到目前为止没有他法。今天，大多数人都基本同意，学习将是一生一世的事。"终生学习或终身教育"成为每个现代人生存和发展的基本格调。学习化社会的学习特征主要有以下几个方面：学习是终身的，无法分为教育阶段与工作阶段；学习在各种环境与机构中进行，学校只是学习的场所之一；各种形态的学习与学校教育相互统整，人生的学习是形成经验、满足需要的创意过程；每一阶段的学习成败只具有相对意义，不能作为区分社会组成分子的指标；强调人的全面发展与创意，重视个人的自由发展与社会成员的不同思维方式；强调以终身教育的方式，建立历史观、科学态度与相对意识。① 从某种意义上来说，学习已成为现代人生活的第一需要。而且学习化社会的发展要求学习采取几乎全新的方式。今天的学习主要不是记忆大量的知识，而是掌握学习的方法——知道为何学习？从哪里学习？怎样学习？如果一个人在学校没有掌握学习方法，即使每门学科都很优异，他仍然是一个失败的学习者。未来学习的成功者绝不是单纯看掌握知识的质和量的多少，而是看他是否知道学习什么、获取什么知识，是否知道从哪里学，能否运用所学知识来解决问题。

对于学生来说，获取某种知识、接受某种新观点比产生新观点更容易，要学会秉持创新意识或创新观点的有效方法，要激励受教育者发现问题并寻求解决之道。富有创新的革新方法是通向成功的钥匙，没有创新就没有活力、没有进步。组合与创新是现代教育最本质的内容。世界发展到今天，几乎没有一种知识不是以某种方式重新组合的结果，只有创新能力强的人才能适应学习化社会的要求。

（二）创新教育在西方的兴起

1916 年，美国教育家杜威率先提出了培养创造型人才的学说。1920 年，教育学家特尔曼开始探索创造力与智力之间的关系。1936年，美国通用电器公司首次开设"创造工程"课程，对职工进行创造发明教育和训练。1938 年，创造学鼻祖奥斯本在社会科学与自然科学的边

---

① 邓彤. 学会学习［M］. 北京：中国物资出版社，2000：144.

缘创建了创造学这门新学科,从此,创造学作为一门独立学科正式诞生。如今,随着经济全球化的席卷以及学习化社会理念的深入人心,以开发和激励学生创造潜力为目标的创造教育已成为一股世界潮流。西方发达国家一直把重视人的创新能力培养作为教育的传统,把创新能力的培养作为教育改革的重点,贯穿于教学的各个环节。西方创新教育思想具有以下几个突出特点:①引导学生参与教学过程,如在美国、加拿大等许多国家,PBL(Problem-Based Learning)教学法已日趋成熟,该教学法突出学生在教学中的主体地位,鼓励学生主动学习和获得所需的材料,通过交流和讨论获得科学的思维方法;②开设研究型课程,西方发达国家倡导每门课程都有需要学生去探索的问题领域,每个教学环节都有学生研究和探索的机会;③要求学生积极参与科研活动。

二、创新教育思想在中国

(一)创新教育在中国兴起的背景

伴随经济全球化兴起的知识经济正逐步发展与深化,国家综合国力的竞争进入以科技和教育为基础的新阶段,因此,实施科教兴国、人才强国战略是我国经济发展战略的必然选择。在知识经济时代实施科教兴国、人才强国战略,就是要不断提高我国的知识创新和技术创新能力,也就是要不断提高我国的创新能力。如果我们不迎头赶上知识经济的潮流,将会再一次拉大与发达国家之间的差距,这种差距不是量的差距,而是质的差距。推动科学发展,加快转变经济发展方式,建设创新型国家,在日趋激烈的国际竞争中赢得发展主动权,根本靠科技、基础在教育、关键是人才。要大力增强科技创新能力,把增强自主创新能力作为战略基点,把科技进步与产业结构优化升级、改善民生紧密结合起来,着力提升原始创新能力,增强集成创新和引进消化吸收再创新能力,构建完整的国家创新体系,加快科技成果向现实生产力转化。

(二)创新教育在中国的发展

建设创新型国家就需要以创新教育作为依托,构建完整的国家创新体系。我国面向 21 世纪的国家创新体系,是由与知识创新和技术创新相关的机构和组织构成的网络系统。其主要组成部分是企业(以大型企业集团和高科技企业为主)、科研结构(包括国家科研机构、地方科研机构和非营利性科研机构)和高等院校等。广义的国家创新体系还包括政府部门、其他教育培训机构、中介机构和起支撑作用的基础设施等。国家创新体系是知识经济和社会可持续发展的基础和引擎,是培养和造就高素质人才的摇篮,是综合竞争力的支柱和基础。其主要功能是知识创新、技术创新、知识传播和知识应用。

第二节

创新教育思想的主要内容

一、创新教育的内涵与误区

（一）创新教育的内涵

"创新"在《现代汉语词典》中的解释是：抛开旧的，创造新的。在《辞海》中的解释是："创"是首创；"新"是初次出现或改旧、更新。"创新"既有革新、创新之意，也指新观念、新方法、新发明。创新的立足点在于"新"，它是一种通过改造现实、满足时代需求的创造，具有时代的特征。

创新教育是创新思想在人才培养过程中的运用，指在整个教育过程中赋予人类创新活动的特征，并以此为教育基础，达到培养创新人才和实现人的全面发展为目的的教育。

创新教育包含以下三个不同层面的含义（图 4-2）。

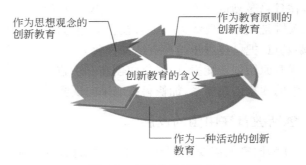

图 4-2　创新教育的含义

（1）作为思想观念的创新教育，主要是指面向全体学生的素质教育，是一种既重结果、更重过程的以创新为特征的教育。因此，在全面实施素质教育的过程中，要把培养具有创新精神和创新能力的人作为素质教育的重点和核心。

（2）作为教育原则的创新教育。创新教育原则在不同的教育层次上有不同的要求。高等教育机构既是人才培养的基地，也是知识产生与技术创新的场所,创新教育更多地表现为培养学生的知识转化能力和创造新知识的能力。而在基础教育阶段,创新教育的目的不在于使学生发明创造出多少新的事物,而在于通过有效的教育途径培养学生的创新意识、创新观念和创新态度,塑造他们的创造才能。

(3)作为一种活动的创新教育,是指学校和其他社会机构为培养学生的创新能力在管理和教学方面的具体安排和策略。创新教育活动不仅渗透在课堂教学活动中,还包括培养学生创新能力的专门活动,以及社会教育机构为培养学生的创新意识和创新素养而开展的一系列活动。培养学生的创新能力是一项系统工程,需要社会各系统密切配合。培养学生的创新能力既可以通过学校内的课堂教学、科技活动及专门的校本课程来进行,也可以聘请有专门才能的学生家长、科研专家做专题讲座来开阔学生的知识面,培养创新意识。此外,学校还可以和当地的科研机构合作,创设第二课堂,培养学生的科技素养和创新精神。

(二)创新教育的误区

由于创新教育的含义是多维度的,因而在创新教育的认识和实践上,容易产生认识误区,澄清这些认识误区对学校创新教育实践有极为重要的意义。这些认识误区主要包括以下几个方面(图 4-3)。

图 4-3 创新教育的误区

1. 创新只是少数天才学生的事

许多教师认为创新是人的高级智慧,非一般学生所能拥有。其实,创新是人的本性,每个人都具有创新的潜能与倾向;创新是人生存的需要,只要人存活一天就片刻也离不开创新。问题的关键在于我们后天的教育是否尊重、保护并培育了这种潜能,是否激发、促进并满足了这种需要。《学会生存》曾指出,"教育既有培养创造精神的力量,也有压抑创造精神的力量",人的创新精神与能力不完全是由先天因素决定的,后天的教育因素也是重要的决定力量。所以,创新教育应具有全体性,应面向每一个学生。

2. 创新只是自然科学的事

许多人认为创新就是科学发现、技术发明,只有科学教育才能培养人的创新精神与能力。实际上，不仅自然科学需要创新，社会科学与人文科学同样也需要创新，特别是在科学技术的负效应日益显现的今天，科技创新与人文创新更应平衡发展，使未来社会既是高智力的，又是高情感的。不仅如此，自然科学创新也离不开社会和人文思维方式的支持。所以，创新教育应具有全域性，面向每一门学科。

3. 创新只是课外活动的事

还有许多教师认为，课堂教学的任务就是传授知识，发展知识是课外活动的事。实际上，这种区分是人为地割裂了传承与创新之间的内在联系。创新是整个教育模式、教育制度和教育观念的全局性改变，并不是局部的修改和增减，它应贯穿于课堂教学、课外活动和日常教育生活的方方面面，成为现代教育的精神特质，局部性的教育创新不可能是真正意义上的创新教育。其中，课堂教学是创新教育的主渠道，也是学校教育改革的着重点。所以，创新教育还具有全面性，是对教育系统的整体性改造。

4. 创新只是智力活动的事

还有一些人认为，创新是一个人的智力表现，高智力必然会有高创新。这也是一种错误的认识。创新不仅具有智力特征还具有人格特征或个性特征，是一个人综合素质的凝结性表现，是一个人的自我超越和自我发展，是一个人潜能和价值的充分实现。在人的智力水平相当或恒定的情况下，非智力因素往往起着决定性的作用，许多有创新精神的人并非智力超群，而是非智力的人格特征出众。单纯的智力活动只能培养匠人，而不可能培养大师。所以，创新教育还具有综合性，是个体生命质量的全面提升。

5. 创新只有正面的效果

几乎所有的人都认为，创新是"正面的""好的"事情，人们可以尽情去追求。殊不知，创新是一把双刃剑，它既可以成为天使，也可以成为魔鬼；既可以为人类造福，也可以给人类致祸。创新只是工具，不是目的，创新教育也不能代替现代教育的全部，它必须与道德教育相结合，培养人的同情心和责任感，把人的创新精神与创新能力引向为人类造福的方向上来。所以，创新教育具有双重性，现代教育必须致力于相互整合、兴利去弊。

二、创新教育的主要内容

创新教育的主要内容包括以下几个方面（图 4-4）。

（一）培养学生发散思维能力

发散思维是对已知信息进行多方向、多角度思考的思维方式。其

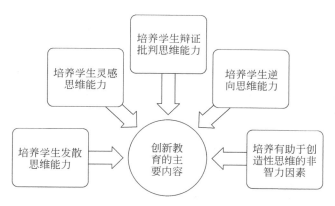

图 4-4 创新教育的主要内容

特点是思路广阔,具有变通性、流畅性和灵活性的特征。学生的创造能力更多的是寓于发散思维之中。在教学过程中,利用发散思维可以对已知信息通过转换或改造进行扩散派生,从而形成各种新信息、发现多种解题方案,因此对于推广原问题、引申旧问题和发现新方法等都具有积极的开拓作用。关于如何培养学生的发散思维能力,国外和国内许多学者进行过研究。如美国的中小学课程都不同程度地包含了激发学生联想力、想象力和独创性的教学内容。这些课程通常以心理学家埃利斯·保罗·托兰斯(Ellis Paul Torrance)的创造力测试理论为基础。它们主要是通过各种练习、工作手册和活动教学来鼓励学生积极发挥自己的想象力和独创性。在我国,也有许多教师就如何激发学生的发散思维能力进行过实践和研究,总结出了一些有价值的经验和方法。

分析比较国内、外的研究成果并结合当前学校教育的实际,我们认为,培养学生发散思维能力要从改变旧有的教学思想入手,改变传统的填鸭式教学模式,改变学生在教学活动中的被动地位,使其成为教学活动的主体,切实采取启发式教学方法。同时,在教学内容的选取上,一定注意要选取那些能够激发学生想象力、联想力和创造力的教学内容。其目的是唤醒学生的问题意识、批判意识,使他们从各种聚合思维的束缚下挣脱出来,去大胆地追求发散思维给人们带来的种种创新意念。

(二)培养学生灵感思维能力

灵感思维与人的直觉密不可分。直觉是人的先天能力,往往是创意的源泉,因此灵感思维一般又叫作直觉思维。灵感思维具有创造功能。我们要培养和提高灵感思维能力,要善于抓住那些一闪而过的机遇。另外,我们还可以用一些专门的思维训练方法来激发学生的灵感思维。有的思维训练学者指出,撰写故事可以用来激发新的灵感,通过撰写与面临的问题多多少少有点关联的简洁故事,可以生成一些新的想法。然后对这些想法进行研究分析,并以此来创生解决问题的办法。

还有思维学者认为，"荷花盛开法"也能够激发学生头脑中的灵感。这种方法是由日本学者发明的，以"核心思想"开头，它是观念拓展的基础。由此扩展下去，就会获得一系列环绕其周围的"思想之窗"或"思想花瓣"。在中央，核心观念被八扇窗户包围起来，而每扇窗户又将成为其他一组八扇窗户的核心，每一种核心思想都起着灵感激发器的作用，由它来激发次级的八个核心思想。

（三）培养学生辩证批判思维能力

辩证批判思维能力泛指个人能够辩证地评估、判断某一事物和现象好坏利弊的能力，它由辩证思维和批判思维两部分组成。辩证思维是按对立统一的矛盾运动形式来反映客观事物的思维活动，是人类思维发展的最高形式。认知心理学的研究表明，小学儿童就开始有辩证逻辑思维的萌芽。我国心理学家林崇德发现，从整体上看，青少年已初步掌握了辩证概念，但其掌握深度仍有一个不断发展的过程：初一学生以掌握一般的抽象概念为主，对辩证概念的理解还缺乏一定的深度；初二学生以掌握抽象的辩证概念为主，理解的深度已达到一定水平；初三学生则处于两者之间。辩证判断是反映客观现实的辩证性质和关系的心理过程，辩证思维是在形式逻辑思维基础上产生的。培养辩证批判思维，对于突破聚合思维对创造性思维发展的束缚，开发个人的发散思维能力，具有十分重要的推动作用。事实上，如何提高学生的辩证批判思维，已成为各国教育改革的一个热点。我们认为，要创新首先就要对现有的知识、理论和现有的一切事物持怀疑的态度，然后才可能去思考，才可能有新的思想和新的产品出来。所以，要培养学生的辩证批判思维能力应该从培养学生的怀疑精神、批评意识和独立思考能力等方面着手来进行。

（四）培养学生逆向思维能力

逆向思维是指从反向提出问题、分析问题、解决问题的一种思维方式。逆向思维是一种创造性的思维方式，能打破常规从而出奇制胜。区别于从正面思考问题、解决问题的正向思维，逆向思维更能实现创新。培养学生的逆向思维可以从以下几个方面入手：首先，逆向思维建立在对传统、惯例、常识的反叛基础上，需要一定的批判性精神。因此，培养学生的批判性精神，鼓励学生敢于挑战常识、敢于挑战多数人的选择，有助于学生逆向思维的运用。其次，指导学生运用逆向思维的原则。逆向思维主要有两个原则：一是有明确目的性；二是反常合道原则，即针对某一实际的具体情况恰当运用逆向思维以及在客观事实依据的基础上运用逆向思维，避免滥用、乱用逆向思维。最后，在学生的日常学习生活中渗透逆向思维，如展现逆向思维的魅力，培养学生对逆向思维的兴趣和热情;在课堂上传授基础知识的时候渗透逆向思维,提供逆向思维训练,避免学生过分依赖正向思维而忽略逆向思维。

(五)培养有助于创造性思维的非智力因素

心理学研究表明,人的创造性发展程度与他的整个人格发展是高度相关的。非智力因素可以对智力和创造力的开发起促进作用。创造力是个十分个体化的特征,在此当中既包括一般智力和知识的作用,也包括动机、兴趣和态度的作用。所以,鉴定和培养可以强化个人创造力的非智力因素,对创新教育至关重要。我们认为,从非智力因素的角度出发来培养和提高学生的创造性思维能力,应重点培养学生下列人格品质:①敏锐的观察力,对事物永远抱有一种兴趣和好奇心。创造需要兴趣和好奇心,好奇心是对新异事物进行探究的一种心理倾向,如果学生的兴趣和好奇心成功地转移到探求科学知识上,这种好奇心就会升华为求知欲,成为学生主动进行创造性思维,追求知识的强大动力。②积极乐观的生活态度,在挫折面前能够很快地调整自我的心态。在创新的过程中,挫折和失败在所难免,创造性强的人要能够在失败之后及时分析失败的原因,以积极乐观的态度去寻找新的对策,重新开始自己的创造性活动。③自尊、自信和坚忍不拔的性格,在任何不利的环境下都不动摇对自我的信念。科学发展的历程告诉我们,许多新事物的诞生都不是一蹴而就的,而是经过了一个长期的过程。所以,创造性的活动需要长期坚持才可能取得成果,绝不能因为一时的困难和挫折就放弃原有的想法和计划。对于这些人格因素的培养,不仅要采取课堂教学和讨论的方式,还要通过各种生活实践的观察和体验来展开。

三、创新教育的目标定位

基础教育是为个体升入上一级学校、自身素质持续发展以及今后走向社会做准备的教育,基础教育阶段的创新教育也要为学生未来的持续性创新打基础。那么,具有深厚基础性和广泛迁移性的创新品质究竟包括哪些? 这也是创新教育定位应优先予以回答的问题。概括地说,基础教育阶段创新教育的目标就是培养创新精神和创新能力,为持续创新打好基础。

(一)培养创新精神

创新精神是创新人格特征,是主体创新的内部态度与心向,它包括创新意识、创新情感和创新意志三大方面。

1. 创新意识
创新意识是个体追求新知的内部心理倾向,这种倾向一旦稳定化,就成为个体的精神与文化。经验性的研究表明，具有创新意识的人常常不满足于现实，有强烈的批判态度；不满足于自己，有持续的超越精神；不满足于以往，有积极的反思能力；不满足于成绩，有旺盛的开拓进取精神；不怕困难，有冒险献身的精神；不怕变化，有探索求真的精神；不怕挑战，有竞争合作的精神；有强烈的好奇心、旺盛的求知欲、丰富的想象力和广泛的兴趣等。这些品质都是基础教育应重点予以关注的。

2. 创新情感

创新情感是个体追求新知的内部心理体验，这种体验的不断强化，就会转化为个体的动机与理想。经验性研究表明，有创新情感的人常常情感细腻丰富，外界微小的变化都能引起强烈的内心体验；人生态度乐观、豁达、宽容，能比较长时间地保持平和、松弛的心态；学习和工作态度认真、严肃，一丝不苟，有强烈的成就感，工作的条理性强；对世间的所有生命都有同情心和责任感，愿意为改善他们的生存状态而尽心尽力等。这些品质也是基础教育应予以优先关注的。

3. 创新意志

创新意志是个体追求新知的自觉能动状态，这种状态的持久保持，就会成为个体的习惯与性格。经验性研究表明，有创新意志的人常常能排除外界的各种干扰，长时间地专注于自己的工作；工作勤奋，行为果断，对自我要求较高，对工作要求较严；善于沟通与协调，组织能力强，有较强的灵活性，为达到目的愿意变换工作的途径和方法；有较强的独立性和自制力，在没有充分的证据和理由之前，不轻易放弃自己的主张，能容忍别人的观点甚至错误等。这些品质在基础教育阶段也应形成。

（二）培养创新能力

创新能力是创新的智慧特征，是主体创新的活动水平与技巧，它包括创新思维和创新活动两个方面。

1. 创新思维

创新思维是个体在观念层面新颖、独特、灵活的问题解决方式，创新思维是创新实践的前提与基础，如果想不到是不可能做得到的。经验性研究表明，具有创新思维的人经常感受敏锐、思维灵活，能发现常人视而不见的问题并能多角度地考虑解决办法；理解深刻、认识新颖，能洞察事物本质并能进行开创性思考；思维辩证、实事求是，能合理运用发散与辐合、逻辑与直觉、正向与逆向等思维方式，不走极端，能把握事物的中间状态等。这些品质是基础教育阶段思维训练的重点。

2. 创新活动

创新活动是个体在实践层面新颖、独特、灵活的问题解决方式，创新活动是创新思维的发展与归宿,经不起实践检验的思维是无价值的。经验性研究表明,具有创新活动能力的人会拥有丰富的实践活动经历或人生经历坎坷,经受过大量实践问题的考验;乐于动手设计与制作,有把想法或理论变成现实的强烈愿望;不受现成的束缚,不断尝试错误、不断反思、不断纠正;愿意参加形式多样的活动,乐于求新、求奇,乐于创造新鲜事物等。这些也是基础教育应给予考虑的创新素质目标。

四、创新教育的实施策略

(一)创新教育实施的基本原则

实施创新教育要遵循以下五条基本原则(图 4-5)。

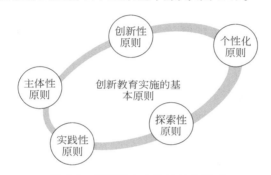

图 4-5 创新教育实施的基本原则

1. 主体性原则

主体性原则就是教师把学生作为真正的学习主体,以学生为出发点和归宿。一切教育措施条件都是为了学生的全面发展与个性充分发展而选择和设计的、要尊重学生、信任学生,让学生活泼自由地发展。为此,教师就要变讲堂为学堂与讲堂结合,变只传授知识为既传授知识又培养能力结合,让学生从沉重的学习负担中解放出来,从而有较充足的想象与创造的时间。同时,教师还要坚持共性与个性一起抓,既要注意共性的全面培养,又要注意对个性的发展,特别是创造个性的培养。

2. 创新性原则

在教学过程中,教师要创新地教,学生要创新地学,营造一个有利于创新能力培养的良好的、民主的、和谐的环境。具体来说,教师在教学方面要采用启发式、讨论式、竞赛式、调研式等教法,不仅传授知识,还要教给学生知识创造的规律,教给学生发现、获取知识的能力;教师在精神方面要创设一种宽松、民主、和谐的气氛,给学生一定的自由度,让他们能主动自由地思索、想象、发问、选择甚至行动。教师对学生的创造性要善于引导、鼓励,对学生的异常思维方式和顽皮、任性行为,要善于理解、宽容，为学生创设一种安全的心理环境，以利于学生创新素质的培养。

3. 个性化原则

创新教育要求教师把自己的角色定位在引导者上，因材施教，尊重学生的差异性和多样性，激发学生的主动性和创造性，与学生建立起平等、民主的关系。把培养学生积极进取、各具特色的个性作为一项重要的教育任务来抓。知识经济的来临，教育个性化日益显示出更强大的生命力和更新的意义。如何使教育迎接知识经济的挑战，适合每个人的身心特点，适合每个人的认知风格和学习方式，在个性化上着力，在主体上下功夫，使教育在每个人身上都焕发出璀璨的光彩，是今天必须思考的一个问题。以创新素质的培养为核心的素质教育的全面实施，不仅体现了一个文明社会对人的充分重视，而且是对人的个性的解放，是对人的更本质意义上的解放。让所有的孩子身心健康，个性得到张扬，潜能得到发挥，这是每一位父母的希望，也是国家的希望、民族的希望。

4. 探索性原则

探索性原则是指教育教学活动要贯彻探索精神，为学生创设探索情境，提出探索性问题。教师要引导学生在教育教学活动中不断地探索，得出科学的结论，让学生养成勇于探索的精神。探索性训练是培养学生创造性思维的基本方法之一。美国中小学教师，为了让学生开动脑筋，采用了创设探索情境、提出探索性问题的教学方法，把所要传授的基本内容归纳成几个问题，用提问和讨论方式让学生发表个人想法，即使学生发表了错误的见解，也热情引导，决不批评、嘲讽，教师在讨论中循循善诱地启发引导，并作出总结，肯定学生的正确方面。无论是课堂讨论，还是课外作业或考试，都要鼓励学生运用创造性思维，发表自己的见解，并不要求学生死记硬背。

美国的教育改革使用"发现""探索"及归纳推理的学习方法，以改变教师讲、学生听的传统教学方法。他们认为，如果通过仔细设计的练习和实验让学生"得出"各门学科的基本原则，学生就会对学习更有兴趣，并对学会的东西记得更牢。除一般知识外，诸如世界和平、粮食问题、动物保护及人类生存环境等在许多国家被认为只有专家和高级官员才有资格和能力发表看法的问题，也经常在美国中小学生的课堂上讨论。活跃、激烈而自由的争论甚至天方夜谭式的幻想尽管可能没什么实际意义，但对开阔学生眼界、解放思想以及培养提出、分析、解决问题的能力及思维方法是非常必要和有效的。

5. 实践性原则

实践性原则是指教师在教学活动中要引导学生将所学知识运用于

实际,学会基本技能,养成分析问题和解决问题的能力,包括手脑并用的操作能力。理论联系实际是人类认识和学习活动的普遍规律之一,实践性是教育的应有之意,是学校教学必须遵守的。我国学校教育的目的是要使学生获得理论和实践相结合的比较全面的知识,促进德、智、体全面发展。同时,根据辩证唯物主义认识论的观点,学生掌握知识的过程,实质上是一种认识过程,是在实践的基础上,循着由生动的直观到抽象的思维,并从抽象的思维到实践的路线进行的。而且,在教学中学生的认识又是一种特殊的认识过程,它是学生在教师的指导下,以掌握人类历史上积累起来的书本知识为主的认识过程。这些,决定了理论必须联系实际。

(二)创新教育的实施途径

实施制度教育有以下五大途径(图 4-6)。

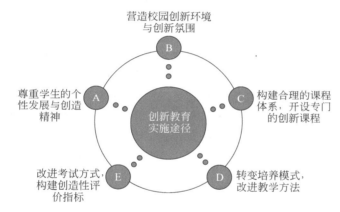

图 4-6 创新教育实施的五大途径

1. 尊重学生的个性发展与创造精神

我们不能把学生看作消极的被管理对象,也不能把学生当作灌输知识的容器,而要把每个学生看作具有创造潜能和丰富个性的主体。学校要重视学生的个性差异,注重学生的个性发展。否则,若各个环节管理过死,学生就会完全处于被动状态,个性得不到尊重和发展,就谈不上培养学生的创造精神和创新能力。为此,应该改革传统的教育教学管理体制。例如,可以实行学习过程多元化的管理模式,允许大学未毕业的学生进行自主创业,为他们保留一定时间的学籍,激励那些敢于创新的学生脱颖而出。

2. 营造校园创新环境与创新氛围

学校创新环境的建设是创新人才培养的必要条件,要把学校创新环境的建设放在学校工作的重要位置。大学里应该充分利用第二课堂,定期举办各种学术讲座、学术沙龙和大学生科技报告会,出版大学生论文集,鼓励学生积极参加学术活动,对于不同领域的知识有一个大体的涉猎,进行不同学科之间的交流,从而学习他人如何创造性地解决问题的思维和方法,以强化创新意识;鼓励学生大胆创新,可以让他们参加有教师指导的科研活动,并对学生的科研课题进行定期检查和鉴定,这样可以培养学生的创新毅力和责任心,拓展学生的视野,有效发挥他们的创造才能;建立竞争激励机制,举办各种形式的竞赛活动,对在创新方面成绩突出的学生进行表彰和奖励。

3. 构建合理的课程体系,开设专门的创新课程

创造能力来源于扎实的基础知识和良好的素质,仅仅掌握单一的专业知识是不够的。因此,加强学生基础教育的内涵更新和外延拓展及构建合理的课程体系就显得非常重要。中小学可适当安排一些创新课程,引导学生增强创新意识,培养创新兴趣;可以开设一系列专门的创新课程,这些课程都是从某一学科(如思维科学或心理学、方法论)的角度来探讨创造性思维的问题。在这方面,教师要有重点地教给学生一些最基本的科研和创新方法,诸如如何选题,如何搜集、分析、整理资料,如何提炼论点(观点),如何谋篇布局、安排论文结构,如何论证阐述,如何修改文稿,了解论文的书写格式和规范等;同时有意识地给学生布置一些综合性大作业或小论文,对学生进行一些科研创新的基本训练,教师再加以必要的指导和辅导,使学生初步掌握科研创新的方法和途径。大学教育中要注重文、理渗透,可以对文科学生开设部分自然科学课程,对理科学生适当加强人文学科课程的教育,使文理学科之间相互渗透;改变专业划分过细、学生知识面狭窄的现状,实行大学科、大专业教育,使课程之间互相渗透,打破明显的课程界限。

4. 转变培养模式,改进教学方法

兴趣是最好的老师。学生如果对所学知识产生了研究创新的浓厚兴趣,他们就会产生强烈的求知欲,就会如饥似渴地去学习和钻研。因此,千方百计、想方设法地调动和激发学生对科研创新的兴趣,是教师在课堂教学中首先要解决的问题,这也就需要教师不断改进和优化教学方法。

要把过去以"教师单方面讲授"为主的教学方式转变为"启发学生对知识的主动追求"上来。积极实践启发式和讨论式教学,激发学生独立思考和创新的意识,培养他们在自主学习的基础上增强创新能力,切实提高教学质量。让学生感受、理解知识产生和发展的过程,培养学生的科学精神和创新思维习惯。积极创造条件,让学生积极参与教学过程,以使学生从被动学习转变为主动学习。要充分调动学生学习的自觉性和积极性,使其思维活跃,善于动脑筋,能够解决各种问题。在教学方式上,根据"可接受原则",选择真正适合大学生的教材,着重培养学生获取、运用、创造知识的意识和能力。教师应该努力挖掘每一个学

生的潜力,培养学生的创新意识,激发学生的创造积极性。

5. 改进考试方式,构建创造性评价指标

传统的课堂教学重视的是对已有知识的传授,学生只有靠平时死记硬背式的知识积累才能顺利通过考试。这样的考试方式显然不利于学生创新能力的培养,这就要求我们改革传统的考试方式。新的考试模式不仅要考查学生对知识的掌握,更要考查学生创造性地分析问题、解决问题的能力,以此培养学生的创新意识和创新能力。

在考试方式上,我们可以进行适量的开卷考试。考试时允许学生带课本、笔记等资料,允许学生发表不同的见解,对那些有创造性见解的答卷要给予鼓励,力争把学生的精力引导到对问题的分析和解决上来。有些课程也可以用综合性大作业和专题小论文的方式取代传统的闭卷考试方式,放宽考试时间限制,以便于他们搜集资料,对有关问题做较为深入的探讨和研究。

在考试内容方面,我们要尽量减少试卷中有关基本知识和基本理论方面需要死记硬背的内容,尽可能地安排一些没有统一标准答案的探讨性问题,需要学生经过充分而深入地思考才能够做出解答;或是安排一些综合性较强的问题,需要学生运用所学理论知识经过反复、仔细地分析思考才能做出回答。这些有利于培养学生的创造性思维和创造能力,并对他们起到重要的导向作用。

第三节 创新教育思想的案例分析

一、美国中小学的创新教育

(一)美国创新教育课程体系教学目标

当前,美国中小学课程目标的价值取向偏向"生成性目标"和"表现性目标"取向。美国历来重视学生的体验和生活需要,课程设置以儿童的心理发展为依据,重视课程与社会生活的联系,增加科学教育、实用教育的内容。此外,美国社会还非常重视个性教育,它坚信每个人都各有特点,各有不同的才能,在教育中重视学生学习的过程,如美国基础教育课程改革的目标就是要培养学生"具有初步的创新精神、实践能力"，改变"接受学习、死记硬背、机械训练的现状"。

（二）美国多元课程结构的体系内容

1. 必修课程和选修课程结合

美国中小学有着多元的课程体系，既有核心的必修课程，还有许多选修的拓展课程。必修和选修结合，既培养了学生创新性所需要的基础知识和技能，又形成了创新性所需要的学生的独特个性。

一方面，美国中小学非常重视核心的必修课程，包括英语、科学、数学，这些必修课程夯实学生的基础知识和思维训练，为学生创新能力的培养提供重要的基础。在美国，从幼儿园到小学、初中、高中都开设有演讲课。在高中，演讲的重要性更是凸显，是必修课，占 0.5 个学分。从纵向上看，演讲课程经过精心的设计，随着学生年龄的增长，内容由叙述文到采访到说明文再到论文，由易到难；演讲技巧由简到繁，时间由 3 分钟到 5 分钟再到 15 分钟，由短变长，循序渐进。

另一方面，美国中小学选修课程非常丰富，为学生拓展各种素质和能力，为培养创新性人才提供机会和可能。例如，有艺术性课程、有技术性课程、有实用性课程、有学术性课程，可以满足学生不同的需求，或者是为了培养升学准备的，或者是为了培养兴趣和发展个性，或者是为了社会生活的需要。与此同时，学校为升学或就业的学生提供不同的选课模式，像数学、科学、英语、外语等难度较大的基础课程，将其分成难度不同的各种等级，学生可以根据自己的学习水平和需要加以选择。

2. 分科课程与综合课程结合

美国在小学和中学前段主要是综合课程，尤其是在小学阶段，强调知识的综合性，在高中阶段才转向分科为主。在他们看来，在较早的阶段应该以综合性的知识为主，强调知识的操作性、实践性、应用性、趣味性；到了较高的阶段，才以分科为主，强调知识的专门性、系统性。在较早的阶段侧重综合，在较高的阶段侧重分科课程，两者结合，先培养学生的综合知识，然后再根据兴趣分化，进行专门的学习。

美国的"服务性学习"（service-learning）也是一种典型的综合课程，学生将课本知识学以致用，服务于社区，理论联系实际，以此培养学生的综合能力和公民责任感。例如，教师会尽量创造机会，带领学生前往机场、消防队、邮局、自来水厂以及超级市场等实地参观和学习。学生有机会和这些工作人员交流，在他们的指导帮助下观察、体验和探索。教师还鼓励学生协助家长处理家庭事务，诸如正确处理家庭垃圾、防止家庭火灾，或协助处理一些家庭紧急事故等。

3. 学科课程与活动课程结合

美国最为注重活动（经验）课程，他们认为，活动课程能够激发学生的学习兴趣和动机,培养学生动手实践解决实际问题的能力,这些对于创新至关重要。但是,近年来,美国教育界有"回归基础"的趋势,日益重视学科课程。实际上,美国非常重视将活动课程与学科课程结合,以此促进学生创新能力的培养。

一方面,美国中小学开设大量的活动课程,通过活动课程提升学生的实践性知识,培养学生综合能力,为创新人才的培养提供了实践性的知识基础。活动课程不注重知识的系统性与逻辑性,而是侧重于让学生在做中学,通过在真实的场景中做,或通过角色扮演在虚拟的环境中做,不断地尝试,在活动中不断提出问题、分析问题和解决问题,这可以给学生许多的想象和创新的空间,也提升了其实践的知识基础和能力。例如,美国有 40 多个州的中学都开设"婚姻课程"。佛罗里达州甚至把"婚姻课程"作为必修课,在课堂上,教师选用《爱的艺术》作为教材,由教师简要地讲解,并组织学生围绕材料阅读讨论。最为重要的是,教师精心设计了实践性很强的作业,要求学生进行角色扮演,体验"爱情和婚姻"。

另一方面,美国认识到了学科课程的重要性,也在加强其学科课程,特别是自然科学、数学和外语。在他们看来,学科课程是创新能力培养所必需的,有利于学生掌握全面的、系统的、结构化的知识和技能。学科课程注重知识的内在逻辑,遵循学生的认知发展特点,而且,学科课程较为简约,许多都是以概念、命题、事实、原理的定论性的知识呈现,省略了知识生成过程的探索环节,在教师的引导下,学生可以迅速获得系统的知识和技能。

4. 显性课程和隐性课程结合

显性课程就是学校课程表里正式的官方的课程。隐性课程则是在校园和班级环境中,如学校建筑、布局、教室布置、校风、学风、仪式、班风、师生和同学关系,甚至家庭和社区的环境等,这些对学生起着潜移默化的影响。美国中小学特别注意挖掘隐性课程,并将其与显性课程结合,两者融合在一起,包括课堂教学、物质情境、文化情境、各种仪式、社会关系情境,为培养创新性人才营造良好的机制和氛围,帮助学生树立创新意识,形成创新能力。

二、德国中小学的创新教育

德国社会所崇尚的科学与自主创新是其立足于世界强国之林的法宝之一。创新是德国现代教育的出发点和归宿,其创新教育通过理论联系实际的教学活动培养学生的创新意识,训练学生的创新思维,开发学生的创新潜能。

（一）实践创新型教学理念

德国的基础教育倡导能力教育，其核心则是创新。在德国，创新型学习是一种科学育人理念，是每个学生都应达到的一种理想的学习境界，主张充分发挥学生的感知、观察、想象和思考等各方面的能力，把学习本身转化为一个自主、自立、自强和自创的过程，使学生诸多能力能得到最大限度的提升。教师的任务不仅仅是传道、授业、解惑，更重要的是激发学生的学习兴趣，增强其创新意识，培养其对信息的收集、处理、应用和传输的能力，特别是自主学习和创新能力。

德国的联邦政府和州政府一般不干涉学校的教学活动，学校没有整齐划一的教材，可自行组织、安排教学活动，尝试新的教学方法，发展自己的教学特色。德国学校强调在课程设置中理论与实践相结合的重要性，提倡在现实场景中开展教学活动。其根本宗旨是在传授基础知识的同时，增强对学生独立思考、分析问题、解决问题和自主学习能力等基本素质的培养。

（二）营造宽松型校园氛围

德国的学校里很少看到教师在课堂上唱独角戏，大多是采取小组讨论、师生质疑和共同学习等教学形式。他们认为，学生创新素质并非教师直接给予的，而是源于良好教学环境下的自由发展。因此，学校和教师都有责任营造有利于学生创新素质培养和健康发展的教学环境。德国的学校强调有益于学生身心健康的校园气氛，营造自由、民主、和谐的教学环境。教师则坚持教学民主，在课堂内营造一个民主、平等、充满信任的教学氛围，使学生自觉参与教学活动、自由表达想法和创意。德国的学校已摒弃偏重记忆、被动接受、以考试为唯一评价手段的教学方法，鼓励学生主动探索，使学生的灵性和创造力得到自然展示和释放。在德国，中小学生每门课程每学年的考试一般只有四次。课堂交际不是单向地从教师到学生，而是双向乃至多向，学生可随时向教师提问。如此宽松的教学环境，使每个学生的学习积极性和创造性都能得到最大限度的发挥。

（三）倡导开放型教学方式

在德国，学校不是一个封闭的空间，而是对外开放。开放的形式体现在三个方面，即对内开放、对外开放和教学活动中内容、方法及组织的开放。对内开放：学校不是教学活动的唯一场所，学生可以在校外结合实际场景学习。对外开放：邀请校外相关专业人士参与学校的教学活动。教学内容和传授方法上越来越注重个性化和多样化，主修和必修课平分秋色，学生可自主选择适合自己的课程内容和教学形式。开放型教学贯穿德国中小学教学活动的始终,从而使学生在不依赖教师和家长的独立空间下自主学习,并将独立学习、共同学习和引导式学习有机地结合起来。开放型的教学方式培养了学生发现问题和解决问题的能力,以及表达能力、合作能力和交往能力等,大幅调动了学生学习的积极性、主动性和创造性。

(四)注重培养学生的关键能力

想象力和创造性比知识本身更为重要。传统教学以课本为中心,即以知识为中心。随着科学技术的迅猛发展,公民教育已从传统的学校教育转向终身教育,知识本位教育已不再适应未来社会发展的需要。20 世纪 90 年代以来,德国把培养学生关键能力作为教育改革的着眼点和侧重点,顺利实现了从以传授知识为中心到以培养能力为中心的结构性变革。德国的能力教育主要是指导学生能在走出学校后顺利就业、融入社会。学校的中心任务是培养学生解决问题和自我生存的能力,不仅包括一般的动手和操作能力,还包括各种社会实践能力。学校的教学活动必须具备前瞻性,为学生将来走向社会做准备,其中一个必不可少的任务就是培养学生的创造力和动手能力。例如,德国的中学生平均每人每学期要做 4~6 个课堂报告。根据教师指定的内容,学生必须自己选题、搜集资料、消化吸收、写作论文并在课堂上讲解。教师一般会及时对课堂报告作出评价。根据专业差异,德国学生课堂发言和课堂报告的口头成绩占课程总成绩的 20%~50%。德国教育学家研究表明,在教学过程中,学生通过听和看的渠道只能吸收 50% 的知识信息,加上动手参与则能吸收 90%。

(五)课程设置实用并与时俱进

随着科学技术的不断进步,行业分工也随之发生结构性变革,从而导致一种动态的职业结构。德国政府提出,传统的中小学课程设置过于偏重专业训练,已不能满足时代发展的需要,必须增添更为普通的、超越专门化的通用知识和技能训练,从而使学生的知识结构适应现代职业素质的要求。因此,德国现行中小学课程设置把知识技能和其适用性有机地结合起来,学习内容具有广泛的通用性,其课程设置涉及的领域较广,重视基础性关键技能的培养和价值观教育,强调综合性、社会性和实践性,培养学生的创新精神和创新能力,为学生日后顺利进入职场、踏进社会打下坚实的基础。譬如,德国政府专门推出了"信息与通信技术教育"计划,把新技术作为学科基础,在中小学课程中有计划地渗透新技术知识,使学生在各门课程中都能接触新技术的进展,及时了解和体验信息社会的发展。

总之,德国中小学的创新教育贯穿整个教学活动过程,以引导学生主动、自主和创新学习为导向,培养学生的创造性并全面提高其综合素质。教师充分调动学生的身心潜能,使其通过自主参与获取知识和技能,自主感知自然事物和社会现象,并形成探索未知世界的进取态度和掌握未知世界所必备知识的方法。

思 考 题

1. 简述国家创新体系的系统结构。
2. 试述创新教育的含义。
3. 简述创新教育的主要内容。
4. 试述创新教育的主要目标。
5. 创新教育的基本原则有哪些?
6. 创新教育的实施途径有哪些?

第五章
公民教育思想

 学习目标：

1. 了解公民教育思想在西方的发展历程；
2. 了解公民教育思想在中国的发展历程；
3. 理解公民及公民教育的内涵；
4. 掌握世界各国公民教育思想的主要内容；
5. 掌握世界各国公民教育的主要目标；
6. 掌握实施公民教育的两大原则和四大策略。

导 读

公民教育是为现代社会不断培养积极、负责的社会成员的一种教育，它贯穿于公民的全部生命历程，在家庭、学校、社会和媒介的共同作用下，完成其终身教育的过程。公民教育是对公民进行的一项终身教育，也是一项社会性的总体事业，对于提高全体公民素质，实现中华民族伟大复兴具有重要意义。

教学视频

第一节

公民教育思想的发展历程

一、公民教育在西方

公民教育思想有着悠久的历史，它可以追溯到古希腊思想家们的思想中。自它产生时起，就随着时代的变化而不断发展。公元前 310 年，芝诺创立了斯多葛学派。该学派首创了"宇宙之城"这个概念，其基本意思就是：所有人都从属于宇宙的道德法则，宇宙中的公民应该过着合乎道德的生活，承认所有其他的人为其家人，这样就要教育年轻人合乎道德地生活。古希腊时代，公民是对属于城邦的自由人的社会身份认定，公民权是自身不被奴役的特权。公民教育主要是培育对城邦具有献身精神的自由人。因为城邦与公民的利益密不可分，公民教育被视为城邦的头等大事。每个儿童从出生起，城邦就是他的最高监护人，要按城邦的需要进行抚养和教育。斯巴达要求将奴隶主的子弟培养成忠于城邦、体格强健的战士。雅典除了培养公民的正义、忠诚和节制等品德外，更注重培养其智慧和审美力，以便他们能更好地参与雅典式的民主生活。

文艺复兴时期，法国思想家蒙田在《论对儿童的教育》中指出："与世界融为一体对人的判断力有着神奇而又明显的影响。我们都局限于自身，被自身所禁闭，我们的视野收缩到只有我们的鼻子那么长。当人们问苏格拉底他是哪个城邦的人时，他回答的并不是'雅典'而是'世界'。他的回答很具想象力，他把整个世界看作是他的城邦，并扩展他所认识的人、他的社会及他的情感于全人类。而不像我们，只看到我们的脚下……如果我们要从正确的角度来审视我们自己，这个伟大的世界就是我们必须照看的镜子。"英国著名哲学家培根深受蒙田这一思想的影响。他在《论善与善性》一文中提出："如若一人对外地人优雅而又有礼貌，这表明他是一个世界公民；他的心不是与其他陆地隔绝的孤岛，而是连接陆地的大洲。"

17 世纪以来，资产阶级革命陆续在西方取得成功。为了培养新型国民，巩固已有的资本主义社会制度，西方各国政府都十分重视公民教育。

最早实施公民教育的国家是法国。1789 年,法国制宪会议通过了《人权与公民宣言》,1791 年颁布了第一部宪法,这两份文件都提到了公民教育的思想。1791 年,法国又提出了公民教育的内容:学校应向学生讲解公民应尽的共同义务,讲解每个公民必须了解的法律和道德行为规范。法兰西第二共和国颁布的《卡诺法案》进一步规定:公民教育要教授公民应承担的权利和义务以及道德教育,还要发展学生自由、平等、博爱的思想。法兰西第三共和国颁布的《费里法案》规定:实施十年义务教育,废除宗教课,开设公民道德教育课,学校承担为共和国培养合格公民的义务。

随着公民内涵的变化,公民教育的内容和方式也发生了相应的变化。德国教育家凯兴斯坦纳认为,一切教育的目的就是培养忠于国家的公民。他指出,不管公民的政治、宗教信仰如何,都要从"意志力、判断力、精细性和奋斗性"四方面陶冶其性格,培养其精神,使他们为国家服务。他主张将公民教育和劳动教育相结合,教学内容通常包括本国的国体、政治、法律常识、公民学,以培养每个公民为国家服务的技能。随着社会发展,有些国家将公民课、地理、历史和社会学等课程组成"社会学科",并通过校外活动等方式加强公民教育。

20 世纪 80 年代以来,随着经济全球化趋势越来越强,它给国家之间、种族之间、民族之间的共处带来了复杂而多样的变化,也给现代公民教育带来了巨大挑战。原先的公民教育仅局限于一国公民与国家、与国内其他公民的关系,就显得远远不够了。

21 世纪初,全球化和多元文化主义这两个趋势主导着全球,并构成世界各国开展公民教育的主要动机。全球化与多样化的影响给各国和地区的公民教育带来了三类挑战:一是强调"审议和公民美德"的公民教育对"权利和义务"中心的公民教育的挑战;二是基于"差异的公民资格观"的公民教育对基于"普遍公民资格观"的公民教育的挑战;三是"弹性的公民资格观"对囿于民族国家范畴的"定型的公民资格观"的挑战。随着全球化趋势的进一步发展,公民教育的理论和实践也在发生新的变化。

公民教育在西方的发展历程如图 5-1 所示。

二、公民教育在中国

中国什么时候开始有公民教育的呢?学者们对此有不同的看法。一些思想激进的学者甚至认为,直到今天,我国还没有真正的公民教育。有部分学者认为,公民教育作为一种崭新的社会教育制度和教育模式是从辛亥革命后伴随共和政体的产生而产生的。还有部分学者认

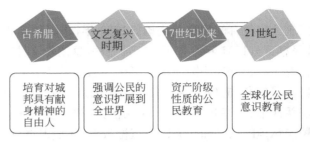

图 5-1　公民教育在西方的发展历程

为,公民教育理念早在 19 世纪末 20 世纪初就开始在中国萌发。面对日益深重的民族危机,先进的知识分子试图将西方自由、平等这些公民观念引入教育领域,达到开发明智、凝聚民力、拯救国家的目的。其代表有严复的"新民德"说、梁启超的"新民说"等。

严复的"新民德"说,可谓是他理想中的公民道德。严复主张用自由、平等、博爱等道德观念取代中国传统的封建家族宗法制度和伦理道德,重塑国民人格。

梁启超的"新民说"把培养"新民"作为"今日中国第一要务",并发出"苟有新民,何患无新制度、无新政府、无新国家"的呐喊。他理想中的"新民"应具有的人格特质达十几种之多,其中对公德与私德、独立人格、权利思想的论述颇为深刻。

辛亥革命推翻了中国最后一个封建专制王朝统治,从而为民主和科学思想的传播开辟了道路,也使公民教育的发展进入了制度化、正规化阶段。1911 年辛亥革命以后,新政府对旧教育进行了重大改革,规定"各种教科书务合乎共和民国宗旨""宣讲标准应专注此次革新之事实、共和国民主权利、义务及尚武、实业诸端,而尤注重于公民之道德"。蔡元培在任教育总长期间,提出以培养公民道德为主的教育宗旨。在《对教育方针之意见》中,蔡元培明确提出,公民道德是"法兰西革命之所标揭者,曰自由、平等、博爱,道德之要旨,尽于是矣"。1919 年,《教育宗旨研究案》要求"发挥平民主义,稗人人知民治为立国之根本""养成公民自治习惯,律人人能负国家社会之责任"。1932 年 10 月,民国政府公布的《小学课程标准》设"公民训练";《中学课程标准》在初中和高中均设公民课程。必须指出的是,国民党的公民教育很快变味,变成了服务于国民党独裁专制的"党义教育",逐渐背离了公民教育的本质。

1949 年,中华人民共和国成立,我国公民教育的发展进入了一个新的阶段,社会主义民主法制建设为人民真正当家作主、公民权利的广泛实现提供了前提条件。但由于复杂的历史原因,社会主义民主法制建设经历了许多波折,公民教育也走过了一段曲折发展的道路。

1985 年,中共中央颁布了《关于改革学校思想品德和政治理论课教学的通知》,决定在初中开设公民课,实施公民教育。当时公民教育的主要内容包括社会生活及其组织、宪政原则、经济社会问题、国际关系以及道德问题等。由于受所处的国内外复杂环境的制约,我国公民教育多侧重于政治思想方面,并形成了一套系统的马克思主义政治理论体系。1995 年,国家教委颁布的《中学德育大纲》把公民教育列为德育的组成部分,突出了权利和义务的统一,公民责任感和义务感的培养成为贯穿其中的核心内容。进入 21 世纪,中国政府多次强调公民概念和公民教育问题,2001 年,中共中央印发《公民道德建设实施纲要》,标志着我国公民教育的体系建构进入到一个新的发展阶段。

公民教育在中国的发展历程如图 5-2 所示。

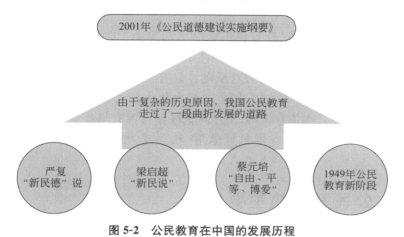

图 5-2　公民教育在中国的发展历程

 第二节

公民教育思想的主要内容

一、公民教育的内涵

为了便于理解公民教育的内涵,国际上将公民教育的概念划分为"最小限度的解释"和"最大限度的解释"。对公民教育的"最小限度的解释"通常倡导的是狭义的公民教育,较为注重公民教育的正规途径,

要求通过正规的教育计划向学生传授有关国家的历史、地理、政体等方面的知识。对公民教育的"最大限度的解释"被认为是追求对团体、个人的包纳和共同参与的趣旨，突出公民教育正规和非正规的广泛整合，因而也被称为广义的公民教育。

在我国，公民教育同样可以分为广义和狭义两个层面。广义公民教育的目标是为了培养能够促进国家长远发展的公民，使他们具有相当的知识、技能和价值观，在现在及以后的生活中有能力承担作为国家成员的责任。因此，我们可以把广义的公民教育理解为学生所接受的所有学校教育的总和。

而从狭义的角度来看，一般是指在学校教育中通过训练、教授和学习，让学生为他们将来作为公民的角色和责任做好准备。即使从狭义的角度理解，学校公民教育也不能简单地等同于"公民"或者"思想品德"等科目。从公民教育的特征和性质来看，公民教育说到底是一种培育和发展学生的主体性的教育活动。只有公民确立主体意识，才能将国家的政治制度、法律法规、风俗习惯内化为自己心中的意识形态，也只有公民确立其主体意识，公民才能积极参与国家与社会的公共事务，积极为国家的稳定和发展献计献策，从而成为推动现代化的动力和源泉。

二、公民教育的主要内容

从目前世界各国的公民教育情况来看，公民教育一般包括以下四个方面的内容。

（1）培养公民对国家制度、法律制度的合理性认同，主要是以宪法意识为核心的权利意识和义务意识。公民教育通过让学生了解有关政治体制、法律法规方面的知识，了解现代民主法治的理念和规范，了解如何协调个体与国家的关系，捍卫自己的权利，履行对国家、社会应尽的义务，从而实现人从自然人到社会人、政治人的转变。

（2）培养公民权利与义务相统一的观念。长期以来，受我国传统文化以及高度集中的政治体制的影响，公民教育强调公民义务的履行，而忽视公民权利的实践；强调公民道德，忽视法治；强调知识灌输，忽视个体自由选择能力的培养。这样会抑制学生在公民教育中的主体性，使学生处于被动接受的地位，感受不到自己的权利何在。

为此，我们应该从公民自身出发，秉持以人为本的教育理念，激发学生作为国家主人的热情和激情，鼓励学生关注公共领域和公共利益，积极参与社会、参与国家公共事务的管理和监督，培养出具有独立、自由、平等的现代公民。公民权利意识的觉醒和不断提高，不仅有助于公民主体意识的增强，维护个人的尊严，追求个人自由和个性解放，而且有利于培养公民的政治责任感和社会责任感,从而积极参与国家管理和社会活动,推动国家现代化的步伐。[1]

（3）培养民主、平等的现代精神,这种现代精神是现代社会公共生活的基本准则,是现代公民的基本素质。

公民教育自诞生之日起,就受民族和民主的观念支配。两者都涉及国家的政治主权与合法性以及公民的权利与义务,但区别在于民族主义强调国家的政治主权、国家利益高于一切,具有超越个人的整体价值,国家、民族是其主体;民主主义则崇尚个人尊严和权利,倡导个人的自由和权利高于一切,承认价值多元性,尊重个人的自主价值选择和政治、宗教信仰,可见,个体社会成员是其主体。由此,我们就能知道,只有民族主义和民主主义两者相辅相成,才能共同促进现代化国家的发展。[2]

（4）对公民进行道德教育,使公民具有社会普遍认可的道德行为规范。当代中国开展思想政治和价值观教育,必须立足于中国自身现实,阐释包括自由和平等在内的社会主义核心价值观的新时代价值。[3]

三、公民教育的主要目标

公民教育目标的确定应以公民的本质特征和国情为基础和核心。它必须满足以下几个基本条件：首先,以公民的独立人格为前提;其次,以自由、平等、公正、法治为理念;再次,以权利与义务的统一为基础;最后,以合法性为底线。根据以上标准,结合我国教育实际情况,可以将学校教育阶段的公民教育目标重点确定为以下四个阶段。

（1）小学低年级以学习日常社会知识、培养良好的社会态度（重点是对周围的人、对家庭、对学校、对社区的亲爱友善态度和对国家、对民族的基本感情）和日常的社会行为习惯为主。

（2）小学高年级以理解和初步把握系统的公民知识,具备一定的公民价值观,形成初步的公民技能和公民自主行为为主。

（3）初中阶段则需在深化小学教育的基础上增进公民的价值观培养,公民态度信念和公民技能的养成以及一定的公民自主行为的养成。

（4）高中阶段主要培养学生对国家政体、社会制度等方面的认识并努力培养学生的公民意识。鼓励学生参加社会实践活动,使他们养成过民主生活的习惯,从而形成正确、稳定的价值观。

我国学校教育阶段公民教育的主要目标见图 5-3。

---

[1] 夏勇. 走向权利的时代[M]. 北京：社会科学文献出版社,2007：83.
[2] 孙喜香. 社会民主主义的公民教育观研究[D]. 武汉：华中师范大学,2018.
[3] 秦秋霞. 当代中国公民教育价值取向研究[D]. 武汉：华中师范大学,2013.

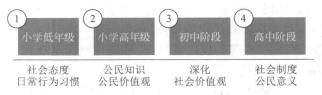

图 5-3 我国学校教育阶段公民教育的主要目标

四、公民教育的实施原则与策略

（一）实施公民教育应遵循的原则

公民教育的实施关系教育进步、个人发展、国家与社会的繁荣。在公民教育实施过程中要遵循教育与社会规律，统筹规划，以实现公民教育与社会协调发展。

（1）遵循普遍性与针对性相结合的原则。坚持普遍性与针对性相结合的原则，是基于对国外先进公民教育经验与成果的借鉴基础上的普遍性选择，而针对性是以我国具体的现实国情为依据的必然，坚持普遍性与针对性相结合的公民教育原则，是提高教育实效性最科学合理的方案。

（2）遵循他律与自律相结合的原则。坚持他律与自律相结合，就是以公民教育的自我培养为基础，同时健全完善相应的制度与体制，构建整体和谐的公民教育实施环境，体现制度约束的强制性优势的同时，也发挥教育的自律功能，有层次、分阶段地逐步推动公民教育不断发展。

（二）公民教育的实施策略

在坚持以上两项基本原则的基础上，如何开展行之有效的公民教育呢？可采取以下四个策略（图 5-4）。

图 5-4 公民教育的实施策略

1. 制定合理的公民教育目标体系

公民教育目标是公民教育理论体系中的重要范畴,也是公民教育实践中的根本问题,它集中反映一个国家的公民教育性质与方向,并决定公民教育内容的确定和方法的选择、效果的评价,是公民教育活动所要达到的预期效果的标准,指导、调节并制约这个公民教育的过程。

一般来说,公民教育目标的确定必须建立在社会对其公民的需求以及公民自身发展条件的基础上,因其通常具有主观性和阶段性的特点,故而在不同的社会发展阶段,不同的公民社会对于公民教育目标的设定是不尽相同的。

在具体的制定过程中,要遵循合理设定、重点突出的原则。

2. 构建全面的公民教育内容体系

公民知识教育是一个合格公民应该具备的基本常识教育,是培养公民意识、训练公民行为能力的知识基础。通常应包含以下几个方面的内容:国体及社会制度、国家性质、政体及政府的运行,公共政策的形成和实施及公民及其权利、责任和公民对公共事务的参与等方面。

其中,公民意识教育是核心,公民技能教育是关键。当前公民意识的匮乏成为社会现代化转型的最大制约因素。由此,公民意识的确立和培养就成为我国公民教育的基础和核心。公民意识是公民为适应民主社会生活所应具备的基本品质,是公民对自身的法律地位、政治地位及其与国家、社会和其他社会成员的相互关系的自我觉悟。公民技能教育是培养训练公民具备参与社会公共生活的基本能力的教育,是公民民主参与所要求的技术、技巧和能力的综合,是公民知识和情感、态度在实践层面的反映。公民能否掌握相关技能,以及在多大程度上掌握和熟练应用这些技能,对公民参与的有效性有着直接的影响,从某种程度上决定着公民参与的效能和质量。

3. 更新教学方法,提升公民教育效果

借鉴国外公民教育的成功经验,改进教学方法是提升公民教育效果的重要途径。当前,国外公民教育教学方法改革主要有两个方向:一是重视运用道德推理法和价值澄清法培养道德判断能力。价值澄清法兴起于 20 世纪 60 年代,认为教师的任务仅是为个体道德选择和确认提供一种情境或机会,因此,教师不能在青少年中直接劝导和灌输自己的价值观。二是重视"服务学习",提高民主参与能力。所谓服务学习,是一种通过学校和社区的合作,将提供给社区的服务与课程联系起来,学生参与到有组织的服务行动中以满足社会需求并培养社会责任感,同时在其中学习以获得知识和技能,提高与同伴和其他社会成员合作分析、评价及解决问题的能力。在服务学习中,教师应尝试转变以学校或班级为知识学习的主要阵地的静态教学,转而探讨以学科或主题为特色的动态教学形式，从而更有利于教育活动取得实效。

4. 实施可操作的公民教育评价体系

对公民教育的效果进行评价是公民教育实施过程的重要环节之一，是将抽象的公民教育目标具体化的过程，通常应遵循一定的原则和要求。一般来说，公民教育评价指标的确立有三个方面的依据：社会发展的需要；学生发展的需要及其年龄特征；公民教育的知识与能力结构。现阶段，我国的公民教育实践应努力建立发展性课程评价机制，以评价内容多元化、评价过程动态化、评价方法多样化以及评价主体互动化为目标，制定可操作的公民教育评价体系。

第三节 公民教育思想的案例分析

一、民国初期的公民教育

在清末民初，已有启蒙思想家接受了西方现代教育理论，提出了公民教育思想，开启我国公民教育之实践，并取得了丰硕的成果。蔡元培作为现代教育的奠基人，其在民族危难之际，将教育奠基于个人与国家关系之上，提出"人不立则国不立，立国先立人，立人必先兴教育"。他提出"教育立国、教育救国"的思想。蔡元培是站在政治的高度上看待教育问题的，尽管这不能直接改变国家积弱积贫的状态，但他的教育理念是具有划时代意义的。

（一）蔡元培的教育理论[①]

1912 年蔡元培发表了《对于新教育之意见》，认为教育应该立足于政治并超越政治，据此提出了军国主义教育、实利主义教育、公民道德教育、世界观教育和美感教育的教育理念。蔡元培提出了"五育并举"的理念，他认为"五育"应以公民道德为中坚，尤其是国民教育及实利主义教育必须以道德为根本，而自由、平等、亲爱（博爱）则是蔡元培所提倡的公民道德的核心价值。

---

① 戴淑芬. 论民国初期的公民教育[J]. 教育教学论坛，2017(11)：144-145.

1912 年 7 月,全国临时教育会议研讨了蔡元培的"五育并举"的教育方针,根据会议的讨论结果,当时的教育部确立了道德教育的基础地位,并将实利主义教育、军国主义教育与美感教育纳入教育内容。

(二)民国初期公民教育制度

中国公民教育实践的出现是随着中国现代化进程的开启而产生的。中国的近现代化是在两种力量的推动下出现的,一种是由西方带来的现代性张力的力量,另一种是由中国内部结构中产生的对传统进行不断否定的力量。

1912—1927 年是民国公民教育的重要发展时期。1912 年 1 月,南京临时政府教育部颁布了《普通教育暂行课程之标准》和《普通教育暂行办法通令》,否定了清末封建思想的教育宗旨,并根据蔡元培的教育思想确立了"五育并举"的新教育宗旨。教育部在同年 11 月和 12 月分别颁布了《小学校教则及课程表》和《中学校令施行规则》。在 1913 年 3 月颁布的《中学校令施行规则》和《中学校课程标准》中,增设"法制经济"课程,培养国民的法制观、经济观。

在民国知识分子的强烈呼吁下,北洋政府于 1916 年废除了"读经讲经"课。同年 6 月,在颁布的《国民学校令施行细则》中规定,国民学校从第三年起,在修身课中增加"公民须知",介绍国家权力的运作与国家机构的组成,说明立法、行政、司法的基本职能。

根据新学制,1923 年制定的《新学制课程标准纲要》彻底废除了"修身"课,取而代之的是"公民"课,这标志着公民教育的正式确立。制度中规定,小学 1~4 年级开设社会课(由公民、地理和卫生组成),课时占总课时的 20%;5~6 年级开设公民科,占总学时的 4%;中学阶段设置公民课,共 6 学分。[①]《小学公民课程纲要》要求学生完成 6 年的学习,通过了解自己和社会的关系,启发改良社会的思想和常识。

(三)民国初期公民教育成就

以蔡元培教育思想为基础,以政府主导的民初公民教育取得了如下成就。

1. 现代公民教育思想得以确立

民国初期,以蔡元培为代表的教育家们以西方现代社会为观察点,直接借鉴西方的公民教育理论,彻底否定了"忠君""尊孔"的国民教育,建立了以"自由""平等""人权"为核心价值的现代公民教育观。尽管在袁世凯复辟期间,再次复活了"忠君""尊孔"的封建文化,但毕竟短暂,

---

① 全国教育联合会新学制课程标准起草委员会. 新学制课程标准纲要[M]. 上海:商务印书馆,1925.

现代公民教育很快得以恢复。

2. 公民教育获得独立性

在中国，早期的公民教育还寄生于教育中，较为边缘化，教育家们在探讨教育时，对于触及到公民教育或国民教育的问题时，还缺乏独立、系统的阐述。1923 年在小学开设的公民科，标志着公民教育成为教育的分支，具有相对的独立性。从此之后，公民教育无论是在理论上，还是在实践中，都具有相对独立的形态。

3. 公民教育的内容日渐丰富

1922 年以前，公民教育被狭义地理解为修身，主要目标是在道德层面上培养能够"独善其身"的人。1922 年以后，用公民科取代修身科，传授伦理、政治、经济、法律等社会常识，既关注个人，又关注国家，更关注个人与国家的关系；既重视个人的内心道德，又重视个人的生活技能；既重视文化知识，又重视自然科学。

二、澳门回归后的公民教育[①]

在我国澳门地区，"公民教育"有广义与狭义之分。所谓广义的公民教育，认为任何教育活动，不论是正式的学校教育或是非正式的教育，其宗旨都是为了培养具有高尚道德修养的公民，因而将公民教育等同于教育。而狭义的公民教育，是将公民教育范围限制在与公民资格培养直接相关的教育活动中，特别是在学校教育的范畴，把某种特定的教育课程或是学习经验传授给公民。狭义的公民教育对象绝大部分是广大青少年，公民教育活动存在的前提之一是国家或地区的政府必须通过有意安排的教育活动，塑造青少年成为合格的公民。澳门政府在推动青少年公民教育方面作了很大的努力，并有其自身特色。

（一）澳门青少年公民教育的内容特色

澳门在回归以后对青少年公民教育重要性和针对性的认识不断加深，并在发展中不断丰富具有自身特色的青少年公民教育内容。

1. 回归背景下的中华文化及国情教育

为了使澳门民众进一步认同中华文化，特区行政长官何厚铧在2003 年度施政报告中明确指出，要强化道德及公民教育。澳门特区政府社会文化司也在《2007 年度施政方针》中写道："特区政府把文化建设作为实现'全面提升市民综合生活素质'这一战略目标的重要组成部分；以中华文化为主流，认识、尊重澳门文化的特色，同时深入开展本澳

---

① 孙东屏. 澳门回归后青少年公民教育的特色[J]. 青年探索，2009(6)：91-93.

历史、文化研究,抓紧培养本地各类艺术人才,大力推动本地艺术创作,支持有内涵、有深度、有创意的文化活动。"可见,澳门政府高度重视公民教育,并且强调在培养教育青少年上下功夫。

除此之外,弘扬中华传统文化,以增进澳门青少年对于澳门历史和当前国情的了解,使青少年从小就能接受中华文化的熏陶,并进一步认同中华文化,认同澳门回归祖国后的自豪感,是当前澳门青少年公民教育的一个重点。澳门无论从政府到社会团体及学校都很重视对青少年的中华文化及国情教育,不断培养和提升青少年爱澳爱国的热情。目前,中华文化及国情教育已成为澳门青少年公民教育的一大特色。

2. "澳人治澳"的青少年公民意识教育

公民教育的目的是确立公民意识,提升公民素质。澳门在开展青少年公民意识和公民教育上,重视强调培养公民意识、强调培养公民对社会的责任,更强调"澳人治澳"的主人翁精神。

澳门回归后在青少年公民教育的基础上普及了《澳门特别行政区基本法》《维护国家安全法》等法律教育,在对青少年的公民意识和能力培养上下功夫,让青少年懂得公民的基本意识、明确自己的权利义务和身为澳门公民的责任,懂得如何参与特别行政区的公共政治生活,发扬主人翁的精神。

3. 博彩业发展下的青少年价值观教育

博彩业是澳门经济的支柱,这有别于其他地区。因此,澳门的公民教育也比其他地区多了一项应对博彩业负面影响的青少年价值观教育。

澳门虽然以博彩业为龙头产业,但随着这一行业在全球的迅猛发展,也使澳门人意识到博彩业并不是长久不衰的,也可能面临新的挑战。从另一方面看,博彩业的发展对民众也提出了更高要求,即如果低学历的青少年过早投入博彩业,将来很可能会被社会所淘汰,这样势必会带来新的社会问题。因此,在博彩业蓬勃发展的同时,澳门政府也注意加强对青少年价值观的教育和引导,努力提高他们判断是非的能力,尤其重视在青少年中开展对博彩业的教育,重视"以身说法",重视对青少年进行正确的引导,从而使青少年一代做到出淤泥而不染,健康地成长。

(二)澳门青少年公民教育的方法特色

澳门在推行青少年公民教育的方法特色上,其值得我们借鉴的做法主要有以下几点。

1. 丰富、灵活的青少年公民教育课程

澳门从政府、教育部门及学校都高度重视公民教育,并把其纳入教学的正规课程,有计划有步骤地实施。正规化的青少年公民教育课程,使公民教育得到进一步落实,体现了公民教育的重要性,也体现了其实施的规范性,更体现了澳门对青少年实施公民教育的重视。通过德育途径能更好地落实公民教育,有利于促进澳门青少年公民意识的培养和形成。

为了更好地在教学课程中进行青少年公民教育,澳门学校特别重视根据不同学生身心发展年龄段的特点,设计不同的教材和教学方法,例如将"基本法"的内容编成小故事、漫画、游戏棋、计算机游戏等。让学生在玩中学,在学中玩,这种设计的基本理念既形象又有挑战性,更能吸引学生的注意,达到提升学生学习成绩的目的。这种学习方法不仅让学生更为喜爱,而且与素质教育的要求与内涵是一致的。

2. 广泛参与的青少年公民教育氛围

公民教育的最终目的是要造就有能力参与社会活动的人,因此公民教育具有一定的实践性。澳门特区政府不仅与学校合作,还发动社会各界广泛参与,开展形式多样的活动,在全社会范围内形成一个大德育圈,营造公民教育的良好环境。其主要做法有:其一,政府与电视台、电台合作进行有关公民教育的宣传,让民众通过宣传获得公民知识。其二,政府推广一项名为"认识澳门,改善生活"的公民教育活动,并印制大量的宣传小册子、月历卡、海报以及贴纸等,推广优质公民生活的理念。其三,政府与学校合作开展公民教育游戏,通过生动、活泼、有趣的教育方法推进公民教育。其四,政府亦与其他机关合作举办展览,主题是围绕健康、保护消费者权益、保护环境等进行宣传。其五,政府指定澳门大学教育学院在在职师资训练课程中增设包含公民教育在内的学科作为学生的选修课程,从而提高中小学教师的公民教育知识。[①] 通过以上一系列的活动,扩大了青少年在实践活动中的教育氛围,增强了青少年公民广泛参与的积极性。

3. 民间团体积极参与

在澳门比较有代表性的青少年社会团体是澳门中华新青年协会,该协会的宗旨是服务青少年的发展。他们举办如"华师情倾濠江"活动,澳门青少年与华南师范大学学子就两地教育展开了积极的交流,通过相互间的互动,加强了彼此之间的认识和了解。他们通过举办这些有意义的活动,帮助青少年更好地明确自己的公民身份,从而增强社会责任感。

另外,澳门大学、澳门理工大学等高校的学生会等社团通过校外注册,学生自己组织管理,根据不同的服务需要,成立不同的学生社团组

---

① 单文经. 澳门公民教育简史载 21 世纪中国公民教育的机遇与挑战[M]. 郑州:郑州大学出版社,2008.

织,开展国学文化沙龙、青年歌手大赛、普法活动等课余活动。这些活动不仅锻炼了学生的组织能力,也为青少年公民教育注入了新的内容。

4. 家庭、学校共同促德育

围绕青少年价值观教育,澳门采用家庭、学校共同促德育的教育模式。从 2001 年起澳门特别行政区强调家校合作,鼓励学校成立家长会,以加强家长、教师及学校之间的了解与沟通,具体做法有:其一,把"家长委员会"的运作列入学校工作的重要议程,并由校长委派专人负责;其二,学校开设家庭教育辅导课,目前每间学校都有社工进驻学校,对学生进行心理辅导;其三,学校与社工局合作,开设家庭教育辅导讲座或培训,鼓励家长参与,定期跟进。

关注青少年的成长既是家庭的责任也是学校的责任,更是全社会的责任,尤其在青少年成长期,父母对孩子的教育更为重要,这是帮助青少年树立正确的价值观、人生观的关键时期。因此,通过开展家校合作的教育模式,让家长更好地与孩子相处,解决亲子之间的教育难题,是澳门回归后青少年公民教育的内容与特色。

思　考　题

1. 最早实施公民教育的是哪个国家?

2. 我国学校如何理解公民教育?

3. 公民教育的主要内容有哪些?

4. 公民教育的主要目标是什么?

5. 民国初期公民教育课程的教育成就是什么?

6. 澳门在推行青少年公民教育的方法特色上,值得我们借鉴的做法有哪些?

第六章
终身教育思想

 学习目标：

1. 了解终身教育在西方的发展历程；
2. 了解终身教育在中国的发展历程；
3. 理解终身教育的内涵；
4. 掌握终身教育的主要内容；
5. 掌握终身教育的实施策略。

导 读

随着信息时代的到来，知识、技术、信息的激增与更新，使传统的"一次投资，终身受益"的一次性学校教育已无法完全适应社会进步对受教育者的要求，客观上需要每一个社会成员接受连续不断的、终身性的学习过程。有鉴于此，传统的教育思想、教育理念及教育模式迫切需要变革和创新，以适应瞬息万变的信息社会。现代终身教育正是在传统的一次性教育面临挑战的情况下应运而生的。

教学视频

第一节　终身教育思想的发展历程

一、终身教育思想在西方

（一）20 世纪 20—40 年代：现代终身教育的诞生[①]

1919 年，英国教育家耶克斯利参加了成人教育报告的调查和起草工作，并以《终身教育》为名出版了世界上第一部冠名为"终身教育"的著作，首次从宗教和世俗相结合的角度对终身教育进行了完整阐述。耶克斯利的成人教育报告使终身教育思想逐渐被人们所了解，因此，在一定程度上可以说现代终身教育就起源于成人教育。20 世纪 20 年代，德国教育家罗森斯托克将儿童教育、儿童教育学和"煽动的"学说和方法与真正的成人教育进行了区分。美国教育家林德曼认为教育的过程是终身的。成人教育是一种非权威和非正式学习的合作式探索活动，其目的在于发现经验的意义。随后，桑代克不仅创造了心理学和学习理论研究的新领域，而且改变了传统成人教育理论简单转借有关儿童、青少年或大学生学习理论的状况。美国《教育社会学杂志》评论文章认为，桑代克"对教育心理学及成人教育方面，有最大之贡献"。

（二）20 世纪 50—70 年代：终身教育的现代复兴

尽管终身教育古已有之，但是这一古老观念的真正复兴却发生在 20 世纪 50—70 年代。伴随现代成人教育在世界范围内的兴起，成人教育不仅成为推动终身教育发展的"火车头"，而且使终身教育的内涵得以具体化和明确化。

1. "学习社会""非学校化社会"与"解放教育学"的提出

20 世纪 50—70 年代，基于对传统教育的反思和批判，产生了"学习社会""非学校化社会""解放教育学"等重要概念。美国教育家罗伯

---

① 何思颖，何光全. 终身教育百年：从终身教育到终身学习[J]. 现代远程教育研究，2019(1)：66-77，86.

特·赫钦斯提出"学习社会"这一概念，认为"学习社会除了指提供成人在个人生涯不同阶段之部分时间的成人教育之外，更是一种以学习、自我实现、人性发展为目标的社会"。这一概念后来被联合国教科文组织吸收，成为《学会生存——教育世界的今天和明天》中的三大基本概念之一（另两个为"终身教育"和"终身学习"）。随后，美国卡内基高等教育委员会强调学习社会是指个人在家庭、学校、社会、工作场所或其他教育机构进行学习的活动，实现再学习的理想社会。实现这一理想社会的途径包括回归教育、远程教育、开放大学、社区学院等。该委员会对"非传统"学生在高等教育中的地位以及"继续教育"作用的关注，为传统高等教育改革提供了指引。奥地利籍学者伊凡·伊利奇号召人们废除学校，代之以"学习网络"，建立一种人人平等、自由、自律、自助、愉快交往的"非学校化社会"。巴西教育家保罗·弗莱雷猛烈抨击驯化教育对人性的扭曲和异化，呼吁教育要肩负起解放被压迫者的驯化教育之历史重任，完成时代赋予的唤醒被压迫者的解放意识，实现人性化的光荣使命。

2. 从"终身教育"到"学会生存"

20世纪70年代，在与非学校化、人文主义等思潮平等竞争的情形下，终身教育最终成为最重要和最广泛的现代国际教育思潮。朗格朗不仅明确提出"必须把教育看作贯穿于人的整个一生与各个发展阶段的持续不断的过程"，而且全面阐述了终身教育的概念、意义、原则、内容、方法、发展战略等，为后来终身教育的发展奠定了重要基础。朗格朗还强调终身教育战略的实施必须优先考虑成人教育，成人教育是"终身教育的火车头"。朗格朗对全球教育带来的巨大影响，诚如前联合国教科文组织秘书长赫梅尔所言，"可以与哥白尼学说带来的革命相媲美的终身教育概念的发展，是教育史上最惊人的事件之一"。随后，联合国教科文组织出版的《学会生存——教育世界的今天和明天》（图6-1）对终身教育作了全面论证和阐述，提出的革新建议涉及教育政策的指导原则、教育机构与教育手段、学前教育、普通教育、职业教育、高等教育、成人教育、扫盲、新技术的应用及师资培训、学习者的责任等。其中第一条也是最主要的一条是建议"把终身教育作为发达国家和发展中国家在今后若干年内制订教育政策的主导思想"。

3. 终身教育的跨学科综合研究

20世纪70年代，一些研究者开始尝试从多种学科视角对终身教育进行综合研究。戴维和阿瑟·克罗普利合作的《终身教育基础》从哲学、社会学、人类学、生态学、心理学和经济学等角度，系统地探讨了为什么将教育视为终身教育、终身教育的功能如何与历史和当代社会发

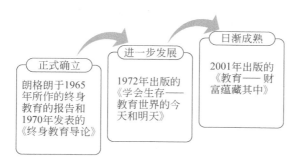

图 6-1 终身教育的代表性著作

展相关,适合终身教育愿景的学习目标、内容和过程,以及终身教育在不同社会经济和意识形态条件下切实可行的程度等问题。日本学者持田荣一、森隆夫、诸冈和房以"从批判到创造"的精神为基本态度,尝试了对终身教育的跨学科综合研究。加拿大学者阿瑟·克罗普利的《终身教育:心理学的分析》从终身教育的心理学基础入手,对终身教育的一些主要理论假设进行了分析,并试图以此观点来阐明学校课程的一些主要特征。此书既是终身教育基本观点的介绍性读物,也是评述与此领域相关的教育心理学理论的论著。

(三) 20 世纪 80—90 年代:现代终身教育体系的构建

20 世纪 80 年代,尽管终身教育这一术语在国际上得到了广泛传播,但是,复杂且不平等的国际政治经济关系秩序,以及各国教育体系普遍存在的各级各类教育"互不相干"的现象,依然是终身教育理念得以真正落实的重大障碍。基于上述背景,国际组织和众多学者都呼吁从纵向和横向两个方面将学前教育到高等教育的整个教育过程贯穿起来。在 20 世纪 80 年代,尽管现代终身教育体系的构建还不是十分完善,但是,相关视野已经广泛涉及国际政治经济关系、哲学、社会学,以及终身教育领域的专业知识和方法论。

1. 终身教育与国际政治经济关系

曾担任联合国教科文组织终身教育部门负责人的意大利学者吉尔皮,从国际关系这一独特视角,对全球终身教育现象进行了审视,认为对于国际劳动分工,科学和技术的变革,商业、文化和教育机构之中存在的意识形态特征等因素,需要从国际比较的视角加以分析。吉尔皮的终身教育观念与受限于传统教育取向的联合国教育机构的认定不同。他认为教育不能受限于某个机构,而是超越地方与国家的。吉尔皮最具特色的贡献在于他将终身教育与国际性的组织与合作联结在一起。他警告人们:在全球性经济体制之下,终身教育既可能成为个体解放、自主性发展的工具，也可能成为个体或国家依赖或新殖民主义的工具。

2. 终身教育与高等教育和继续教育

加拿大学者克里斯托弗·K. 纳普尔、克罗普利在《终身教育与高等教育》中，从高等院校的角度出发，论述了如何进行组织机构和教学方法的改革，以适应终身教育发展的趋势，强调终身教育制度应从两个维度加以体现：时间维度（学习何时发生）和空间维度（学习何处发生），即所谓的"纵向整合"与"横向整合"。曾担任联合国教科文组织国际教育理事会副主席的维·奥努什金从社会经济、社会学和心理学等方面论述了连续教育问题。他认为连续教育是有目的地培养全面发展的人的过程，它由两个主要阶段组成：个人就业前的教育阶段，以及随后在社会生产领域里结合社会实践活动进行的教育阶段。成人教育是连续教育体系的重要组成部分。连续教育区别于传统教育的最主要之处，就是上述两个阶段融合成个性不断发展的整体过程。英国学者彼得·贾维斯在《成人教育和继续教育社会学》中，提供了有关成人教育和继续教育的综合性社会学概述。他考察了诺尔斯、马克思、弗莱雷和葛兰西等社会学领域所有重要学者的理论，指出了不同社会学观点的优点和缺点，并说明了如何利用它们来分析成人和继续教育的功能和目的。贾维斯认为，终身教育包含普通教育和职业教育两个基本因素。这两者构成了更为广泛的继续教育概念的一部分。

3. 终身教育规划的哲学

马耳他哲学家、教育家肯尼斯·文的《终身教育哲学》讨论并评价了包括杜威、亚里士多德、维特根斯坦、萨特、拉卡托斯等的哲学思想，以及证伪主义、相对主义、阐释学、实用主义、存在主义、人文主义等哲学和科学意识形态与终身教育"规划"（Programme）的关系。他强调终身教育"规划"，应该更多地被理解为一种比喻，而不是一种系统地批评和评价教育观念的方法论。肯尼斯·文所提出的终身教育"规划"的理论核心不是经验性的，而是意识形态层面上的。其目的在于确定一种与终身教育规划相一致的哲学立场。

4. 终身教育专业知识的系统总结

20 世纪 80 年代末，诞生了全球第一部终身教育大型专业教育理论工具书《国际成人终身教育手册》，也是第一部把成人教育、再教育和终身教育与其他部门的教育同样看待的百科全书。朗格朗、库姆斯、克罗普利、辛普森、艾普斯、布什尔、达肯沃尔德、艾伦·陶、诺克斯、麦琪诺、布鲁克菲尔德、格里芬等全球知名学者撰写了相关内容。从终身教育视角出发，该著作展现了有关成人教育科学研究的最新成果和动态趋势，提供了广泛的、有条理的和可靠的有关世界成人教育的概念、原则、宗旨、实践情况、科研情况、人员情况、组织情况及学习成绩等。这是集全世界成人教育的理论、实践和管理工作者的最新进展于一体的文献宝库。彼得·贾维斯的《二十世纪的成人教育思想家》则收录了 20 世纪英语世界 13 位成人和继续教育思想家及其 19 篇论文，包括 20 世纪早期英国思想家曼斯布里兹、耶克斯利、陶尼；20 世纪早期美国思想家杜威、桑代克、林德曼；20 世纪晚期北美思想家霍尔、诺尔斯、基德；成人教育及社会变迁的理论家摩西高第、霍顿、弗莱雷、吉尔皮。该著作通过对这些思想家的考察，梳理了成人教育知识的发展并探讨了成人教育的知识论和方法论问题。

（四）21 世纪以来：现代终身教育的深化与拓展

20 世纪 90 年代，无论在实践还是研究领域，终身教育都迈出了更为坚实的步伐。从学前教育到高等教育，终身教育都得到了深化和拓展。"终身学习"在国际上获得广泛认可，并逐渐取代"终身教育"这一术语，这对终身教育政策制定和实践都产生了特别重要的影响。

1. 学习社会理念实践的新途径：学习型组织

美国学者彼得·圣吉将学习社会概念真正引入了社会领域。"自我超越""改善心智模式""建立共同愿景""团队学习""系统思考"为学习型组织（企业）的培育提供了方法论指导。一些国际知名企业以"五项修炼"为指南，纷纷在企业内建立起学习型组织。《第五项修炼》被誉为"21 世纪的管理圣经"，彼得·圣吉也被称为"学习型组织"的理论之父。罗伯特·斯坦因巴赫则提供了企业培训课程和职业生涯学习方案开发的典型案例，相关课程以培养"胜任能力"为核心价值，为企业、组织和个人提供学习方案，帮助企业通过学习改进人力素质与绩效，提高生产力、质量、服务、顾客的满意度与盈利能力。斯坦因巴赫还强调，一个成功的终身学习者应具有主动寻求知识的"ASK"态度，即主动地寻求知识（Actively Seek Knowledge）、坚持不懈地寻求知识（Always Seek Knowledge）、自信地寻求知识（Assertively Seek Knowledge）、积极地寻求知识（Aggressively Seek Knowledge）。

2. 终身学习理论的新进展

彼得·贾维斯从社会学、哲学视角探讨了人类"学习"这一复杂问题。他认为学习和整个人类经验有关，应将学习放在人类经验的情境，从人类经验的矛盾情境中去探究学习的意义，并主张学习在本质上是人们一生追求理解个人身份、目的和意义，同时适应复杂社会生活的过程。总之，贾维斯揭示了文化、种族、性别和阶级等社会因素是如何影响个人学习的,提出了当今教育者角色和责任的关键问题,并为人类学习的意义和更广泛目的的研究提供了新见解。雪伦·B.梅里安提出了更为复杂的人类学习行为以及理论解释,包括自我导向学习、质变学习、非正式和偶发学习、女性学习、基于情境的学习、批判主义和后现代主义视角下的成人学习、肢体或身体学习、叙事学习,以及情绪、情感和想象对成人学习的影响,大脑构造以及与学习、记忆、情绪、心智和意识之间的联系,等等。梅里安围绕学习者、学习过程、学习情境等这些构成成人教育基础的基本要素,展现了一幅西方多彩纷呈的理论流派的成人学习全景图。

3. 终身学习的教与学

进入 21 世纪,终身学习的课程规划、教与学的形式和方法受到研究者的重视。美国学者罗丝玛莉·卡法瑞拉等吸取众多规划模式精华,提出"互动"模式,涵盖了工商业、学校、医疗保健、企业、政府、社区、军队、宗教团体等各行各业在内的实务知识。诺尔斯对此的评价是:"这一模式不仅是'互动'的模式而且是一个'活化'的模式,不同于其他'静态'或'常态性'的模式。"西班牙学者拉蒙·弗莱夏讲述的文学社交圈故事,剖析了对话的合理性以及反对话的个人、文化和社会障碍,分析了工具性学习、对话式学习、解放式学习等方法,呼吁争取文化平等,消除社会隔离、年龄歧视、学术教育障碍,摧毁有碍对话的屏障和优越感。美国学者克莱尔·艾伦·温斯坦、劳拉·M.休莫基于教育心理学家大量研究成果和广大一线教师总结的大量实践经验,提出终身学习所必需的各种知识、策略以及构成的认知过程,希望有助于学生成为一个能对自己的学习承担更多责任的、更优秀的、更为独立的学习者,一个优秀的终身学习者。

二、终身教育思想在中国

中国春秋末期的思想家、教育家孔子,被日本终身教育理论研究者称为东方"发现和论述终生教育必要性的先驱者"。他早在 2500 多年前就说过:"吾十有五而志于学,三十而立,四十而不惑,五十而知天命,六十而耳顺,七十而从心所欲不逾矩。"(《论语·为政》)。他认为教育在人的一生中任何发展阶段都很重要,哪一阶段缺少教育,哪一阶段就要落后以至发生偏差,特别是人的早期教育要为以后发展奠定基础,因而尤其重要。他说:"少成若性,习贯之为常。"少儿时期通过教育养成的智能,犹如天生、自然一样。他还主张人应当终生不断接受教育,这样才使知识的掌握和道德的修养不至于停顿、倒退,"君子无终食之间违仁,造次必于是,颠沛必于是"。人生的学习教育过程,要到进入坟墓才算结束。中国南宋时期理学的集大成者朱熹,是第一个在理论上把儿童教育和儿童教育以后的青年教育、成人教育作为一个统一过程来考察的人。朱熹认为,人的一生可约略分为 15 岁以前受"小学"教育和 15 岁以后受"大学"教育两个阶段,二者是一个完整教育过程的两个不同阶段,而这个完整的教育过程,应该是持续到青年阶段和成人阶段的。

随着人们日益深刻地认识世界、认识自己,终身教育思想在中国也日趋深入发展。1979 年 5 月,人民教育出版社出版的《业余教育的制度和措施》一书,发表了张人杰的《论终身教育——一个值得关注的国际教育思潮》以及钟启泉翻译的朗格朗的名篇《终身教育的战略》。1982 年,周蕴石和周南照在《外国教育研究》第五期发表《论终身教育的现实意义》。此后,朗格朗的《终身教育入门》和富尔的报告《学会生存——教育世界的今天和明天》先后翻译出版。由此关于终身教育思想的介绍和研究开始进入高潮。

进入 20 世纪 90 年代,终身教育思想在制度层面得到巩固和加强。1995 年颁布的《中华人民共和国教育法》,第一次用法律的形式确立了终身教育在国民教育体系中的作用和地位。1998 年《面向 21 世纪教育振兴行动计划》明确提出到 2010 年基本建立起终身学习体系。1999 年,第二次全国教育工作会议强调,"构建与社会主义市场经济体制和教育内在规律相适应,不同类型教育相互衔接的教育体制,为学校毕业生提供继续学习的机会",同时提出"要逐步完善终身学习体系"。

第二节

终身教育思想的主要内容

一、终身教育的内涵

目前,全世界还没有一个关于终身教育的权威性定义,但朗格朗关于终身教育的论述已被世界各国普遍承认。他说:"我们所使用的终身教育意指一系列非常具体的思想、实验和成就,换句话来说,终身教育即教育这个词所包含的所有意义,包括了教育的各个方面、各种范围,包括从生命运动的一开始到最后结束这段时间的不断发展，也包括了在教育发展过程中的各个点与连续的各个阶段之间的紧密而有机的内在联系。"朗格朗关于终身教育的定义包含两层重要含义：其一，终身教育应该是一个人从出生到死亡的一生的教育。其二，终身教育是个人以及社会整个教育的统一综合。简言之，终身教育是人们在一生中所受的连续的（纵向的）、各方面的（横向的）教育的全部综合。

终身教育思想是关于终身教育的一系列教育理念和主张。终身教育思想"将会使教育最终摆脱因制度化、标准化带来的形式主义的影响，使教育的各个方面越来越同人的本质相联系，从而使教育趋向人格化"。

二、终身教育的主要内容

1972年，联合国教科文组织召开终身教育报告会，朗格朗等教育家对终身教育思想的特点及内容作了精辟的论述。

（一）从胎儿到坟墓的人生全程教育

人生全程教育是相对于传统教育的阶段性而言的，传统教育的"前端模式"将教育限制在人生的某一特定阶段，即儿童和青少年时期，它只对人生中的儿童和青少年时期负责。而终身教育则认为，学习在时间上是持续人一生的活动，学习将从胎儿时起，伴随人的一生，直到个体走向坟墓。除了朗格朗在《教育发展导论》中明确表述了这一观点外，英国的贾维斯也指出，"终身教育是指一系列有计划的活动，在人文主义的基础上，引导个人在人生任何阶段参与学习及理解"。

心理学研究表明，人是未完成的动物，这为教育要持续人的一生的教育思想提供了最直接的理论支持。此外，人类个体是带着大量潜能来到这个世界上的，作为人的本质特性，人的社会性和实践性在个体出生时还仅是一种潜在的可能，而不是现实；也就是说，人能否成为一个真正意义上的人，是需要在人的遗传基础上通过社会生活和实践才能够逐步实现和完成的。人的出生在一定意义上只标志着人的存在，而个体在后天社会生活中的学习和实践活动才使他成为真正意义上的人。"个人的整个一生只不过是使他自己诞生的过程；事实上，当我们死亡的时候，我们只是在充分地出生。"弗罗姆的论述最精辟地表达了这种观点。

（二）超越学校围墙的教育

由于教育在时间维度上贯穿了人生全过程，在空间上也就必然要超出现有学校的围墙，延伸到社会生活的各个领域和各个方面。在这一点上著名教育学家都有相当充分的论述。下面摘抄的联合国教科文组织的报告《学会生存——教育世界的今天和明天》中的几段论述便是证明：

"教育如果像过去一样，局限于按照某种预定的组织规划、需要和见解去训练未来社会的领袖，或想一劳永逸地培养一定规格的青年，这是不可能的了。教育已不再是某些杰出人才的特权或某一特定年龄的规定活动，教育正在日益向着包括整个社会和个人终身的方向发展。"

"教育现在是，而且将来也越来越是每一个人的需要，那么我们不仅必须发展、丰富、增强中小学和大学，而且我们还必须超越学校教育的范围，把教育的功能扩充到整个社会的各个方面。学校有它本身的作用而且将有进一步的发展。但是我们越来越不能说，社会的教育功能乃是学校的特权。所有的部门——政府机关、工业交通、运输——都必须参与教育工作。"

"不要把教育的权力交给一个单独的、垂直的、有等级的机构，使这种机构组成社会中的一个独特团体。相反，所有的集体、协会、工联、地方团体和中间组织都必须共同承担教育责任。"

超越了学校围墙的终身教育体现了一种与传统教育完全不同的崭新的教育观念，具备了鲜明的特点。首先，实施教育的渠道和方式是多元且具有弹性的。比如上海的学者就根据上海市的教育资源情况，提出了疏通终身教育十大渠道的设想，包括：统合各种办学力量，建立"教育超市"，鼓励社会力量办学，高等学校和高职职业技术学院建立"回归制度"，等等。其次，教育体系涵盖正式教育、非正式教育和非正规教育。各种教育体系都是人终身受教育和学习的机构和场所。终身教育思想认为，各个阶段、各种场所以及各种形式的教育是相互联系的整体，整体大于其部分之和。

（三）自我导向的学习方式

人在本质上是主体的、能动的，但是，传统教育过于强调学校、教师等外在的作用，使得学校和教师成了教育活动的中心，结果忽视了学生的主体性和能动性。终身教育理论则强调学生是学习的主体，要增强受教育者的自我导向学习。

因此，在自我导向学习中，学习不再是社会或其他成员外部施加压力的产物，而是学习者自主选择的活动。学习者在学习过程中逐渐养成良好的学习态度和方法，根据自己的兴趣和发展可能性设定学习目标、策略，自主选择教育资源、安排学习活动甚至自己进行学习评估。这样，学习者在离开学校后就能够终身有效地进行学习。

未来的学校必须把教育的对象变成自己教育自己的主体。受教育的人必须成为教育他自己的人；别人的教育必须成为这个人自己的教育。这种个人同他自己的关系的根本改变，是今后几十年内科学与技术革命中教育所面临的最困难的一个问题。我们今天把重点放在教育与学习过程的"自觉"原则上，而不是放在传统教育学的教学原则上。新的教育精神使个人成为他自己文化进步的主人和创造者。自学，尤其是在帮助下的自学，在任何教育体系中，都具有无可替代的价值。

当全社会都在为学习者提供各种学习机会，学习者能够自主对学习进行选择的时候，学习也就从目前的高度统一化、标准化中解放了出来。即在终身教育的社会中，增强学习者的主体意识和能力，充分发挥他们在学习中的自我导向作用，便可打破传统的教育模式，培养能适应时代变革，面向 21 世纪的高素质、强能力、全面发展的人才。

（四）无所不包的学习内容

终身教育在教育内容方面的主要观点体现在无所不包的内容广度上。从人的全面发展、个性的充分发挥出发，终身教育的内容远远超过了目前人们所熟悉的教育内容体系：从学习新的科学文化知识和各种新的职业技能，到学习社会的伦理道德规范、发展学习者的身体和心理健康；从学习如何建立良好的人际、社群关系，到学习各种艺术以及生活中体现的文化；从学习如何对待工作，到学习如何面对困境和死亡，等等。从这个意义上看，终身教育可以说是没有界限的教育。

决定终身教育在内容方面无所不包这一特征的因素主要有以下三个方面。第一，终身教育以培养完善的人作为教育目标，而完善的人所需要的各种学习内容就必须包含在终身教育的内容体系之中。第二，终身教育不只限于某个年龄阶段，而是在人的一生不同阶段互为衔接、整合的终身过程，而人在一生中所产生的学习需要和需要学习的内容是相当广泛和大量的。第三，终身教育不是社会少数成员所独享的教育，而是面向全体人员，不论其性别、年龄、职业如何，都是接受教育、学习的对象，而不同社会成员由于其个人潜能、发展趋向、社会职业等方面的差别，对于教育内容会有不同的需求。

三、终身教育的实施策略

作为造就人才和提高国民素质的奠基工程，基础教育被国际教育界称为"初始教育"，即终身教育的起点，"良好的初始教育是开始终身学习的关键"。面对变迁日益快速的社会，必须把基础教育视为终身教育体系中不可欠缺的起始部分，并且把基础教育的内部改革置身于终身教育的思想价值下来进行。

（一）转变教育教学目标

20 世纪 50 年代以后，随着科技的迅猛发展及广泛应用，社会对学校教育机构培养出来的人才提出了许多新的要求,传统教育思想指导下的基础教育仅仅传授知识和技能的教学目标已经不能满足学生未来发展的要求。21世纪所需要的是掌握了牢固的终身学习所需的技能,具有高超的认知能力,能够适应变化迅猛的世界,具有主动学习的情感、态度和习惯,具有良好的身体、心理素质,具有强烈的社会责任感和良好的社会公德等的综合型人才,正如《学会生存——教育世界的今天与明天》所指出的:"把一个人在体力、智力、情绪、伦理各方面的因素综合起来,使它成为一个完善的人,这就是对教育目的的一个广义的解说。"因此,基础教育的目标可以概括为:培养能够终身主动地接受教育和进行学习的人,培养学生积极探索知识的态度和技能,激发学生终身接受教育的愿望和动机,养成终身自我学习的能力,知道充分利用各种教育资源参与终身教育和学习活动。在终身教育思想的指引下,我国中小学课程与教学应该从单一的偏重知识技能目标,向既重视让学生掌握终身学习必备的知识技能,又重视提高他们的认知能力,从而使他们养成良好的社会公德,学会学习,学会关心,学会做事、学会友善地与他人共同相处。

(二) 创新教育教学内容

传统教育思想认为教学内容就是中小学教科书中的理论知识,因而要求学生把规定的知识技能牢固地记住就行了。终身教育思想认为,教学内容不仅是固定的知识技能体系,它是学习者在学校所获得的全部经验,是学习者利用原有的知识经验去获取新的知识经验的过程。"基础教育本身不应被看作一种目的,而应是终身学习的一种基础。"《从现在到2000年教育内容的全球展望》一书指出:"初等学校教育和其他形式的基础教育的课程和内容需要得到批判性检查,以确保这些课程和内容包括了学习者为处理日常生活需求而需要掌握的知识和技能。这些需要掌握的内容和技能是什么? 它们当然包括如下方面:推理、问题解决、信息的评估和利用、作出正确的选择和权衡道德问题等。""从今以后,教育不能再局限于那种必须吸收的固定内容,而应被视为一种人类的进程,在这一进程中,人通过各种经验学会如何表现自己,如何和别人进行交流,如何探究世界,而且学会如何连续不断地——自始至终地完善自己。"因此,必须创新教学内容,强调课程与教学内容的现代化、层次性和趣味性,加强各门学科之间的有机联系,最终达到《基础教育课程改革纲要》的要求:"教材内容的选择应符合课程标准的要求,体现学生身心发展特点,反映社会、政治、经济、科技的发展需求;教材内容的组织应多样、生动,有利于学生探究,并提出观察、实验、操作、调查、讨论的建议。"

（三）改革教育教学模式

传统教育思想认为，教学活动就是教师根据社会的要求向学生传授知识技能的过程，因此特别强调发挥教师的主导作用，特别重视教师在课堂上全面系统地讲授，认为课堂里的学生是一个纯粹的学习者，其任务就是掌握教师所呈现的系统知识。终身教育则认为，教育教学是教育者和学生的交往合作的过程，是不断强化学生学习态度和情感的过程，而不能让教育者唱独角戏，必须尊重学生的人格，充分发挥其主体作用，必须调动学生的积极性，让他们参与知识的生产、发展和运用的过程，使他们在探究知识的过程中完善自己的知识结构，提高认知能力，发展个性，掌握良好的学习方法，养成终身学习的情感、态度和习惯。这就要求教师改革在教学过程中"满堂灌"的教学模式，应该注意为学生创设良好的教育教学环境，让学生感受、理解知识产生和发展的过程。通过积极实行启发式和讨论式教学，引导学生进行独立思考，培养学生的创新意识、创新思维习惯和科学精神。重视培养学生收集处理信息的能力、获取新知识的能力、分析和解决问题的能力、语言文字表达能力以及团结协作和社会活动的能力。

（四）确立新型师生关系

良好的师生关系对学生终生发展的影响是不言而喻的。在终身教育思想的引领下，基础教育应该为学生的健康、持续发展实实在在地创造可能。首先，终身教育强调以人为本。这一思想落实在师生关系上就是以学生为本，尊重学生的人格、个性发展；创造民主、平等、自由的生活环境。课堂是师生生活的主战场，在我国的传统教学活动中，教师拥有绝对的"言语霸权"，教师在知识传授中居于主体和权威的地位，教学活动是单向的、独白式的、由教师到学生的简单线性过程。终身教育思想重视师生关系的平等、沟通和交流，反对教师凌驾于学生之上成为学生精神生活的主宰者，权威式的传递知识的做法需要淘汰，教师更多的应当体现为学生成长路上的朋友、顾问，学生学习的激励者、指导者、促进者。其次，教学关系重在引导和启发。在科学技术飞速发展的今天，教师不仅要"授业"，更重要的是要强化"传道""解惑"的功能。教师在教育活动中的首要职责是向学生传授立身之道和处世之道，做人之道和做事之道，引导学生树立正确的理想、信念和科学的世界观，培养学生完善的人格。同时，教师不仅要向学生传授最基本的知识，更要指导学生掌握各种进行终身学习的最基本的方法，形成正确的方法论。

（五）转变教学评价方式

传统的教育教学评价过于注重学生对知识技能的记忆，忽视对学生解决实际问题的能力的考察,导致学生在教育教学过程中死记硬背,影响了学生身心的全面发展,不利于提高学生的综合素质。终身教育思想强调现代社会里教育教学的终身化、民主化和大众化,主张教师不应当仅仅关注少数学生的学习,而应关注所有学生的学习;不应当仅仅根据学生在学校记忆知识的数量和质量来评价他们的学习,还应当关注他们的学习过程,关注他们身心的和谐发展,关注他们积极主动的学习态度及情感的形成和学习技能的培养,使教育教学评价的过程同时成为促进学生主动求知,不断完善自我的过程(图 6-2)。

图 6-2　终身教育的实施策略

 **第三节**

终身教育思想的案例分析

一、美国构建终身教育体系的成功经验

　　美国不仅在经济上是一个超级大国,在发展教育方面也不遗余力,并且长时间地走在世界教育改革与发展的潮头。为解决伴随后工业时代的来临而产生的各种经济与社会问题,美国社会迫切需要采取新的发展策略迎接时代挑战,而终身教育被认为是谋求社会持续性发展的重要途径,并取得了重大进展,这为世界其他国家的终身教育实践提供了宝贵的借鉴。美国的做法主要包括以下几个方面。

（一）以终身教育为原则制定相关教育政策和法律

终身教育已经成为美国教育法规的重要指导原则和组成部分，这突出表现在 20 世纪 60 年代以来美国的教育政策与立法进程中。各种终身教育的政策与法案，从不同领域和侧面对公民终身教育的权利、义务和保障作出规范，从而使终身教育的推广和发展获得了国家力量的保证。

1. 1966 年的《成人教育法》

美国 1966 年正式通过了《成人教育法》，后经 1970 年、1978 年等数次修订而日益完善。该法案的主要内容包括扩大成年人的受教育机会，鼓励发展成人教育计划，培养成人成为更有才能和更负责任的公民。该法案确立了当代美国成人教育的法律地位，为终身教育的导入奠定了良好的基石。

2. 1976 年的《终身学习法案》

1976 年，美国政府颁布了《终身学习法案》（也称《蒙代尔法案》），对终身教育提出了一个极为宽泛的定义，包括成人基本教育、继续教育、独立学习、农业教育、商业及劳工教育、职业教育及工作训练方案、双亲教育、退休前及退休人员教育、补救教育、职业及晋升教育，以及协助各机关团体运用研究的成果或创新的方法服务于家庭的需求及个人的发展等，涵盖面极为广泛。《终身学习法案》的颁布，表明美国联邦政府对学习的终身化政策的高度重视，以及推动终身教育的决心，标志着终身教育实践的进一步深化。

3. 1997 年美国教育的"四大目标"与"十大原则"

1997 年，克林顿在国情咨文中就《2000 年目标：美国教育法》的实施具体提出了教育的"四大目标"和"十大原则"。在教育的"四大目标"中，最高的目标是"每一个美国成年人必须坚持终身学习"，这是美国教育政策在终身教育领域的深化。而"十大原则"的第九条强调指出："21世纪的教育必须扩展为终身教育，终身教育之路导向美好未来，美国人不论年龄有多大，都必须有机会学习新的技能。"这一原则已经关注到终身教育对国家和个人的价值，关注到终身学习机会的均等问题，推动了美国终身教育保障政策的研究与完善。

（二）终身教育资源走向丰富化和网络化

美国终身教育的发展过程，十分注意终身教育和终身学习资源的建设，不仅构建了系统的学习资源提供体系，同时借助现代互联网技术，大力发展现代远程教育，使之成为构建学习型社会的一个"新景点"。

1. 推动传统学校走向开放

在美国,公立学校充分展示了教育资源的公共性这一特点,成为构建终身教育体系的积极参与者。这些学校一方面按照成人学习的特点开设各种夜校、周末学习班,另一方面积极同企业或地方成人教育社团联合办学。

2. 吸纳社会机构的参与

除了教育机构参与办学外,政府职能部门和中小企业也都积极地参与到推广终身教育的运动中来。就制度化的成人学习机会来说,非学校机构提供的机会远远多于学校,这些机会来自于农业开放讲座、社区团体、民间企业、都市娱乐组织、教会宗教团体、政府机构、图书馆、劳工组织等,通过市场机制,这些资源得到了合理配置,发挥出潜在的教育潜力。

3. 发展网络教育

随着网络时代的到来,美国的网上成人学校、网上教学日益显示出其强大的生命力。网络教育打破了传统的学校教育理念,它超越时空的限制,使学生可以根据自己的时间自由地安排学习,给面临工学矛盾、家务拖累、资金不足、流动性大的成人学习者,尤其是妇女提供了接触优质学习资源的机会,也为中小学课程提供了更多的补充和支持,有力地促进了成人教育的发展。

（三）社区学院成为推进终身教育与终身学习的重要机构

目前美国有 1000 多所社区学院,在校生超过 1000 万人,占美国在校本科生总数的 45%。社区学院收费低廉,学生可以在家食宿,吸引了大量的成年人和少数民族学生,社区学院成为美国普通大众化高等教育的主要模式。

1. 社区学院的办学特色

（1）交通便利。社区学院是地方性的高等教育机构,它一般开办在人口相对集中的有一定规模的社区中,社区学院面向社区居民尤其是青年的教育在入学和就读方面非常便捷,使学生的就学成本大为降低。

（2）学费便宜。在所有高等院校之内,社区学院的学费较为低廉,通常学生只付学费和各种专业课程所需费用的 1/3 或以下,其余 2/3 左右的经费来自于州政府或地方政府,甚至所有的费用都来自于州政府和地方政府。家境不好的学生,可以获得来自于联邦政府、州政府或民间赞助者的助学金、补助或帮助。

（3）办学灵活。社区学院的课有白天的,也有晚上的;有工作日的,也有周末的;有的在校本部上课,还有的在学校分部或是当地中学或图书馆上课。学生可以一次选一门课或几门课，可以读一学期或一年，也可以根据个人的需要随时来读或随时停读。

（4）课程设置从需求出发。在州政府所规定的范围之内，各社区学院可开设各种对他们本学区有价值的课程和科目。譬如，市区的社区学院就不会教与农业或兽医有关的课，而在乡村的社区学院就不会教工业制造或房地产业的课。

2. 社区学院的任务

（1）大学预备教育。美国社区学院为有志于到大学继续学习的高中毕业生开设课程，学生结业后通过考试获得副学士学位，转入大学三年级学习。20世纪80年代的一项调查显示，36％的人读社区学院的目的是向四年制学院或大学转学做准备，34％的是为了掌握一项新职业所需的技能。社区学院和大学签订校际间或全州范围内的协议，以保证其毕业生顺利转学。

（2）职业技术教育。职业技术教育是社区学院的重点，大约2/3的学生学习职业技术课程，获得工程、商业和医疗卫生等方面的学位，人文类学位仅占总授予学位的25％。专业和课程设置完全根据社区经济和社区生活的需要，一般由工商业企业审定。为工作而教育从一开始就是社区学院任务的重要组成部分。

（3）成人及继续教育。这是社区学院主要为在职人员进修或补修某些课程设置的，选学课程的规定和学习时间的长短非常灵活，可以全日学习，也可以业余学习。社区学院承担了更多的终身学习的义务，它们不限次数地向想重新学习的人敞开大门。

（4）补救性教育。这是社区学院主要是为学习上有困难的人设置的。20世纪80年代以来，卡内基高教委员会呼吁社区学院承担解决美国部分青年受教育不够、就业困难的问题，要求对他们进行知识补救、就业咨询和劳动指导。学生第一次进入社区学院时，学院专门对他们的读、写以及使用计算机的能力进行认真评估，给学习准备不足的学生安排强化教育方案，以让他们克服学习中的弱点并掌握自立和高效学习的技能。

（5）社区教育。美国社区学院是建设新社区的重要缔造者。约翰·加德纳提出，"社区学院可以发挥召集人的作用，使各派别和有各种利益的代表坐在一起，非官方地但是严肃地共同讨论社区问题……学院可以成为一个有效的召集者，一个有价值的论坛，一个讨论共同利益的会晤场所"。除此以外，社区学院还有为社区推广文化的任务，它们是社区的文化中心，扫除文盲也是社区学院的基本任务之一。

二、"学分银行"

（一）"学分银行"概述

所谓"学分银行"（school credit bank），是指一种模拟或是借鉴银行的功能特点，使学生能够自由选择学习内容、学习时间、学习地点的一种管理模式。"学分银行"的主要内容是累积学分。它突破传统的专业限制和学习时段限制，将技能培训与学历教育结合起来。"学分银行"制度将学生完成学业的时间从固定学习制改变为弹性学习制。根据"学分银行"制度，学生只要学完一门课就计一定的学分，参加技能培训、考证也计学分，然后按全部应得学分累积；同时，允许学生不按常规的学期时间进行学习，而是像银行存款零存整取一样，学习时间可集中也可中断，即使隔了几年，曾有的学习经历仍可折合成学分，存于"学分银行"。为了实现"人人皆学、时时能学、处处可学"学习型社会的目标，2007年上海市率先在成人教育上试行学分互认，并设立"学分银行"。市民在社会培训班里取得的证书，经标准认定后，都可折算成相应的学分，并把学习情况、学习奖励存进"学分银行"，方便随时支取。

"学分银行"应该具备银行的基本功能，如存储功能、汇兑功能；但它又不是真正意义上的银行，它存储的不是货币而是学分，它汇兑的不是货币而是学历或资格证书。"学分银行"的构建能实现各高等学校、各种教育形式之间的教学资源共享，各级别"学分银行"之间学分的通兑，建立学历教育与非学历教育之间沟通的平台；能够为具有学习能力并渴望实现自己理想的任何社会成员提供终生修业与获取文凭的机会；能够培养学生的诚信意识，营造一种诚信文明的社会环境，促进和谐社会的建设。

我国"学分银行"建设刚刚起步，成效尚不明显。一些学校仍停留在诸如核算学分、开设选修课等初始阶段，未深入到教学理念重塑、教学体系重构、教学资源整合、教学模式转换等纵深环节中。"学分银行"推进困难重重。

1. 传统模式制约"学分银行"的建设

传统的教育模式是在一个社会历史观的条件下形成的，它是在过去的岁月中积累起来的教育智慧。这样的传统不仅构成了一个社会发展的历史起点，影响着当下社会发展的各个领域，与当下社会生活交融在一起，还制约着一个社会的长期发展进程，有形或无形地左右着社会发展的未来走向。而现代社会的急剧变化，造成了对教育传统的种种压力，加剧了教育制度的传统性与创新性之间的冲突。但是，尽管如此，我们并不能完全抛弃传统模式，建造一个空中楼阁式的新的教育制度。这是因为,教育制度无论其发展变化是多么迅速,它不可能与过去的历史完全断裂。教育的今天与昨天的历史联系是客观存在的,并且是教育本质属性的一种体现,它不是单凭一道教育法令就可以任意地创设或中断的。教育制度如果不保持与过去、传统的纽带联系,就一定会出现合理性危机,无法获得人们对教育制度的普遍认同。因此,新的教育制度的推行势必要受到传统模式的制约。"学分银行"制度也不例外,它也会受到传统观念、思维模式、教育模式等因素影响。"学分银行"的推行是为了给学生提供更多的学习机会,使学生可以不受时间、空间的制约自由学习。这就意味着可能存在一部分学生由于某些原因提前毕业、中途就业或者是延期毕业。因受传统思维模式及教育模式的影响,社会甚至家庭对于这种现象存在着认识误区,对学生的就业和社会评价会产生不利影响,这从一定程度上严重阻碍了"学分银行"的推行。另外,自由选课、灵活发展、多角度延伸的"选课制"是"学分银行"的精神内核和灵魂。学校应该为购买者——学生提供足量质优的"物品",允许学生根据自己的兴趣、爱好、能力、特长及其他因素,自主选择专业、课程、任课教师、授课时间、修课方式、每学期修读课程门数等。这样学校在为学生提供选课权利的同时,也给他们提供了选择教师的权利,这无疑对高校教师提出了更高的要求。从某种程度上说,鲜明的对比让教师看到了差距,会给他们带来提高教学水平的动力。但是,在试点实施过程中,我们发现有部分教师对这项制度带有抵触情绪,不仅影响了教师的积极性,而且致使制度难以广泛实行。其实,"学分银行"涉及的内容非常广泛,包括入学制、转换制、学分制、课程制、学制、选课制以及评价制等在内众多制度的革新与完善。可以说,"学分银行"的成功推行需要对传统教育模式作较大范围的改革,也难免会受到传统模式的制约。

2. "学分银行"制度本身存在操作性难点

"学分银行"制度的主要特点在于学分可以累积,不一定要连续修读,可将技能培训和学历教育结合起来。学生可以将一定的社会经验折合成相应的学分,还可以根据自己的时间和能力自行选择修读各类课程的顺序,学完一门可算一门课的学分,只要累计学分总数达到相应学历层次的要求,就可以获得相应学历。因此,这项制度的推行将有利于完善我国终身教育体系,促进学习型社会的建立,但是,制度本身存在的操作性难点成为阻碍"学分银行"推行最重要的因素之一。

具体说来,主要有以下两个操作性难点。

(1) 通兑、折算难题。构建不同级别的学分通兑和折算系统,保障不同的教育形式、不同的区域和学校间的学分互认,是构建"学分银行"的基本问题。虽然 2001 年 9 月教育部在下发的试点意见中提出了公益活动、军训、入学教育、毕业教育学分折算办法,为学分的折算提供了依据,但是制定一个普遍公认的折算办法还是有一定难度的。通兑更是如此,系数的制定所涉及的范围很大,难度也比较大,这不仅需要整个教育体系的参与和支持,还需要强有力的监管体制。因此,要想把学生在教育计划之外的某些努力结果折合成有效学分,甚至于在全国所有高校之间进行无差别的"学分通兑",在短时间内可能比较难做到。

（2）管理难题。"学分银行"的推行,对高等院校的管理能力是一个严峻的考验。"学分银行"的成功推行,意味着以班级管理为基础、以系或专业管理相结合的定量管理将会变为以单个的学生为主体的变量管理。换句话说,一个学校有多少学生就会有相应数量的学籍管理档案及选课方式(假定每个学生的学习形式都不同),难度可想而知。再加上"学分银行"的成功推行,会导致生源与学制的多元化(全日制、非全日制;在校生、在职生;农民工、一线工人;夜大生、函授生、周末生等),这无疑会给资源已极度紧张的高校以巨大压力。如何用有限的教育资源满足无限的教育需求,将是"学分银行"成功推行的操作性难点之一。

（二）上海"学分银行"

上海"学分银行"是一家存储、整合学习经历的"另类"银行。这是全国各省区市中第一家投入运行的"学分银行"。上海交大、同济大学等大部分在沪部属高校及地方院校都将参与学分互认联盟。上海"学分银行"的学分目前分为学历教育、职业培训和社区老年教育三类。根据设计,每位学习者可在"学分银行"网站上申请开户,持本人身份证到就近的"学分银行"分部办理开户手续,即可拥有个人终身学习账户,用于记录学习经历和课程学分。当学分积累到一定程度时,学习者可按规定转换为相应的证书和文凭。

目前上海"学分银行"中已有商务英语、工商管理、计算机应用、会计、物流管理和行政管理等 21 个专业、600 多门学历课程确定了学分认定标准。包括上海交大、同济大学等在内的上海大部分高校都将参与学分互认联盟。这些高校会将近几年历届学生的学习成绩等资料整体存入银行,方便毕业生在"学分银行"合作高校内继续学习。

"学分银行"还通过对目前社会上存在的各种非学历证书进行了梳理,在具有一定权威性、参与人数比较多的非学历证书中选择了 541 个非学历证书作为与学分互认沟通的对象,其中 139 张非学历证书的学分认定标准已建立,可以在高校继续教育学院中推行。区县社区学院、老年大学的课程和学习活动,经"学分银行"认证,也可作为文化休闲教育学习项目学分,由所在区县社区学院、老年大学统一存入"学分银行",将来作为激励市民终身学习的依据。

"学分银行"由上海市教委组建并领导,上海开放大学具体实施建设与运行,"学分银行"管理中心设在上海开放大学。上海成立国内首家省市级"学分银行"，数以万计的学习者在"上海市终身教育'学分银行'"开户。目前上海"学分银行"建设的重点领域是继续教育，这只是阶段目标。整个蓝图是在各级各类教育和学校之间，以及学校教育内外沟通衔接，使"学分银行"成为终身教育和学习体系中的骨架中枢，实现真正意义上的教育公平。

 拓展阅读

保罗·朗格朗（1910—2003年），当代法国成人教育家，终身教育理论的积极倡导者和理论奠基者，被誉为"终身教育之父"（图6-3）。

保罗·朗格朗于1910年12月出生在法国加来的康普兰（父亲从事酿造业，家境殷实）。在反对"双轨制"和提倡新教育的呼声中，他度过了小学和中学时代。高中毕业后在巴黎大学学习法律，后因迷上法国学者阿兰（Alain）的作品而改学文学。他曾就读于巴黎大学，毕业后在中小学从教多年，并长期活跃在法国成人教育战线上，担任过法国职工教育中心主任，倡导成立了法国民众教育运动团体民众与文化会。从1948年开始，他在联合国教科文组织中任

图6-3 保罗·朗格朗

职，20世纪60年代下半期担任终身教育科科长。他亲身参加各级教育工作所积累的丰富经验，加上他对现实社会的深刻体验，促使他以批判的眼光对当时的教育状况进行了全面的反思，从而形成了改革旧教育、建立新教育的设想。

1965年12月，在联合国教科文组织于巴黎召开的国际成人教育会议上，朗格朗以终身教育为题做了学术报告。他认为，数百年来，个人的生活被分成两半，前半生用于受教育，后半生用于劳动，这是毫无科学根据的；教育应是个人从生到死一生中继续着的过程，因此，要有一体化的教育组织。今后的教育应当是随时能够在每一个人需要的时刻，以最好的方式提供必要的知识和技能。这次会议把法文终身教育一词（L'éducation Permanente）译成英文（Lifelong Education），并且建议联合国教科文组织批准终身教育的原则。此后，朗格朗陆续撰写了《成人教育与终身教育》（1969年）、《终身教育问题》（1970年），等著作，配合联合国教科文组织大力提倡终身教育，开展系列活动。1970年是"国际教育年"，联合国教科文组织集中讨论了终身教育问题。这一年该组织至少着手49项工程，都是直接与终身教育有关的，或者考察它在识字教育和职业进修等领域的应用，或者把它应用于规划新的活动，或者试图阐明终身教育的概念。朗格朗集中阐述其终身教育思想的代

表作《终身教育引论》(1970 年)，便是作为国际教育年的专著出版的。这本书已被译成 18 种文字。其中的有关主张已成为许多国家阐述和实施终身教育的主要依据，影响极为广泛。朗格朗亦由此被誉为"终身教育的倡导者之一"。

除《终身教育引论》(1970 年)外，他的主要著作还有《成人教育与终身教育》(1969 年)、《终身教育的前景》(1979 年)、《以终身教育为基础的学习领域》(1986 年)、《终身教育概念的发展》(1989 年)等。

思 考 题

1. 什么是终身教育？
2. 终身教育主要包括哪些内容？
3. 简述西方终身教育的发展历程。
4. 在实践中实施终身教育应该注意哪些问题？
5. 为什么终身教育的内容无所不包？

第七章
科学教育思想

学习目标：

1. 了解科学教育在西方的发展历程；
2. 了解科学教育在中国的发展历程；
3. 理解科学教育的内涵；
4. 掌握科学教育思想四方面的主要内容；
5. 掌握实施科学教育思想的四大原则以及五大策略。

导 读

　　科学技术成为现代社会的第一生产力，现代社会对人们的科学素养提出了很高的要求，加强科学教育成为当今世界各国的共同选择。新中国成立以后，国家花大力气发展我国的科技教育事业，取得了辉煌成就。20世纪90年代中期，中国政府提出要把科教兴国作为我国的基本国策。国家十分重视科学教育对发展科学技术、促进经济发展的作用。

教学视频

科学教育思想的发展历程

一、科学教育思想在西方

（一）科学教育的兴起

第一次工业革命以后，得益于经济的发展和社会的进步，自然科学取得前所未有的成就，其影响力逐步扩大，遍及英国和整个欧洲大陆。然而，19 世纪的英国古典教育的传统势力仍然十分强大，学校课程也以古典人文主义学科为主。鉴于自然科学的迅猛发展，自 19 世纪中期开始，不少科学家、教育家积极提倡重视科学知识和科学教育，从而兴起了科学教育运动。可以说，科学教育思想的初次发展就是对原有人文主义思想的反思，也就此拉开了人文教育和科学教育博弈的序幕。

19 世纪科学教育思想具有两个主要特点：一是强调科学知识的价值，提倡科学教育；二是重视学校课程和教育方法的改革。科学教育发展初期，首要任务是占领阵地，使科学知识作为现实的教育内容。在此期间，斯宾塞在批判和抨击传统的古典主义教育的基础上，明确提出了"科学知识最有价值"的见解。他详尽地论证了科学知识在社会生产和个人生活中的巨大作用，充分肯定了科学教育的重要性。斯宾塞指出"学校科学，从它的最广义看，是所有活动的最好准备。"在科学知识最有价值的前提下，斯宾塞提出了以科学知识为核心的课程体系，打破了人文古典课程一家独大的局面。赫胥黎是这一时期科学教育思想的另一代表人物，他强调用科学知识改造传统的学校课程，主张自然科学课程和人文学科课程在学校教育中要保持平衡。他们都详尽论述了一系列符合儿童心智发展顺应的教学原则和方法，冲击了原来机械的、呆板的教学方法。

由于科学教育思想的影响，自 19 世纪后半叶起，英国的学校开始承认科学知识的重要性和地位，并陆续设置科学课程，提供科学教育。但是，斯宾塞的科学教育理论由于过分重视科学知识教育，而对发展学生智力、能力的科学方法的教育却忽视了，这也为后续科学教育思想的发展提供了契机。

19世纪末至20世纪初，欧洲各国兴起了教育改革运动，即"新教育运动"，主张废除古典的传统课程体系，创办各种类型的"新学校"，以适应国家政治经济发展的需要。与此同时，美国也兴起了以鼓励儿童自由发展为目的的"进步教育运动"。科学教育的发展受到一定程度的影响。

（二）科学教育的变革与发展

"二战"以后，特别是20世纪50年代以来，世界经济的巨大变革以及科学的迅速发展，科学教育迎来了另一个发展和变革的高峰。1957年苏联人造地球卫星发射成功，震惊了美国社会，也引起了教育界的激烈争论。美国开始对原有教育开始进行检讨，杜威重视儿童兴趣与需要的哲学观点和科学课程与教导的低效成为众矢之的。1958年美国通过了国防教育法案，开始以大量经费补助科学教育方面的研究，原本只针对纯科学研究予以补助的国家科学基金会也开始补助中小学科学教育研究，为科学教育改革及新科学课程的编制提供经费资助。

20世纪60年代，美国科学教育的改革重视科学家的培养。布鲁纳在《教育的历程》一书里，提出在学科知识扩充快速、学生不可能全部学会的情形下，应以最有效的方式来学习，那就是学习学科的知识结构。这种理论逐步发展成为著名的结构主义课程，即将琐碎的事实予以精简，而后再以概念为主并以概念纲领来统整内容。以此为基础，美国开始发展新物理课程，由科学家带头，科学学会发挥影响力，以"科学家的科学"为理念进行课程开发和课程设计，编写教科书、实验手册，设计新实验活动、仪器以实现课程。

20世纪70年代以来，美国科学教育又出现了一些新的理念，主要包括科学素养理念、STS理念、科学全民化理念、HPS理念。

1. 科学素养理念

科学素养理念是美国科学教师学会于1971年发表的科学教育主张，其中清楚指出科学教育的主要目的就是发展学生的科学素养，认为科学素养的发展包含了态度、过程技能及概念的发展，同时要符合所有教育的一般目的，例如：学习如何学习、如何解决新问题、如何获得新知；运用合理的过程；建立基本技巧的能力；发展心智及职业的能力；在新经验中探索价值；理解概念和通则；学习在生物圈中和谐生存，等等。该学会也指出科学素养教育要依据个别能力情况来学习，要注意学生兴趣，这种发展有科学素养的公民，其实就是使人们发展成有理性的人，至于科学与社会的关联，更是科学素养的重要成分。

2. STS 理念

STS(Science, Technology and Society)理念的产生是科学素养理念将价值、技术及科学与社会的关系引入科学教育领域。由于社会上与科学技术有关的问题日渐增多,如环境污染、核电厂、生态环境恶化等无不涉及科学、技术与社会的关联,导致 STS 理念渐渐受到更多人的关注。

3. 科学全民化理念

早在 20 世纪 60 年代以前,学者们就重视科学教育的社会性价值,到了 20 世纪 80 年代,科学教育又回到了以往曾经强调过的重点:科学教育的全民性。

4. HPS 理念

20 世纪 90 年代 HPS(History, Philosophy and Sociology of Science,译为科学史、科学哲学和科学社会学)开始进入科学教育。历史语境使学生按照科学真正的发生方式去理解科学概念,哲学思辨使学生理性判断科学的双刃剑功能,社会学让学生清晰认识到科学建构与社会形成之间的复杂关系。

HPS 作为一种科学教育理念,推动着科学教育学科思想的深化、课程内容的选择以及教学设计的革新,进而提升科学教育质量[1]。经过一段时期的发展,HPS 理念在科学教育理论与实践方面的经验都得到了一定的积累,并且对于帮助学生在形成科学概念方面产生了重要的、积极的影响。

科技教育思想在西方发展的三个阶段如图 7-1 所示。

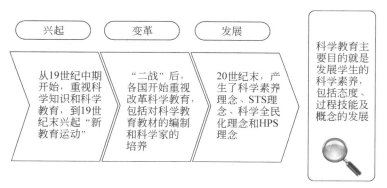

图 7-1　科技教育思想在西方发展的三个阶段

---

① 张四方,武迪迪. 基于核心素养的 HPS 教学实践——以"甲烷"为例[J]. 化学教育(中英文),2019,40(13):33-36.

二、科学教育思想在中国

（一）零散的古代科学教育

在 16 世纪前，中国科技的总体发展水平曾长期遥居于西方之上。翻开中国历史典籍，可以看到在 15 世纪前我国的科技教育也居于世界前列，如早于欧洲实科教育约 1000 年创办了科技专科学校、最早由朝廷颁布了科技教材、刊行了药典、建造了大型天文观测及演示仪器等。同时，古代某些思想流派及思想家对我国早期科技及科学教育也产生了重要影响。有学者认为，在墨家理论中体现了丰富的科学教育思想，在形式逻辑、唯物认识论以及原子论的自然观的基础之上，墨家在几何学、力学、声学、光学以及科技道德教育方面取得了突出成就，并且发展了一套较为完善的科技教育方法，如观察、分析与综合的统一。李约瑟认为道家蕴藏了丰富的科学精神，如"道统万物、尊道循道的理性精神"。这些都可称为中国古代科学教育的"世界之冠"。因此，我们可以乐观地认为：中国古代科学及科学教育处于世界前列。

然而，由于处在特殊的文化环境中，我国古代科学迟迟停留在经验科学的阶段，且并未构建出体系化的科学教育结构。中国古代科学教育的发生、发展往往受到中国处于相对封闭且辽阔的地理环境、农业的兴盛、大一统国家与官僚政治、儒学成为古代精神与思想世界的核心等因素影响。同时，中国古代科学教育往往通过官办科学教育、私学与家学教育、口耳相传、民间教化活动等方式进行，其组织结构体现了阶级性和等级性。而"学在官府"和"政教合一"的组织结构特征在秦汉以后的延续也造成了科学教育对政治权力的绝对依附性和从属性，禁锢了人们的思想，限制了科学研究及教育者思维与大众创造性的发展。并且，重体轻用，作为中国古代科学教育知识选择的基本原则，形成了"实用性"优先发展的古代科学教育的发展格局，限制了科学教育全面而自由的发展，从而使得古代科学教育成为农业社会的附庸与派生。

（二）外生的近代科学教育

近代意义上的科学教育诞生于洋务学堂，洋务学堂是中西文化冲突催生的产物。洋务运动发生发展于 19 世纪 60 年代至 90 年代，洋务运动的基本内容是引进和学习西方先进的科学技术。早在第一次鸦片战争时期，出于"师夷""制夷"及与外国交涉的需要，一些有识之士就开始注意学习西方科学技术。魏源认为，西学不仅可以师、可以学，而且必须师、必须学，"善师四夷者，能制四夷，不善师外夷者，外夷制之。"他明确指出要"师夷长技以制夷"。出于制夷的目的，军事技术成为进行科学教育的首选内容。中国科学教育的萌芽阶段，主要是学习西方的技术,尤其是军事技术。

鸦片战争后的洋务学堂虽然一时能够满足统治阶级对急需的外语、军事和科技人才的需求,但是对于全国范围内的教育而言,传统的以儒家思想为基本内容的教育已经不能满足民众的教育需求。于是掀起了变通书院、议改科举、创立各级各类学堂的运动。这些新书院和新学堂也推动了科学教育的进一步发展。

1905 年,科举制度的废除和新学制的推行,结束了延续千余年之久的以科举制和儒学教育为主的传统教育制度,这是中国教育史上的一项重大教育改革,也是科学教育的一个崭新开端。这一时期,清政府颁布了各类学校的奏定章程,其中对各类学校的科学教育及其程度都有明确规定,将全国教育纳入了统一轨道。

辛亥革命的胜利,不仅推翻了 200 多年的清朝统治,而且标志着 2000 多年的封建专制制度的结束。在新的政治经济文化基础上,中国科学教育发展的基础环境已基本形成,大大加快了中国科学教育体制化的进程,至 1922 年壬戌学制颁行,基本上奠定了 20 世纪前半期中国科学教育体制的基础。

(三)多元的当代科学教育

新中国成立后,党和政府就高度重视并开始有计划地发展科学教育事业。随着国民经济的恢复和发展,中国政府把培养科学技术人才作为文化教育领域的头等重要任务,努力改变教育事业落后,科学人才严重缺乏的状况,如开办工农速成中学、发展业余教育、挑选干部进入高等院校深造、选派学生出国留学等,取得了巨大效果。1964 年我国成功地爆炸了第一枚原子弹,1965 年我国在世界上首次人工合成了牛胰岛素,1967 年中国首次氢弹试验成功,1970 年中国发射了第一颗人造地球卫星。

1978 年的全国科学大会上,邓小平同志明确提出"科学技术是生产力"的论断,他指出:"四个现代化,关键是科学技术的现代化。"强调要"尊重知识,尊重人才""科技人才的培养,基础在教育,抓科技必须同时抓教育,大力发展科学研究事业和科学教育事业。"在这些思想的指导下,科学教育在"文革"结束后迅速得以恢复,科学教育在经济社会发展中的重要地位和作用日益为人们所认同。

20 世纪 80 年代中后期,针对教育上"应试教育"愈演愈烈的倾向,提出了素质教育的新要求。科学教育作为素质教育的重要组成部分,也在进行不断的改革探索。科学教育在教育途径上摒弃了传统的学校课堂教学单一模式,走向学校、家庭、社会三位一体的现代大教育体系,构建科学教育的立体网络。这表现在学校教育中,一方面,从幼儿教育、小学教育、中学教育到大学教育中,科学课程越来越多地进入了学校教育的内容,科学教育在整个课程体系中的比重越来越大;另一方面,通过校内校外的一些科技实践活动,对学生进行科学教育,如课外科技兴趣小组、科技竞赛等。

第二节
科学教育思想的主要内容

一、科学教育的内涵

科学教育是相对于人文学科、社会学科、技艺学科而言的。就科学教育的内容而言,不同的国家在不同的历史时期有不同的认识。在美国,科学教育的内容是指除数学以外的自然科学,从幼儿园到大学都设有科学课程,并且是必修课。日本的科学教育与理科教育有所区分,理科教育包括物理、化学、生物、地理,不包括数学,而科学教育的内容中除以上四门学科外,还包括数学、环境科学和综合科学。俄罗斯的科学教育是指综合性的边缘学科,包括科学、教育、心理学和教育技术。在我国,科学教育通常是指包括数学在内的中小学自然科学,或称为理科教育(图 7-2)。

从不同的角度出发,人们对于科学教育往往有不同的认识。

从科学教育的属性及涵盖的范围来看:"科学教育"指那些以"科学技术"为教育源泉和学习基础的普及性或者专门性教育活动及教育过程。

从学校教育的角度看:各级各类学校所进行的有关自然科学和技术知识的各种教育活动就可以称为科学教育。科学教育是一种以培养人的科学情感和价值观为目的的教育实践活动或者实践过程。

从科学教育的实施过程来看:科学教育活动也与其他教育活动一样,不仅具有特定的教育目的和任务,还具有施教的特定性,即科学教育的目的着重在于培养和提高整个民族的科学文化素养,同时为科学的发展培养后备军。

我们认为,科学教育是面向全体学生的以科学文化知识为基础,以培养和训练学生具有一定的科学态度、科学方法、科学精神、科学价值观等为目的,全面提高学生的科学文化素质教育的教育。

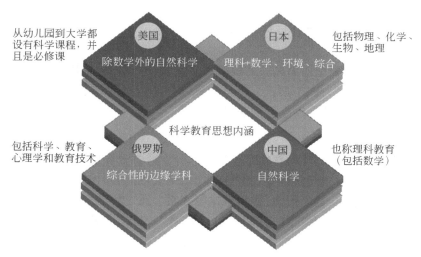

图 7-2　不同国家对科学教育思想内涵的理解

具体而言,可以从以下四个方面加深对科学教育的理解(图 7-3)。

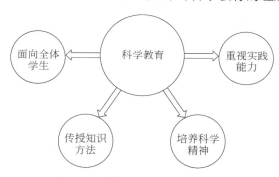

图 7-3　科学教育关注的四个方面

第一,科学教育不只是为了培养科学家而进行的教育,而是面向全体学生,不论他今后是否从事科学技术工作,都应提高他们的科学素养。

第二,科学教育既要传授给学生知识和方法,增强他们运用科学知识理解和处理社会生活中实际问题的能力,同时又要为其进一步发展奠定基础。

第三,科学教育要从学生的认知领域向情感领域扩展,重视培养学生的科学精神、科学态度和科学价值观等。

第四,在认知领域,科学教育不仅要强调科学知识传授,还要重视科学方法的训练和实践能力的开发,注重对学生的科学探究能力和解决问题能力的培养。

二、科学教育的主要内容

科学教育要全面提高人的科学文化素质，不只是科学知识的教育。目前，科学划分为四个层次：科学知识、科学方法、科学态度和科学精神。因此，科学教育也应包括这四个方面。

1. 科学知识教育

科学知识是科学教育的重要组成部分。科学教育要向学生传授科学理论知识，使他们获得某一学科的理论基础，这个知识体系包括客观现象、科学事实、科学概念、科学定律等要素。通过科学知识教育，理解相关的概念、原理和定律等知识，可以发展人的智力，培养他们的科学能力，为科学文化素质的发展和提高奠定坚实的基础。

2. 科学方法教育

科学并不是简单地揭示自然规律，更重要的是要找到研究自然规律的方法。任何一门学科走向科学的过程都是形式化、符号化、建立数学模型和实验模型的过程。在科学教育中，是把知识本身作为目的，还是将知识作为工具和手段，把掌握科学方法作为主要目的，这是两种不同的教育思想。随着知识经济的到来，掌握科学方法，学会学习，比单纯掌握知识更为重要。这是因为科学方法一旦内化为一个人的思维方式与行为方式，其智力水平不仅将大幅提高，还可以挖掘出巨大的创造力。换句话说，学习一门学科，而没有掌握这门学科的科学方法，那么充其量只是学到了皮毛，而不是其本质，更做不到融会贯通。

3. 科学态度教育

科学态度是通过对科学知识的正确理解和科学发展的整体把握而形成的科学信念与科学习惯。由于科学来自实践，经过了实践的检验，具有可重复性，所以是真实可信的，而任何科学真理又是相对的和不断发展的，任何科学知识都要被新知识所取代，在这个过程中，阻止任何超验的、臆想的、传闻的东西进入科学领域的防线，就是科学态度。随着科学的发展，科学态度不仅仅是从事科学活动的人应具备的、稳定的行为倾向，它已经成为现代公民科学文化素质的重要组成部分。

4. 科学精神教育

科学精神在科学教育的整体架构中居于核心地位，是科学教育的灵魂。科学教育并不是脱离具体活动的抽象观念体，科学精神是在科学真理探索的过程中，在对科学本质的认识不断深化的过程中孕育起来的推动科学进步的价值观和心理取向。科学精神的内涵是丰富的，理性精神、实证精神、合作精神、创新精神是其集中体现；怀疑、批判、挑战是其主要特征，求真务实、开拓创新是其基本要求。

三、科学教育思想的实施策略

当今世界,科学技术的发展一日千里,新知识、新技术、新能源不断创新,如何在基本教育阶段给学生普及科学知识、传授科学技术与方法、培养现代科学精神是一项重要课题。发展科学教育的关键在于,如何充分发挥科学教育的积极因素,避免其中可能产生的不良影响,从而使其健康发展。

（一）实施科学教育需要遵循四条原则

1. 要摆正科学教育与社会发展的关系

让科学教育在充分尊重教育自身规律、要求的同时来关照社会的发展。从根本上说,科学发展和社会发展是一致的,如果过分地强调科学教育的适应性,急功近利,容易导致科学教育的萎缩。我们要给科学教育以充分自由,让其去实实在在地培育学生的科学兴趣、爱好,培养他们基本的、正确的科学态度、科学意识、科学观念,而不是简单地强调他们越快、越早地学习单纯的科学知识和技术。科学教育对社会发展既有适用,又有超越;既有依赖性,又有相对独立性,二者不可或缺。

2. 要摆正科学教育与人文教育的关系

二者是相互依存、相互促进的,共同构成了完整的教育。在现实功用性占据主导的今天,人文教育受到的冲击是巨大的,这种冲击不单是来自科学教育,更是来自社会的偏见。所以,当前,在充分认识科学教育的重要性时,我们同样应该充分认识人文教育的重要性,它同样在更隐蔽的层面关系着我们的民族未来。

3. 要处理好普及与提高的关系

长期以来,我们关注的是提高,是少数精英学生,部分智力平平的学生可能被排斥在我们预设的教育体系之外,他们无法依据他们的心智水平在科学教育中找到自己的天地,他们在科学教育中的参与程度很低,根本就谈不上科学精神的培育。这一问题同样关涉的不仅仅是教育方法,而是整个教育体系。

4. 要处理好尊重科学与唯科学主义的关系

由于我们文化传统中科学意识相对薄弱,缺乏对科学的整体理解,而目前又处于经济、政治的双重压力之中,这使得我们很容易滋生一种对科学技术盲目崇拜的唯科学主义思想。因此,需要我们对科学的本质、科学的社会功能、科学产生的背景、科学的基础、科学技术的未来有深刻的认识,否则就可能视科学为万能,迷信科学,造成科学无限制地膨胀,导致科学技术给社会整体发展带来威胁。这原本就是科学精神、科学意识的重要表现和要求。

（二）科学教育的主要实施策略

1. 明确科学教育的价值取向

科学教育的价值取向从某种程度上制约着教育目标的选择、课程内容的安排、教学方法的采用等方面。新中国成立以来，特别是党的十一届三中全会以来，我国对科学教育一直比较重视，但科学教育始终围绕培养有用的科技人才这个目标展开，从学制规定、课程设置到教学方法都体现了这个特点，以至于培养的科技人才有限，而整个国民的科学文化素质始终不尽如人意。因此，科学教育改革必须首先明确自己的目标定位：一是要面向全体学生，使他们都能接受基本的科学素养教育；二是要坚持全面的科学教育，使学生在科学知识、科学方法、科学态度、科学精神等方面得到全面的教育。为此，就要变培养"知识型"人才为"素质型"人才，树立"全民科学""以人为本"的科学教育观，学校的科学课程要面向全体学生，充分体现其人文价值，满足他们的教育需要，以及今后的工作和生活需要。不但要根据国家建设的需要传授科学技术知识和基本操作技能，更重要的是发挥其行为导向功能，使学生树立热爱科学、献身科学的精神，培养学生实事求是的科学态度，养成观察世界、了解世界的科学方法，培养善于质疑、敢于批判的创新精神。

2. 改革科学教育的课程体系

科学教育改革的核心问题仍然是课程问题，因为课程是集中、具体地体现了教育的目标和任务，是提高国民科学素养的主要载体。科学教育的课程改革包括课程模式和课程结构两个方面。从课程模式看，通常有分科课程和综合课程两种基本模式。分科课程模式，即用物理、化学、生物、地理等课程代替科学教育，这种模式对普及科学知识曾起了积极的作用。但随着科学的发展，从科学的整体性、教育需要、社会实际问题需要等不同的角度考虑，分科课程已不适应时代的发展，综合课程已经成为国际科学教育改革的大趋势。从课程结构来看，科学课程的内容需要进一步整合，结构需要进一步优化。在课程内容上，要增加科学史内容，使学生通过了解科学产生的基础、背景等，获得对科学的本质、功能的理解；安排一些介绍科学家的生活轶事及发明创造活动过程的小故事，使学生从基本的科学事实中领悟科学的精神实质、科学发展的一般规律和科学家的特质，给学生一个关于科学和科学家的真实印象，使学生能在生活中不自觉地效仿科学家的某些活动从而养成自己的科学精神。在课程结构上，要对科学课程进行有效的整合，在加强科学、技术、社会相互关系理解的同时，强调科学技术的社会价值和人文精神的渗透。经过整合的综合课程必须图文并茂，密切联系现实生活情景，不仅使学生认识到科学的相对性，而且使学生获得科学中蕴藏的人的情感、意志、信念、责任感的熏陶,不仅使学生养成正确的科学态度、科学精神,正确认识人类与自然的关系,从而实现科学对人生的终极关怀。

3. 强调科学探究式学习方式

英国学者贝尔纳曾经指出:"科学教育的目的有二:提供已经从自然界获得的系统知识基础,并且有效地传授过去和将来用于探索及检验这种知识的方法;获得科学知识和探索科学方法是相互关联的。如果学生不了解知识是怎样获得的,如果学生不能够以某种方式亲自参加科学发现的过程,就绝对无法使他充分了解现有科学知识的全貌。现在的科学教学正是在后一方面失败得最为明显。""几乎没有人尝试过怎样去发挥想象力以及怎样去创立和检验种种假说,其原因部分在于传统,部分在于经济……我们所希望的是把科研当作科学教育的一个不可分割的部分。这对于要把自己的科学知识用于日常生活或教学的人比有志于科研工作的人更为必要。"贝尔纳针对科学教育中过分重视知识传授而忽视探索的缺陷,希望改变教学方法,主张将科学知识传授与探索的方法结合起来,把科学教育建立在探索的基础上的远见卓识对我们今天的科学教育改革仍有着积极的指导意义。要真正实现培养科学素养的目标,就要改变传统的教学方法,以学生为中心,激发他们学习的主动性和创造性,强调让学生自己去探索、去求知。不仅要使学生理解科学的成果和科学的过程,还要让学生亲身体验科学探索的过程。为此,要调整科学教育的重点,把科学基础知识的传授、学习和科学探索精神、科学价值观的养成融为一体,实现由知识传授教学向自主探索教学转变。

4. 创新科学教育的评价体系

科学教育的评价体系是保证科学教育质量的一个重要因素。如果科学教育的评价与考试体系不改革,就不可能跳出应试教育的怪圈,现代科学教育思想和理念就不可能得到很好地贯彻和执行。因此,要改变过去评价和考试过分强调甄别与选拔的功能,发挥评价促进学生发展、教师提高、改进教学实践的功能。科学教育评价必须体现发展性评价理念,扭转长期以来应试教育形成的以升学和分数为主要评价指标的弊端,从全方位、多角度来评价学校和学生,不仅要重视智育性目标,同时也应该重视情感性、社会性目标。

5. 提高教师自身的科学素养

从世界各国科学教育改革的经验来看,科学教育改革的最大阻力不是来自学生,而是来自教师,特别是第一线的教师。教师是最重要的科学课程资源,是推动科学课程改革的主力军和生命线。随着基础教育课程改革的进一步实施和科学教学改革的不断深化,科学教师将成为科学教育改革成败与否的关键性因素。然而，我国小学的科学教师，缺少对科学理论系统的深入理解，本身的科学素养还需要提高，这往往会在课堂中体现出科学知识的缺乏和科学理性思维的缺陷，导致出现教师中心、教师权威的老面孔，影响科学教学的质量。因此，提高科学教师的科学素养是一项十分迫切的任务（图 7-4）。

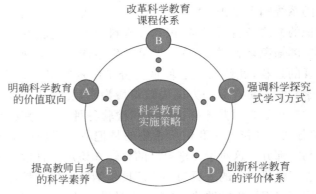

图 7-4　科学教育的主要实施策略

科学教育思想的案例分析

一、STS 教育

STS（Technology and Society, Science）教育，即科学、技术和社会教育。自二战以来，人类在享受科学发展所带来的巨大物质利益的同时，又不得不面对生态失衡、环境污染、资源枯竭等一系列灾难性危机。如何在充分发挥科学积极作用的同时，有效地预防和克服其负面影响，已成为一个全球性的问题。这样，以往零碎的、修修补补的科学教育改革已远远不能适应时代的发展要求，人们开始从生态学的角度来思考科学教育发展的新图景，STS 教育正是人们在科学教育领域中寻找到的一种对挑战的回应。20 世纪 60—70 年代，在英国、美国、德国、日本、荷兰、西班牙、加拿大和一些拉美国家，相继提出并试行了各种类型的

STS教育模式。1980年，由国际科学联盟委员会和联合国教科文组织倡导，在澳大利亚墨尔本召开了STS教育专题讨论会，专家们一致同意把STS视为"一个对今日学生进行科学教育最合适的方法"。这样，STS教育一经出现，其影响很快就遍及全世界，成为世界性的潮流。我国于1985年介绍引进以后，在多方面进行了研究和实践。

那么，什么是STS教育呢？要给STS教育下一个明确、清晰、统一的定义非常困难。一般说来，人们对STS教育的界定主要集中在以下几个方面。

首先，STS教育强调人们对科学的认识和理解。与传统的学校科学教育不同的是，STS教育呈现给学生的科学应该是表达出现代技术和社会发展的真实的自然科学图景。

其次，STS教育强调科学原理用于解决个人和社会实际问题的技术。技术是科学物化为生产力的重要桥梁，因此，技术教育是科学教育的一个有机整体组成部分。

最后，STS教育是科学教育领域中实施的以改进整个社会的科学文化为目的的一种文化战略。它将整个人类社会的文化环境作为进行科学和技术教与学的背景。这种文化战略是为了适应当今不断变化的多元化世界而提出的科学教育战略，它从文化发展的角度将人类在科学技术、社会方面的洞察力与科学教育的具体过程结合起来，并不断地规划和调整科学教育的具体策略和方法。

目前，人们对STS教育的认识逐步加深，从教育目标、内容到教学等诸多方面都有较为深刻的理解。世界范围内的STS教育改革体现出以下共同趋势。

第一，STS教育目标强调个人发展、社会教育和文化理解相融合。STS教育的个人发展目标，包括发展个体的科学素养；提高学生对科学的兴趣和内在动机；培养学生适应未来的学习能力；培养学生对有关科学议题的决策能力；发展学生的价值和伦理观念。在此基础上，STS教育还提倡科学教育的社会教育和文化理解的目标，具体包括：扩展学生对社会的理解；理解社会生活中的合作关系；培养学生的社会责任感和同情心；鼓励学生从历史、哲学和文化意义上理解科学技术；鼓励学生从不同文化的角度去批判性地理解科学、技术和社会之间的相互作用；帮助学生理解科学技术对不同社会群体的意义。

第二，课程设置的多元化和教育内容的综合化。学生面对的"生活世界"是完整的、统一的，而学生所进入的"科学世界"则以分科为特征。"分科"课程固然有其"合法性"，但最大的问题在于它割裂了本来是完整统一的"生活世界"。基于这一弊端，以综合化为特征的STS教育自然就成了改革的焦点。近年来，英国的"社会背景中的科学"、荷兰的"社会背景中的物理"、美国的"社会背景中的化学"等著名的STS项目，大多以学生所面临的社会问题或生活问题为中心来编排内容，试图通过这些内容的学习，使学生掌握参与经济生活、政治决策、公众对话等活动所需的知识、技能与态度。例如英国著名的 STS 项目——SISCON(Science in Social Context)，该项目强调联系学生的生活背景来学习科学与技术，明晰它们的关系。为此，该项目设置了"健康与医学""食物与农业""人口""能源"等一系列专题。在这些专题中，有关经济、环境、健康等问题都被纳入到学生的视野中，他们从中不仅接受了知识的学习，而且也接受了价值教育。总之，由于生活本身的完整性与多样性，课程就必须综合化，只有这样，才能使学生获得对世界的综合与多维的理解，也才能更真实地了解现实世界。

第三，在教学方式上，注重探究与体验。由于 STS 教育旨在提高公民的"科学素养"，因而它在教学方式上就必然重视学习过程中的探究与体验。如果说科学教育中的探究是立足于物质世界，是为了把握客观事物的本质与规律，旨在"说明"，那么，体验则是立足于精神世界，试图建构的是人与自然、人与社会的意义与价值，旨在"理解"；如果说探究旨在求真，那么体验则是在求善，因而探究与体验是构成完整的学习过程中不可或缺的两个方面。这从 STS 课程所采取的教学方式中，如课堂讲解、问题讨论、角色扮演、模拟游戏、学生论坛、公众访谈、社会咨询等，就可窥见一斑。有别于传统的科学教育，STS 重在唤醒主体的自我意识及情感体验，而不只是把联系学生的生活、贴近学生的生活仅仅视为理论联系实际的途径与手段。应该说，STS 教育更体现了科学教育的本质特点，即科学方法、科学态度不是教出来的，而是在实践中探究与体验出来的。

二、NGSS

（一）NGSS 的开发背景

NGSS(Next Generation Science Standard，下一代科学标准)是 21 世纪美国发布的首个全国性的科学课程标准，对美国乃至全球未来的科学教育产生深远的影响。NGSS 是针对美国科学教育中存在的"知识琐碎、逻辑不连贯、程度广而不深、忽视科学实践"等问题制定的，主张将科学的本质融入课程内容，通过整合科学工程实践、跨科学概念、学科核心概念来实现科学教育的目标①。在这个过程中，NGSS 希望学生在接受科学教育之后应该知道什么或做到什么，而没有说明通过什么方式来达到科学教育的目标。

---

① 邓阳，王后雄. 科学教育的新篇章：美国《下一代科学教育标准》及其启示[J]. 教育科学研究，2014(5)：69-74.

（二）NGSS 的设计原则

1. 设置学生学习预期表现

学习预期表现是运用可以进行检验的学习行为,对学习目标进行描述,用来陈述学生在某阶段应该理解的相关学科的核心概念和能够表现出的实践能力[①]。不同于 21 世纪美国《K12 阶段科学教育框架》中"学生应该知道和理解的科学知识"这一说法,NGSS 详细地指出学生在经过一个学习阶段之后应该获得的学习成果,并能够有效地将科学与工程实践、跨学科概念和学科核心概念三个维度整合在一起,并且这些学习预期是连续贯通的、递进的过程。学习预期表现是对学生在接受科学教育之后的学习结果的描述,既可以用来评价学生的学习成果,又可以为教师实施科学教育提供依据。

2. 重视科学与工程实践

NGSS 注重实践,在实践中注重培养学生的科学理解能力以及对科学精神的认同[②]。科学与工程实践通过描述科学家如何研究自然界以及工程师如何设计和构建系统,从而更好地解释和扩展科学中原理和知识。学生通过实践来构建、深化和应用其核心概念和跨学科概念。

3. 整合科学与工程实践、学科核心概念和跨学科概念

学科核心概念指在多个科学与工程学科内有着广泛重要性的核心知识点。科学领域中存在着大量的知识,但学生的学习能力和学习时间都很有限,通过借鉴整合后的科学领域的核心知识,可以为解决有限的学习时间和无限的科学知识之间的矛盾提供可能。通过对更多核心知识的学习,逐渐掌握更多科学领域其他的知识和技能。跨学科概念是在科学、数学和技术领域中反复出现的重要概念,其目标的设定旨在帮助学生将不同科学领域中相互关联的知识组织成连贯、条理清晰的科学知识网。在过去的科学教育标准中,往往忽视科学与工程实践、跨科学概念和学科核心之间的联系,三者相互独立、互不相干。美国通过多年的实践发现,将这三者割裂不利于学生真正理解科学,因此,NGSS 将这三者整合在一起,形成具体的学生预期表现,帮助学生将知识和实践在不同的学科中进行迁移,形成连贯的科学理解,希望实现学生知识

---

① 张超. 基于地理"P＋S"自能发展课堂课案设计——以"多变的天气"为例[J]. 地理教学,2019(3)：15-18,32.

② 熊国勇. 美国《下一代科学标准》核心内容与特征分析[J]. 基础教育,2016,13(2)：97-103.

和行为的全面融合①。例如，斯坦福大学 SCALE 研究中心的"科学教育质量评价"项目，基于 NGSS 科学教育测评体系的设计原则，该团队通过一个比较完整系统的科学教育测评体系，对当前美国一些科学教育现状进行质量评估。该评估为教师实施科学教育、为科学课程以及科学试题的开发人员提供了依据，也为有效评价学生的科学素养提供了方法指导。②

三、STEAM 教育

（一）从 STEM 到 STEAM 教育

由于对理工科劳动力的需求，美国于 1986 年推出 STEM 教育计划，其重点培养未来人才的科学（S）、技术（T）、工程（E）和数学（M）技能，以此来适应提升国家竞争力的需求。STEM 教育强调学科间的相互渗透和融合，而不是科学、技术、工程和数学知识的简单叠加，其注重过程、实践、动手与合作，基于项目的学习和问题解决，引导学生主动发现问题和创造性地解决问题，从而培养学生的跨学科整合思维和独立解决现实问题的能力③。近 40 年来，曾先后多次颁布国家和地方层面的 STEM 教育政策和实施计划，为美国增加数百万名 STEM 职业领域人才，培养了大量的工程师和科学家④。

20 世纪 90 年代开始的经济全球化浪潮，使各国开始意识到人才创新力和 21 世纪学生技能与全球素养在国家和地区竞争中的重要性。强调科学、技术和工程项目探究的 STEM 教育未能很好地发挥技术增强型学习的创新力培养优势，艺术（Art）统整的 STEAM 教育就在这种被广泛接受且发展相对成熟的 STEM 教育的基础上发展起来了（图 7-5）。

研究发现，STEM 教育虽专注于跨学科探究，但因为缺乏良好的兴趣激发工具，使得学生主动探索能力、创新能力以及学习成绩的提高没有达到预期效果。⑤ 而来自神经科学和脑科学的一项研究证明，学生

---

① 陈钱钱，赵国庆，王晓静. 科学工程实践、跨学科概念与学科核心知识的整合——从《下一代科学教育标准》视角看 WISE 项目[J]. 远程教育杂志，2018，36(2)：29-36.

② 王惠娟，张琦，周维国. NGSS 评估项目对高中地理表现性评价的思考[J]. 地理教学，2019(16)：28-31，49.

③ 孙文娜，韩芳. STEM 到 STEAM：科学、艺术与创新教育[J]. 中国教育技术装备，2019(4)：80-82.

④ 金慧，胡盈滢. 以 STEM 教育创新引领教育未来——美国《STEM 2026：STEM 教育创新愿景》报告的解读与启示[J]. 远程教育杂志，2017，35(1)：17-25.

⑤ Robelen E W. STEAM：Experts make case for adding arts to STEM[J]. Education week，2011，31(13)：8.

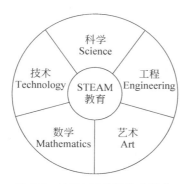

图 7-5　STEAM 教育体系结构

STEM 综合课程学习和探索的兴趣可以被艺术设计和教育融合所激发,通过特定的艺术综合活动,来激发学生学习主动性和活动探究的欲望;在艺术融合的情境和氛围中,可以鼓励学生创新想法和勇敢尝试,提升创新思维;基于艺术活动的设计,可促进学生动手协作实践,提高 STEM 知识的概念、技能的理解度,延长在 STEM 学习过程中的持续性,使学生不易半途而废。

在面对全球竞争力提升的需求和未来社会的复杂挑战,艺术教育激发创新和创造力,使得 STEM 教育与艺术融合,成为各国培养创新和创造力人才的重要途径。统整后的 STEAM 教育实践风靡各地中小学、社区和公共空间。

（二）STEAM 教育的成功案例及其特点

相关学者通过对美国优秀 STEAM 教育实践的目标、内涵、实施和评价,结合案例和调查分析,关键词云图显示:艺术融合、学生学习、学校课程、学习兴趣和学业标准以及毕业生需求是美国 STEAM 教育实践的重点热词,即以学生为中心,以艺术设计与融合的 STEAM 综合课程成为美国 STEAM 教育理念和实践特色。

对美国 STEAM 教育优秀实践案例进行全面分析和了解,从其实施目标、内涵、实践特征、实施方式、评价途径及特色方面进行归纳,从中了解到的 STEAM 教育要义和实践原则,可给予我国 STEAM 教育认识和实践以启示。

通过对美国八大优秀 STEAM 教育社区或学校实践的梳理[①],可以清晰观测到其在 STEAM 教育目标、内涵、特征、实施方式和评价上鲜明的指向性和前瞻性。在目标上,其注重学业目标的实现,也注重创新

---

①　Yakman G, Lee H. Exploring the Exemplary STEAM Education in the U.S. as a Practical Educational Framework for Korea[J]. GEOLOGY-GEOCHEMISTRY, 2012, 32(6).

能力的培养；在概念上，艺术与 STEM 教育融合，开展以学生为中心的艺术活动，并融入科学、数学和工程为探索核心的新学习方式，推动学生的创新力和批判性思维能力的提升；在特征上，艺术设计和融合不仅激发了学生学习兴趣，还为学生提供了综合主题式 STEAM 探索、与企业合作等的丰富的学习体验，与真实生活相联系的理念得到体现；在实践上，其实践方式和学习体验变得更多元，实践路径均指向学生在真实世界中的探索，以培养其适应未来社会的需求和创新力的提升；在评价上，依据学业标准，注重作品的展示和书面反思；在特色上，融合艺术的 STEAM 主题创新实践这一核心要义没有变，以学生为中心，艺术融合来统领学生综合探究真实世界的理念成为优秀 STEAM 教育实践的共同原则，促进了以传统知识为本的单科教学方式向创新为本的真实情境综合学习方式的转变[①]。

STEAM 教育基于目标驱动的方式，在教育过程中有机结合理论知识、动手操作和创新意识等维度，避免知识的碎片化和产生分科教学时知识分割的现象。与传统教育相比，STEAM 教育认为考试不是唯一的展现方式，更加注重学生在动手创作提出的创意以及能够灵活运用所学知识。它为学生提供更多种类的学习方式，使学生从不同角度认识世界、改造世界。在 STEAM 教育中，教师不仅仅是讲授者，更是课程项目的设计者、活动的组织者和探寻知识的领导者。因此，教师的角色也走向多元化，意味着学生的综合实践能力将得到极大的提升[②]。

思　考　题

1. 科学教育的主要内容有哪些？
2. 科学教育的实施策略是什么？
3. 实施科学教育需要遵循哪 4 条原则？
4. 什么是 STS 教育？
5. 美国 STEAM 教育优秀案例有哪些特点？

---

① 李王伟，徐晓东. 统整艺术与 STEM 实践的创新力培养——来自美国八大 STEAM 教育案例的启示[J]. 外国中小学教育，2018(12)：9-17.
② 张冉昕. STEAM 教育在中国的实践现状分析[J]. 智库时代，2019(40)：205-206.

第八章
自然教育思想

 学习目标：

1. 了解自然教育思想的发展历程；
2. 理解自然教育思想的内涵；
3. 掌握自然教育思想的基本内容；
4. 了解自然教育思想的实践形式。

导 读

　　纵观中外教育发展史，自然教育思想具有悠久的历史。在中外自然教育发展史的脉络中可以看出自然教育思想是人化自然与自然化人的过程，强调遵循人的发展规律，尊重天性与潜能。自然教育思想的原则是树立正确的儿童观，尊重儿童的天性与自由，在教育教学实践过程中主要体现在课程观、教学观与师生观上，自然教育思想对现代教育的发展产生了重要影响。

教学视频

第一节
自然教育思想的发展历程

一、外国自然教育思想发展历程

亚里士多德是古希腊哲学家，他首次明确地论述了人的教育应与人的本性发展相适应的原则。亚里士多德提出，成功的教育应关注儿童本身，根据儿童身心发展规律划分受教育者的学习年龄阶段，挖掘儿童天性潜在的特殊能力，承认每个儿童的特殊性与唯一性，开启了教育须遵循人身心发展规律的先河。亚里士多德强调人从出生到成长呈现自然发展顺序的三个阶段，并对每个阶段的教育重点做了规定。在怎样何培养人的问题上，亚里士多德强调的教育要适应自然规律对后世的教育产生深远影响。

夸美纽斯倡导教育要遵循自然，所谓自然有两个层面上的含义：首先教育要遵循自然秩序；其次教育要依据儿童生长规律。他强调人是自然界中的人，人的教育就应该遵循自然界的普遍秩序，人人都有获得和谐发展的可能性，强调"把一切知识交给一切人"的泛智思想。由于所处时代限制，夸美纽斯的世界观存在着矛盾性。他在强调需要遵循人的发展规律时，为自然观蒙上了一层宗教神学色彩，尽管在夸美纽斯的教育思想中存在唯心主义的成分，没有脱离他所处时代的局限性，但是由于他强调遵循自然强调儿童发展的规律，提出把一切知识交给一切人的思想，强调人人都有接受教育的权力，在当时是一种非常先进的思想。

卢梭的教育思想通过其著作《爱弥儿》体现。在《爱弥儿》开篇的第一句话就提出，出自造物主之手的东西都是好的，而一到了人的手里就全变坏了。卢梭强调通过自然教育来发展以及保持人的原始性情。自然对于卢梭而言就是人天生的本性，因此，在培养人的过程中最重要的教育就是自然、人和事物的教育。每个人都应该是三重教育培养出来的，只有三种教育相互交织在一起作用于受教育者，才能使这个个体真正得到需要的教育。自然、人和事物的教育是卢梭自然主义教育思想的前提。卢梭认为教育应当遵循儿童的自然发展规律，由此才能激发儿童的天性于内在本能。卢梭根据自然教育的基本原理他把儿童的发展划分为四个时期,强调每个儿童在不同的时期有不同的特点,教育者应该对儿童进行分阶段教育,才能使教育遵循儿童的自然发展规律。

裴斯泰洛齐认为人的教育必须遵循自然发展的规律。裴斯泰洛齐认为,自然教育有两方面的含义,首先是我们的教育活动应遵循大自然的发展规律,遵循这一法则的前提是承认大自然有自身发展的规律。他认为我们的教育活动也应该像树生长那样,在大自然的环境中,种子经历了生根、发芽、长枝、开花、结果、果实成熟后掉落……在这个过程中展现的是"大自然"的神奇能量。裴斯泰洛齐认为,在处理教育与自然的关系时,一方面强调教育要遵循自然的法则,另一方面教育活动不能机械化、被动化,需要发挥教育自身该有的功能。斐斯泰洛奇还提出教学过程心理学化思想,尽管由于时代的局限性,他未能系统地完成实验以论证教育过程心理学化,但是从某种意义上说,他的认识超越了那个时代。

杜威是美国著名的教育家。他的代表作《民主主义与教育》一书阐述他的实用主义教育理论。杜威提出:"教育即生活;教育即生长;教育即经验的不断改组与改造。"杜威强烈抨击了当时的教育不顾儿童的身心发展规律,由此提出了他的实用主义教育思想,并且该思想深深影响了美国当时的教育改革,掀起了美国 19 世纪末至 20 世纪的进步教育运动。

二、中国的自然教育思想

中国的自然教育思想从先秦时期就已有思想家关注。"自然"这一概念最早见于老子《道德经》中,"域中有四大,而人居其一焉。人法地,地法天,天法道,道法自然。"这里的"自然"指的是自然而然。道家认为"道"是万物衍生的基础,道生一,一生二,二生三,三生万物。道教从"道"出发,派生出了"无为""自然"等观念,而自然同时也是"道"存在的依凭,是道在不加任何强制,不依靠任何外力的状态下自己生存、自己运动、自己变化的一种特性。[①] 换句话说,老子强调的道法自然就是"道"是万物之始万物之师,肯定了世间万物事物由道而生的合理性。孟子《揠苗助长》的作品中指出我们应该遵循自然规律,循序渐进面对在生长的事物。三国时期,嵇康同样对封建纲常进行了批判,嵇康在《难自然好学论》中阐发了"越名教而任自然"的主张,"越名教"就是反对儒家的纲常名教教育;"任自然"指的是使受教育者的个性自由发展,从而脱离"名教"的束缚,达到自然的状态。

---

① 陈·巴特尔,许伊娜. 和而不同:中西自然教育的不同演绎[J]. 天津市教科院学报,2015(4):9-11,47.

中国近代著名教育家蔡元培提出尚自然，展个性的教育主张。蔡元培是在借鉴西方自然教育思想情况下，根据中国当时的国情提出了自己的自然教育思想主张。中国近代教育发展过程中，众多教育家也提出不同的自然教育思想。在当代，人类敏锐感受到人与自然之间的关系出现了不和谐的状态，于是开始自我反思，审视人与自然的关系，强调人与自然之间的关系并非二元对立的关系，也不是主客体之间的关系，而是一个命运共同体，是一个谁也离不开谁的整体架构。于是在 20 世纪 70 年代后，人们追求人与自然的和谐发展，教育领域也开始课程与教学的改革，包括"回归教育""生态教育""环境教育"等一系列改革。

第二节 自然教育思想的主要内容

一、自然教育思想的内涵

要想明晰何为自然教育思想首先需要明确"自然"的定义。所谓"自然"在教育领域有两个层面的含义，第一个层面是人的自然天性，人的生长发展规律；第二个层面是大自然，包含出自造物主创造的所有一切事物。自然教育思想的内核包含两个：一是自然化人；二是人化自然。所谓"自然化人"即大自然给人类生存发展创造了环境，在这个环境中人类直接或间接受其影响改变自身的思想和行为的自然化的过程，主要表征是人们需要善待大自然，建立与大自然和谐统一的关系。"人化自然"即人是独立的有思想的个体，有其自身发展的规律性，遵循人的发展规律性能使人成为"自然人"，主要表征是人们在教育教学过程中需要发挥人的主观能动性，激发受教育者的自然天性与潜能。总而言之，不管是"自然化人"还是"人化自然"，在教育教学的过程中都需要遵循规律性。

二、自然教育的原则

（一）树立正确的儿童观

正确看待儿童的发展，也就是我们的教育要遵循儿童的身心发育水平,根据儿童的年龄特点和心理特征去进行教育教学活动。儿童是连续不断发展的。所谓发展也就是每个个体在成长过程中身体和心理发展呈现量变和质变的变化。在教育教学活动过程中,教师需要承认每一个儿童当前发展的合理性与未来发展的可能性。儿童的发展具有差异性,每一个儿童都有普遍性与特殊性的相结合,特殊性在每一个儿童身上在时间维度上可能表现发展速度不一,在空间的维度上表现为与众不同的亮光,教育者在评价儿童的过程中不能用统一标准去衡量所有人。儿童就是儿童。儿童之所以称为儿童是要和成人相区别。在传授知识的过程中不宜将自认为对于成人有用的知识过早地强加给儿童,不能超前发展、"揠苗助长"(图 8-1)。

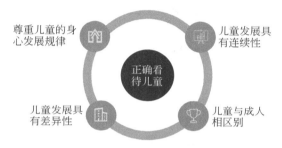

图 8-1　树立正确的儿童观

(二)促进儿童成为自由人

给儿童以充分的自由,即教育要循序儿童的自然天性,实行自由教育。卢梭认为,"人是生而自由的,自由是人的首要的自然权利"。因此,遵循自然的教育必然是"自由的教育"。他坚决反对压抑儿童的个性,束缚儿童的自由,反对封建的、经院主义性质的强迫教育,反对强制灌输的宗教信条。他要求遵循儿童的自然天性,让儿童完全自由地进行活动,并尽可能给儿童提供自由活动的时间和机会,让他们能够以自己所持的方法去看、去想、去感受一切事物。教师的职责不在于教给儿童各种知识,而在于引导儿童直接从外界周围环境中进行学习,创造能够促进儿童自由发展的环境,在学生感到需要帮助的时候教师给予适当的帮助。只有按照儿童本性自由发展起来的人,才能成为真正自由的人。其次,儿童天性具有个体差异,所以要求因材施教,他指出,每一个人的心灵都有它自己的形式,必须按它的形式去指导它。

(三)人与自然和谐共生

1977 年由联合国教科文组织、环境规划署共同发表的有关环境教育的《第比利斯宣言》明确指出,接受环境教育应该是世界各国每一个公民的一项权利,环境教育是全民教育、全程教育和终身教育;它还强调,在进行环境教育时,要特别重视环境道德和环境价值的影响和作用。[①] 2017 年中国共产党在十九次全国代表大会明确指出我们面对资源约束趋紧、环境污染严重、生态系统退化的严峻形势,必须树立尊重自然、顺应自然、保护自然的生态文明理念,把生态文明建设放在突出地位。自然教育是践行生态文明建设的理念,使学生形成尊重自然、顺应自然、保护自然的意识,认识人与自然关系的全面性、丰富性和内在统一性的教育形式。自然教育可与中华民族的乡土文化、区域文化相融合,在实现人和自然和谐共生的过程中了解乡间文化,实现人与自然、人与人、人与自我的共生发展。

三、自然教育的基本内容

（一）遵循人的身心发展规律

1. 课程观

在自然教育的系统里,课程呈现出生成性、互动性、自发性的特征。以大自然为教室在互动中生成课本、在学习交流讨论过程中学习。自然教育思想强调儿童通过活动发展。在实践过程中需要学生在教师的指导下通过与大自然的直接接触或者在日常生活中学习。自然教育思想的形式是生活和实践,也就是让儿童在实践过程中以及日常生活中亲身体会,通过多感官去感知并获得所需知识。卢梭在《爱弥儿》中体现他的自然教育思想的课程观,在主人公爱弥儿的成长过程中,儿童期所学的课程是他周围的一切事物,是亲身体验的过程。让爱弥儿去观察、了解社会,在了解人类生存的不易中学习悲悯、善良的良好品德。裴斯泰洛齐认为学生学习应该是在与环境的相互作用过程中,通过他们的感官、活动过程中遇到的问题以及解决问题的过程来实现。杜威主张课程是经验的,他要求儿童的知识来自于外部经验,我们设置的课程要解决的最核心问题是从儿童已有的知识体系出发,从儿童的生活经验出发。也就是说我们的教育要回归生活,课程强调真实性。

2. 师生观

在自然主义教育中,教师在教育教学活动过程中已经不再是处于中心位置,而学生才是活动的中心。夸美纽斯认为一个称之为“好”的教师应该是德高望重、正直智慧、博学多才的人。卢梭认为教师“在敢于担当培养一个人的任务以前,自己就必须要造就成一个人,自己就必

---

① 王恩宇. 开展生态环境教育,培养生态文明建设者[J]. 环境教育,2019(10):42-43.

须是一个值得推崇的模范"。① 认为作为教师首先应该树立正确的儿童观,相信儿童的天性自然,相信儿童的自我发展的规律性。在儿童处在不同阶段采用不同的方法应对时,应认识儿童的天性和每个发展阶段的特点,让儿童在活动探索过程中学习,并且儿童也能在与环境的相互作用中成长。要想成为卢梭口中的教师,需要对儿童有全面清楚的认知。因此,教师要尽可能做到研究儿童、尊重儿童、关怀儿童,在教育教学活动过程中创造一种轻松自由的环境,以使儿童在轻松的环境中激发兴趣、需要、好奇心。在师生的关系上应该建立一种平等、对话、民主的关系。教师只是活动过程中的一个引导者。在自然主义教育中,教师不再是高高在上的权威型角色,在教学中师生的关系是轻松的、自由的,教师作为一个引导者,需要营造一种适合儿童发展阶段的环境来激发学生的内在天性,促进儿童发展。

3. 教学观

自然教育思想强调人的感觉经验,认为知识主要来自感觉经验的不断积累。在儿童时期必须对儿童的感觉加以训练,让儿童从小积累丰富的感觉经验,强调的是直观感受的重要性。夸美纽斯首创了直观教学的原则,认为感觉经验是学习知识和传授知识的基础,所以在教学时教师需要重视学生感觉的训练,强调通过具体事物和范例让学生直观感知,从经验中学习知识,教师不能把抽象的原则或原理强塞进儿童的脑中。卢梭也认为儿童期教学的主要任务应该是锻炼儿童的感觉器官,以让儿童获得丰富的感觉经验为主,进而让儿童通过在教师创设的宽松自由的环境中进行活动以获得对周围事物的感觉经验。裴斯泰洛齐同样非常强调教学的直观性。在进行智育时,他要求进行实物直观教学,通过自然实物直观教学,小木棒、小石子、豆子等来产生抽象意义上"1"的概念。杜威提出"教育即经验的改造和改组"也说明他在强调教学应该重视直观性、体现性、过程性。

自然教育思想认为儿童的学习过程具有主动性,所以教师应该为儿童实现自我能动作用提供机会,让儿童主动地、自觉地去积累经验。裴斯泰洛齐强调要让儿童成为自己的教育者具有必要性,儿童会随着年龄的增长,逐步认识自己身上所具有的主观能动性,作为教育者的我们,需要把握时机调动儿童的积极主动性,进而使儿童慢慢成为具有独立思考于学习的个体。杜威认为人是在个体与环境交互作用的过程中发展,存在着主体对客体环境的主动改造。所以,杜威提出"做中学"的教育方法,要求让儿童在活动中学习各种知识。每一个个体有自己的学习的欲望,教师应该尊重儿童,为他们创造能够激发他们学习欲望的合适条件,使他们在直观感受体验中发展成自由之人、独立之人。

---

① 卢梭. 爱弥儿(上卷)[M]. 李平沤,译. 北京:商务印书馆,1981:99.

（二）生态文明教育

1. 课程观

学校把自然教育思想中人与自然和谐共处的理念融入学科教学、实践活动、德育过程中实现自然教育课程体系化。在教育教学的过程中，教育者可将自然教育思想融入各学科的教学中，学习者能从中感受自然的丰富性与多样性，增长知识与提升审美情趣同步。学校还可以开发校本课程，基于本地区的自然元素，创造性地开发自然教育课程，更加明确、直接地体现自然教育与本地区的联结，同时为教师开展自然教育的教育教学活动指明方向，增加本地区学习者对该地区自然环境问题的关注，贴近学习者的生活环境增强其对自然环境的问题的认知，提高学习者解决问题的能力。浙江省杭州市省府路小学利用学校的科技生态园资源，开发了"学科融合、活动拓展、自主探究、实践管理"四大类课程体系。学科融合类课程，如生态习作、生态摄绘；活动拓展类课程，如果蔬栽培、爱心义卖；自主探究类课程，如植物生长方式特殊现象、病因病理等问题的探究活动；实践管理类课程，如参观体验现场管理、实验管理、生态园导游团组织管理等。[①]

2. 教学观

生态文明教育具有全民性、终身性、过程性特征，需要社会、学校、家长共同充当教育者的角色。家庭是基础、学校是主导、社会是深化，需要三方形成合力作用于培养社会所需要的具有主动保护生态环境公共道德的社会公民。

每个年龄阶段的学习者都应该具备环境意识、学习环境知识、拥有解决问题的能力和正确的环境价值观，但是不同年龄阶段具有不同的教育教学侧重点。幼儿时期的生态文明教育是启蒙阶段，着重培养幼儿的对大自然的情感和态度。中小学阶段是学生审美情趣发展时期，应该加强学生认识自然、感受自然、欣赏自然的过程体验。在学生亲身感受自然的过程中，教师需要引导学生认识自然、分享探索自然知识、在团队建设中获得能力、在自然体验中滋养心灵。大学阶段生态文明教育的教学活动设计应立足于对生态问题的识别与分析，并为学生提供参与决策的机会，鼓励学生尝试对某些生态问题提供解决方案。同时，教学活动中应强调环境问题的复杂性，强调批判意识和解决问题的意识之外还应包括生态问题的道德评判内容，鼓励学生进行有关生态

---

① 建设生态校园，丰富育人内涵——浙江省杭州市省府路小学生态环境教育纪实[J]. 环境教育，2019(11)：95.

问题的价值体系及其基础的调查。①

在教学方法上，教师应该利用丰富的学习环境和多样的教学手段，培养学生建立保护环境意识，教授学生环境知识，提高学生解决环境问题的能力，需要突出在环境中学习，强调实践活动和亲身体验式学习的重要性。

生态文明教育的课程观与教学观如图 8-2 所示。

图 8-2　生态文明教育的课程观与教学观

自然教育思想的案例分析

一、外国自然教育思想实践

（一）英国夏山学校

英国夏山学校一直自豪地宣称自己是世界上最古老的"儿童民主学校"。在这所学校中，爬树和建造城堡被认为与学习加减乘除一样重要；在这所学校里，如果你想对老师喊叫是不会被禁止的；在这所学校里，学校大会民主决定日常生活所需的规章制度；在这所学校里，只要喜欢玩完全可以全天候玩耍的自由学校。② 在这样一所学校里，存在着一种自然平等的人与人之间的关系，这种人与人之间的关系没有附带

---

① 刘经纬，赵晓丹. 对学生进行生态文明教育的模式与途径研究[J]. 教育探索，2006(12)：97-98.

② Vaughan M. Summerhill and A. S. Neill[M]. New York：Open University Press，2006：1.

任何的角色,是纯粹的人的体现。在夏山学校学习的目的是让学生在社区中、学校中体验生活,学习有用的生活经验。虽然夏山学校从创办之初就被许多人不认可,它追求的理念是长幼平等分权、儿童全面的自由,是一所乌托邦式的学校,但是夏山学校却存在了100多年。

1. 夏山学校的课程和教学

夏山学校的校园广阔,给了学生自由活动的空间。在校园内,学生有活动空间举行各种游戏,如音乐游戏、体育游戏、想象性的游戏。学校的基础设施完备,为学生提供玩各类游戏的条件,如各种户外运动与游戏设施——沙坑、玩泥场、游泳池、足球场、跷跷板、秋千等,与现实生活密切关联的各类活动室——木工房、铁工房、陶艺室、美术室、工艺室、戏剧舞蹈表演台、国际象棋室等。学校还会举行多姿多彩的晚间活动。例如组织学生到校外看电影,低年级学生分组阅读,高年级学生听学校的心理学讲座,举办学生舞会,排演话剧,举行学校师生大会,展示学生自编自演的节目等。作为一所学校,夏山学校也为学生提供了各种学习探索活动室,如科学实验室、音乐室、绘画室、计算机室等。活动室给人一种轻松自由的状态,活动室的自由权和主动权掌握在学生手里,表现为教师在活动室内等候学生随时进入。所以,在夏山学校,学生的课程都是具有选择性的,也就是说,夏山学校虽然也有课程表,但这些课程表主要是为教师准备的,而不是学生必须去上的课程。[①] 总而言之,夏山学校的课程理念是在儿童喜欢各种自由活动过程中生成的。夏山学校课程的主要形态是各种形式的游戏、丰富多彩的活动、学生全方位参与的生成性过程。

2. 夏山学校的管理理念

夏山学校的管理是自由与自治。自由是学生可以自由选择上什么课与什么时候上课。学校认为儿童有自主性和自由性,学生能够为他们自己所做的事情负责时则必须要为他们所做的事情负责。但是尼尔强调的自由是在不影响其他人的安宁为前提的自由,自由与责任相连才是真正意义上的自由。[②]

夏山学校是一所由学生自治管理的学校。学校成立的自治会是夏山学校的最高权力机构。自治会的主席一般由年长学生担任,组织成员包括学校的学生、教师和后勤人员等。自治会的宗旨是所有成员权利一律平等,每人只有一票,只要是通过自治会投票产生的规定,每个人都有遵守的责任与意识。自治会的会议议程流程是:讨论事情、讨论建议、讨论决议。任何人都有发言权,在这个自由自治的组织里,六七

---

①② 李贤智,杨汉麟."让学校适应学生"的可贵尝试——尼尔夏山学校教育实验的历史回顾[J]. 黄冈师范学院学报,2008(1):108-112.

岁的孩子都会毫无畏惧地站起来讲事情的原委。[①]

3. 夏山学校的评价

夏山学校的教育教学模式是教师为学生创设一个适合他们学习的环境,学生的课程是在各种活动过程中互动生成的过程性课程。教学的理念是相信每一个学生都有自己存在的价值与意义,相信学生内在的天性与潜能。在师生关系上是平等和谐的,在教育教学活动过程中教师不是教学的权威也不是知识的权威。在师生关系中教师是一个引导者的"配角",学生才是活动过程的"主角"。在这种教学模式中成长的学生具备很强的创造力与适应能力,日本夏山问题专家堀真一郎对夏山学校校友毕业后的工作和生活作了一些跟踪调查,并记述在其所著《这样的学校》一书中。[②] 从夏山学校毕业的大多数学生在社会上从事创造性工作;面对纷繁复杂的社会变化有较强的适应能力;在性格上富有同情心,具有好奇心、自尊心、主见性。

夏山学校也有其局限性,尼尔也曾说过:夏山学校也不是完美的,也存在缺点。夏山学校是一所特色且典型的自然学校,是自然化人与人化自然的体现。特色学校的建设必须依凭本校发展的历史底蕴、文化沉淀,根据学校的"具体情况"而区别对待,不能完全照搬、毫无批判地继承夏山学校的某些"具体"的做法。[③]

(二)日本的自然学校

1. 自然学校的含义

通过活动加深"人与自然""人和人""人和社会"的关联,为了自然和人类的共生、社会的可持续发展贡献力量。活动形式是在专业人员的指导下,有组织有纪律安全实施自然体验活动,或在地区中开展其他教育性的体验活动。[④]

2. 自然学校的目的

日本的自然学校与一般的学校不同。日本的自然学校是教育机构,目的是通过涉及多种体验的机会,开启儿童的感知,引发其思考和行动。日本的自然教育体现的是区域性和地方性,充分利用各种力量挖掘当地的资源,自下而上搭建各个区域社会据点,解决当地的社会问题。自然学校发挥了两种功能展示的途径:一种是本身是一种"教育";另一种是在我们生活中探索一种可持续共生的生存模式。自然学校把

① 吴明海. 英国夏山学校教育人类学考察[J]. 民族教育研究,2002(2):42-50.

② 张宛."问题儿童"康复的探索——夏山学校的教育实践[J]. 河北师范大学学报(教育科学版),2008(3):58-61.

③ 张建平. 夏山学校办学特色摭论[J]. 天津市教科院学报,2006(5):26-27.

④ 李妍焱. 拥有我们自己的自然学校[M]. 北京:中国环境出版社,2016.

自身的使命指向人的生存方式的问题。

自然学校是基于爱的理论发展而来。人们在对于完全不知道的事物不会产生很深的感情，但是只要在认识、接触、交流中慢慢了解后会产生一种"爱"的感情。

3. 栗驹高原自然学校

栗驹高原自然学校主张从对话中学习的"共生教育"与聚焦"体验类知识"。教育理念是通过理解发生在眼前的事情，找出自己的课题思考、判断，自主行动，解决课题，自制、合作以及体谅他人的心情等来获得"生存能力"。

通过体验的过程获得体验性的知识。自然学校不仅仅是自然体验获得，也是创造生活的体验的重要学习场所，自然学校充当着补充普通学校所没有的教育内容以及没有的教育场所的角色，并且肩负着与普通学校合作的责任，以期望挖掘教育的更多可能性。

二、中国自然教育思想实践

（一）成都华德福学校

1. 华德福学校教学理念

华德福教育（Waldorf Education）是起源于德国，在世界各地已有90多年实践历史的一种完整而独立的教育体系。华德福教育坚持以人为本，以人类社会和自然环境和谐发展为目标。追求儿童在意志、情感及思考三个层面能力的全方位成长。通过富有创造性的艺术、手工、肢体律动及音乐与语文、数学、自然和社会课程密切结合，促进儿童头脑、心性与四肢的协调均衡发展。华德福教育的宗旨是让儿童充分了解自己的潜能，逐渐成为一个具有自我意识、创造性思维、社会道德责任感和行动力强的人。2004 年 9 月，中国大陆第一所华德福学校在成都三环路内一个农家小院里诞生，不足 2000 平方米土地。而现在学校已发展为幼儿园、小学、成人培训中心和活力农耕四部分，校园面积近 2 万平方米，学校的青草地和树林是学生游戏活动的场所，树叶、石头、动物都是孩子们的玩伴。创办之初，学校是由 3 位留学英国和美国的留学者发起，国内外热心人士和资深华德福教师参与创办，是一个非营利性质的教育组织。

2. 华德福教育的原则

0～7 岁的儿童以意志为主导，通过模仿来学习成长，以滋养生命力来建构身体为主要工作。

7～14 岁的儿童以情感为主导，以建构、学习与事物、与他人的积极关系为主要工作。

14～21岁的学生以思考为主导,通过探索和研究为学习成长的手段,以发展道德责任感和创造性思维为主要工作。华德福的教育教学不只是为开发儿童的智力而简单化地开发智力,而是通过感受式的教育方式,让儿童进一步深化个人的体验和感受,培养个体精神和内在的行动意志力,儿童的个性、创造和成就都会得到认同和尊重。华德福教育认为教育是一门艺术,并通过艺术的形式来实施,与自然社会融为一体,构建一个自然的外在与内在的环境,学生从自然和美的环境中学习。

3. 华德福小学的课程

阶段课程又称主课,可以理解为"主题课"和"主导课",包括语文、数学、自然、社会四大领域。教师每天早上以近2个小时的时间进行一个完整主题教学,连续三周到四周,不同科目尽可能有机穿插组成于中。教师以具有鲜明想象力的故事传达知识内涵,并透过各种有节奏性和艺术性的全身活动让与记忆有关的部分深入运作于身体。当主题结束之后,儿童会渐渐地遗忘了课程的内容,但是它仍会继续在儿童的内心工作,直到下一次进行相同主题时,再度被唤醒。

在自然课程中需要借助自然环境进行自然体验、自然观察和自然实践过程,由此带来儿童感受自然,遵从自然的心情,培养孩子与自然的重新连接,希望让儿童实现"道法自然""以自然为师"。强调儿童的内在及情感,与大自然建立深刻联结,从心底感受到自己是大自然的一部分,并从互动中产生对土地的关怀爱护,培养孩子保护自然的道德感。高年级发展孩子的观察与经验能力,并透过自然现象丰富感官经验,带领孩子走进引人入胜的科学殿堂。

除此之外,还有外语课程、艺术课程、节庆以及其他补充课程。

思 考 题

1. 自然教育思想的内涵式什么?
2. 自然教育思想的原则是什么?
3. 自然教育思想的基本内容是什么?
4. 结合自然教育思想的内涵,谈谈你对英国夏山学校的教学方式的理解。
5. 结合自然教育思想的内涵,谈谈你对华德福小学的教育方式的理解。
6. 结合自身实际,谈谈你对自然化人与人化自然的理解。

第九章
劳动教育思想

学习目标：

1. 了解劳动教育思想在西方的发展历程；
2. 了解劳动教育思想在中国的发展历程；
3. 理解劳动教育的内涵；
4. 掌握劳动教育的特征；
5. 掌握劳动教育的经典理论。

导　读

　　劳动教育作为全面发展教育的重要组成部分，对促进学生的健康成长和社会的进步具有重要意义。当前，中国社会迈入新时代，产业结构不断升级，社会的劳动形态正在发生着深刻的变化。与此同时，我国改革开放带来了经济的持续高速增长，社会财富空前丰富，人们的闲暇时间也日益增多。这一切都在深刻地改变着人们的劳动观念和劳动意识，使劳动教育面临新的挑战，突出表现为劳动形态的变化、社会劳动价值观的改变以及青少年学生劳动实践的缺乏等方面。随着全国教育大会提出培养德智体美劳全面发展的社会主义建设者的接班人，劳动教育成为当前教育理论与实践领域的热点。

教学视频

第一节

劳动教育思想的发展历程

一、劳动教育思想在西方

在远古时代,教育最主要的载体是具体的生产劳动。也就是说,生产劳动在古代既作为维系社会存在和发展的基本物质前提,也是向年轻一代展示、示范和传递劳动经验的主要教育形式。在这种情况下,劳动与教育基本上是一体的。因此,早期的劳动教育其基本立场就是立足于教育与劳动的直接统一,其根本功能是维系个体和人类的基本生存。

阶级社会产生后,随着生产力的发展,统治阶级的教育从生产中独立出来,而劳动者的教育则仍然主要是通过生产劳动进行。在"劳心者治人,劳力者治于人"价值观的作用下,广大劳动人民在劳动中所接受的教育往往被社会主导意识形态所贬低,并被排斥在体制化的正规教育之外。

作为工具性的劳动教育,更多的是解决个体的谋生问题。在这种情况下,人更多的是被劳动所奴役,此时的劳动对于个体来说,是一种不得不为之的无奈之举。随着社会生产力的快速发展,以及劳动形态的急剧变迁,劳动自身的存在性价值日益凸显。也就是说,劳动以及劳动教育虽然于个体而言,依然具有重要的工具性价值,但是,劳动在使个人自我价值实现,获得存在的价值感和意义感等存在性功能将会变得越来越重要。[①]

从教育史的角度来考察,自学校教育这种正规教育形式产生以后,教育就与生产劳动分了家,教育与生产劳动的割裂状态一直延续到了近代职业教育产生以后。国外劳动教育发展主要有两个源头:一是在马克思和恩格斯关于"教育与生产劳动相结合"的基础上发展,俄罗斯继承了这一模式。二是在"劳动学校"模式和"做中学"模式基础上开展的劳动教育,沿着这一脉络发展起来的国家有美国、英国、德国、瑞典、

---

① 班建武. "新"劳动教育的内涵特征与实践路径[J]. 教育研究,2019,40(1):21-26.

日本、韩国等国家。其中，美国和英国倾向于通过劳动教育培养学生的技术素养；德国和瑞典更倾向于通过劳动教育帮助学生认识劳动世界，培养学生为职业选择做准备，具有职业教育的特性；日本和韩国则主要借鉴了西方发达国家的劳动教育理念，在重视培养学生技术素养的同时，也强调劳动教育的职业教育作用。

"二战"以后，许多国家将劳动引入学校课程和教育教学活动之中，创造了多种劳动教育模式。这些模式可以分为两大类：其一，重视劳动教育与经济、生产、职业的关联及其效果，单独开设劳动教育课程，比较典型的有苏联及其后的俄罗斯在中小学中实行的劳动与综合技术教育、德国中小学实行的劳动技术教育、法国中小学实行的劳动与技术教育。其二，不特别注重劳动教育的经济效果，侧重于其人格陶冶功能，不单独开设劳动教育课程，而将劳动教育寓于学校的各项教育教学活动之中，比如，日本主要在社会科、技术与家政科、"道德"时间、综合学习时间、特别活动等课程教学和劳动体验学习等活动中开展劳动教育。[①]

劳动教育的发展历程如图 9-1 所示。

图 9-1　劳动教育的发展历程

二、劳动教育思想在中国

（一）新中国成立初期的劳动生产教育期

新中国成立初期的教育方针主要关注学生的体力劳动教育。具体的教育方针表述为："教育必须为无产阶级政治服务，教育必须同生产劳动相结合，使受教育者在德智体几方面都得到发展，成为有社会主义觉悟的、有文化的劳动者。"这里明确要求教育必须同生产劳动相结合。从总体上看，这一时期的教育方针从内容构成看是较为全面的，为后来教育方针的演变奠定了基础。

（二）劳动教育的"畸变"期

1966—1976 年受"左"的思想指导，教育方针被扭曲。其中关于"教育与生产劳动相结合"被教条式地理解贯彻，甚至将教育等同于生产劳动，在教育实践中片面强调"在斗争中长才干，实践中学真知"，忽视书

---

① 　张德伟. 国际中小学劳动教育初探[J]. 中国德育，2015(16)：39-44.

本知识的学习，强调"实践第一"，把重视知识学习当成"智育第一""业务挂帅""读书做官"来批判。将教育要培养的"劳动者"片面看成了体力劳动者。例如，1966 年规定学生每年要参加工农业生产劳动，要学军事和参加社会阶级斗争，1966 年的学生一律提前毕业，到三大革命运动中去锻炼、改造，长期地、无条件地与工农兵相结合。知识青年要到农村去接受贫下中农的"再教育"，随后教育领域正常的招生就中断了。这使得几乎整整一代人失去了学习知识的最佳时期，也造成了后来的"人才断层"。

（三）对劳动教育的积极探索期

20 世纪七八十年代，在这一时期党和国家对教育方针进行了积极探索。如 1977 年，党的十一大报告对劳动教育提出，要贯彻落实毛泽东的"教育必须为无产阶级政治服务，必须同生产劳动相结合""使受教育者在德育、智育、体育几方面都得到发展，成为有社会主义觉悟的有文化的劳动者"。1981 年，党的十一届六中全会通过的《关于建国以来党的若干历史问题的决议》中关于劳动教育的表述为："坚持德智体全面发展、又红又专、知识分子与工人农民相结合、脑力劳动与体力劳动相结合的教育方针。"1982 年，第五届全国人民代表大会第五次会议通过的《中华人民共和国宪法》提出："国家培养青年、少年、儿童在品德、智力、体质等方面全面发展。"虽没有明确提劳动教育，但本次会议再次明确强调人的"全面发展"。20 世纪 80 年代，邓小平提出的"三个面向""四有"新人等对教育地位的提升和教育方针产生了重要影响。1985 年中央召开的全国教育工作会议通过的《中共中央关于教育体制改革的决定（草案）》对教育方针没有明确表述。因此，学界关于教育方针的讨论一直持续不断。尽管争论不断，但学者对教育方针表述时大都涵盖了以下三个要素：强调邓小平提出的"三个面向""四有"新人；强调"教育同生产劳动相结合"；强调"受教育者德、智、体、美、劳全面发展"等。这些表述对之后教育方针的提出和劳动教育的强调具有重要意义。

（四）劳动教育的重要发展期

20 世纪 90 年代以后，这一时期党的教育方针逐步确立，关于教育方针的表述在历次会议中都有表述。1993 年，中共中央、国务院印发《中国教育改革和发展纲要》中提出"……必须坚持教育为社会主义现代化建设服务，与生产劳动相结合……"。1995 年 3 月 18 日，第八届全国人民代表大会第三次会议审议通过《中华人民共和国教育法》中提出："教育必须为社会主义现代化建设服务，必须与生产劳动相结合，培养德、智、体等方面全面发展的社会主义事业的建设者和接班人。"1999 年 6 月 13 日，中共中央、国务院颁布《关于深化教育改革，全面推进素质教育的决定》中提出："要加强和改进对学生的生产劳动和实践教育，使其接触自然、了解社会，培养热爱劳动的习惯和艰苦奋斗的精神。"2010年，中共中央、国务院印发了《国家中长期教育改革发展规划纲要（2010—2020年）》中提出教育必须与生产劳动和社会实践相结合，培养德智体美全面发展的社会主义建设者和接班人。

（五）新时代中国特色社会主义的劳动教育思想

崇尚劳动是习近平治国理政思想的重要内容。2014年5月1日，习近平总书记在乌鲁木齐接见劳动模范和先进工作者、先进人物代表向全国广大劳动者致以"五一"节问候时提出，"要通过各种措施和方式，教育引导广大青少年牢固树立热爱劳动的思想、牢固养成热爱劳动的习惯，为祖国发展培养一代又一代勤于劳动、善于劳动的高素质劳动者"。可见，今天的劳动教育不是新中国成立初期劳动教育的简单"回归"，更不是要回到过去放弃课堂去学工、学农、种地的模式，而是要在热爱劳动、勤于劳动的基础上培养善于劳动的高素质劳动者。一是要充分认识新时代劳动的复杂性，从明确新时代劳动的复杂构成及表现形式，如脑力劳动与体力劳动、群体劳动和个体劳动、有偿劳动和公益劳动、简单劳动和复杂劳动、创造性劳动和重复劳动等，着手进行教育引导，使青年学生既不把其中某一种劳动形式理解为劳动的全部，也不以其中一种形式否定相关联的另一形式，从而深化对劳动创造人、劳动创造世界的认识，深化对辛勤劳动、诚实劳动、创造性劳动是各行各业、所有岗位都需要的精神的认识，使"广大劳动者无论从事什么职业，都要勤于学习、善于实践、踏实劳动、勤勉劳动，在工作上兢兢业业、精益求精"。二是要结合新时代建设创新型国家的发展战略需要、培养健康和谐全面发展的人的内在需求，着重加强劳动价值观、劳动精神和创新能力的培养，并使青年大学生了解和懂得现代生产技术知识，掌握生活和劳动技能，提高动手能力和发现问题、解决问题的能力，形成劳动光荣、创造伟大的正确观念，在劳动实践中追求幸福感并获取创新灵感。三是要结合新时代数字经济到来、人工智能崛起，学习并把握新时代劳动、工作的新变化，明确即便很多工作已经数字化、网络化，即便很多岗位会被人工智能取代，人的劳动精神仍然是必要的，人的很多劳动技能仍然是十分宝贵、不能丢弃的。

2015年7月，教育部、共青团中央、全国少工委联合印发的《关于加强中小学劳动教育的意见》，对中小学劳动教育的主要目标、基本原则、关键环节和保障机制作了明确概括，高校的劳动教育要按照一体化的原则，与中小学劳动教育相衔接、相补充、有深化。如高等教育是直接面向职业的教育、直接通向工作和劳动岗位的教育，每个专业的教育，都带有劳动教育的性质，因此，高校推进劳动教育要在进课堂、进教材的同时,将劳动教育与专业教育相结合,与实践实习相结合,与思想政治教育相结合,与创新创业教育相结合,把劳动教育融入高校立德树人、教学科研的方方面面。

2017年10月,党的十九大报告作出了一系列与劳动密切相关的重要论述。2018年教师节前夕,习近平总书记给中国劳动关系学院劳模本科班学员的回信,再次表达了他对劳动的崇尚、对劳动者的尊重。可以说,"伴随中国特色社会主义进入新时代,以习近平同志为核心的党中央站在历史高度,立足中国国情和发展实际,在继承和发展马克思主义劳动哲学的基础上,逐步形成了习近平新时代中国特色社会主义劳动思想体系"。

第二节 劳动教育思想的主要内容

一、劳动教育的内涵

劳动教育是以提升学生劳动素养的方式促进学生全面发展的教育活动。由于"劳动价值观"是劳动素养的核心内涵,"劳动教育"也可以定义为是以促进学生形成劳动价值观和养成良好劳动素养为目的的教育活动(图9-2)。

图9-2 劳动教育的基本内涵

在劳动价值观方面,劳动教育要努力帮助学习者:其一,确立正确的劳动观点、积极的劳动态度,即具有劳动精神,拒绝"好逸恶劳""不劳而获"等错误的价值观;其二,形成尊重、热爱劳动过程、劳动成果和劳动主体——劳动人民的价值态度。

在养成良好劳动素养方面,劳动教育要特别强调:其一,促进学生具备一定的劳动知识与技能,成为全面发展的人;其二,发展学习者创造性劳动的潜质,成为新时代所需要的创造性劳动者;其三,形成良好的劳动习惯,成为"流自己的汗、吃自己的饭"的有尊严、有教养的现代公民。

二、劳动教育的特征

劳动教育作为以提升学生劳动素养的方式促进学生全面发展的教育活动，有以下几方面的基本特征。

（一）劳动教育具有普通教育的特征

"教育与生产劳动相结合"等劳动教育命题的着眼点就在于培育在体力、脑力上均获得全面发展的人。劳动教育具有立德、益智、健体、育美等较为全面的教育功能。因此，虽然职业教育往往包含较多的劳动教育成分，但是劳动教育却是覆盖不同教育类型的教育形态，职业教育、普通教育、大中小幼不同学段的教育，都要开展劳动教育。而由于这一普通教育的属性，劳动教育在基础教育阶段具有更为重要的意义。

（二）劳动教育具有价值教育的属性

如前所述，劳动教育区别于当代社会以发展基础技术能力为核心目标的"通用技术教育"等概念。劳动教育所要培育的劳动素养，当然包括形成劳动习惯、有一定劳动知识与技能、有能力开展创造性劳动等，但劳动价值观才是劳动素养的核心。虽然劳动教育的开展离不开具体的劳动形式以及专门劳动技术的学习，但真正健康的劳动教育则应当特别注重核心目标的达成，即努力帮助学生确立正确的劳动观点、积极的劳动态度，努力帮助他们形成尊重、热爱劳动过程、成果和劳动主体——劳动人民的价值态度。

（三）劳动教育具有强烈的时代特征与社会属性

由于人类劳动的形态处于不断演进的过程之中，劳动形态也在不断变化，具体表现为脑力劳动的比重不断增加、新形态的劳动不断形成。所以劳动教育既包括参加体力劳动，但又不能狭隘理解为简单的体力劳动锻炼。劳动教育应依据劳动形态的演进而与时俱进。创造条件让学生参加服务形态的劳动、创造性劳动等，形成当代劳动教育的新方向。此外，劳动价值观形成的基础是社会大众对劳动价值的真实确认，若社会没有尊重劳动的分配机制与舆论氛围，学校的劳动教育必然孤掌难鸣，难有实质成效。因此，学校必须与家长和社会携手合作才能取得劳动教育的实效。

三、劳动教育与德智体美教育

1985 年《中共中央关于教育体制改革的决定》提出了教育要为社会主义现代化建设服务，要培养数以亿计的各行各业的劳动者。此后，对于教育改革的理论研究和实验研究蓬勃发展。1999 年颁发的《中共中央国务院关于深化教育改革 全面推进素质教育的决定》中,在总结以往教育改革的经验和教训基础上提出了全面改革的要求:"实施素质教育,必须把德育、智育、体育、美育等有机地统一在教育活动的各个环节中。学校教育不仅要抓智育,更要重视德育,还要加强体育、美育、劳动技术教育和社会实践,使诸方面教育相互渗透、协调发展,促进学生的全面和健康成长。"这个决定的颁发标志着一个新的教育理念的诞生,标志着德智体美劳教育方针的特色显现和真正成熟。

随后的十多年,从中共中央、国务院到教育部分别出台了相应的系列文件,对整个教育方针的内容作重新认识,制定了相应的具体实施政策。2015 年 7 月和 9 月分别颁发了《教育部共青团中央全国少工委关于加强中小学劳动教育的意见》《国务院办公厅关于全面加强和改进学校美育工作的意见》,对于劳动教育和美育的认识达到了新的高度。至此,具有中国特色的以劳动教育为基础的科学的德智体美劳教育方针思想形成了,实现了教育方针发展的质性飞跃。

2017 年 1 月,国务院印发《国家教育事业发展"十三五"规划》,特别指出要"强化学生实践动手能力""践行知行合一,将实践教学作为深化教学改革的关键环节,丰富实践育人有效载体,广泛开展社会调查、生产劳动、志愿服务、公益活动、科技发明和勤工助学等社会实践活动,深化学生对书本知识的认识"。这指出了知识教育和智力开发的途径以及劳动教育与智育的关系,确定了劳动教育在德智体美教育中占有基础地位。劳动教育作为整个教育的基础,渗透融合到德智体美教育的全过程之中。首先,劳动教育为思想道德教育这个核心服务,必须渗透到、落实到各项社会实践活动和各学科教育之中。否则,思想道德教育就不能落到实处。同时,智育与劳动教育是联系在一起的。《中华人民共和国教育部基础教育课程改革纲要(试行)》指出,智育必须要由包含社区服务、社会实践以及劳动与技术教育的综合实践活动来整合,培养"探究创新和学习科学研究的方法,发展综合运用知识的能力""增进学校与社会的密切联系,培养学生的社会责任感"等。此外,劳动教育对于美育和体育具有重要的渗透功能。美育具有综合育人功能,但是美育的实施要以实践活动及其体验为基础(图 9-3)。

劳动教育在德智体美教育中占有基础地位,劳动教育作为整个教育的基础,渗透整合到德智体美教育的全过程之中。

图 9-3　劳动教育与德智体美的关系

2018 年中共中央办公厅、国务院办公厅印发《关于全面加强和改进新时代体育工作的意见》和《关于全面加强和改进新时代学校美育工作的意见》，贯彻落实了全国教育大会精神，充分构建德智体美劳全面发展的教育体系。

人的全面发展的教育，从内容上来看，即身心和谐的教育。身体的教育就是体育，而心的教育就是知、情、意相对应的智育、美育和德育，这就形成了德育、智育、美育、体育"四育"并举的思想。劳动教育是另一类教育，它是身心和谐发展教育的实现途径和手段，是"四育"的基础。它既渗透于学校教育之中，又超越学校教育的范围，需要扩展到、渗透到整个人的社会教育之中。

四、劳动教育的经典理论

（一）凯兴斯泰纳的劳动教育思想

凯兴斯泰纳（1854—1932）是德国教育史上著名的教育理论家、教育改革家，德国职业教育的奠基人之一，欧美教育史上倡导国民教育的主要代表人物。19世纪末20世纪初，他悉心研究和推行国民教育理论、劳动学校理论，并改革国民学校和补习学校，在理论研究和教育实践上都进行了有益的探索，不仅对德国，而且对世界许多国家的教育都产生了深远的影响。

凯兴斯泰纳认为至少可以从以下三个方面来理解劳动在个人生活和公民教育中的价值。

（1）"劳动"是具有教育价值的个人活动方式。凯兴斯泰纳把教育过程中学生的自我活动分为游戏、竞技、工作、劳动。游戏的目的在于活动本身，是为了活动自身的活动；竞技的目的是获得预期的成绩；目的的一半是为了活动本身，一半是为了取得某种效益；只有劳动才是最完善的、真正的活动，才"真正有陶冶的价值"。这种教育上的陶冶价值在于获取经验的知识和生产的技能。凯兴斯泰纳把知识与技能分别区分为传授的知识和经验的知识、机械的技能和生产的技能。传授的知识靠听讲获得，机械的技能靠练习获得，而经验的知识和生产的技能只能通过自己亲身的劳动才能获得。

（2）"劳动"是一种身心结合、体脑并用的活动。凯兴斯泰纳所理解的"劳动"兼含身体与精神、体力与脑力两个方面。他认为完全不带精神工作的纯粹的身体工作和完全不带身体工作的纯粹的精神工作在事实上都是不可能的。人们所从事的任何工作都是身心、体脑并用的，区别仅仅在于使用程度的不同罢了。既然体力工作与脑力工作是相互渗透的，因而既要加强劳动，又要在手工劳动中加强智力训练。

（3）"劳动"是具有陶冶价值的学生的独立活动。凯兴斯泰纳认为只有在劳动中让学生按照自己的设想和目的进行操作，并检验自己的劳动成果，才能增强学生适用社会生活的能力，成为真正的国家公民，也只有这样的劳动才能算是具有陶冶意义的活动。

凯兴斯泰纳的劳动教育思想及在此思想指导下进行的一系列教学改革试验,对世界各国进行职业教育改革具有重要的借鉴意义。在课程改革、教学方法、教学环境、师资队伍建设等方面,都有一定的理论和实践价值。在职业教育改革过程中,强调实践环节教学,培养学生的实践能力,这已成为当今社会职业教育改革的趋势。无论是加拿大职业教育所提倡的"能力本位教育理论",还是我国教育改革中所积极倡导的实践教学,都能够体现出凯兴斯泰纳劳动教育思想在当今社会职业教育改革中所发挥巨大的作用。

(二)陶行知的劳动教育思想

陶行知(1891—1946)是我国著名的教育家、思想家和民主主义战士,被毛泽东同志、宋庆龄等誉为"伟大的人民教育家"和"万世师表"。陶行知专注于对所处时代的教育进行研究与改造。根据中国国情以及受国外教育思想家的影响,提出了很多具有影响力的教育观点,其中劳动教育的思想贯穿于他全部教育思想的各个方面。例如:他提出的"生活即教育",主张把劳动教育作为其中的重要组成部分,提倡"教学做合一",强调"做"是学之中心,而真正的"做"是在"劳力"之上的"劳心"。他认为职业教育是为了培养出对国家有用的人才,国民学会了如何工作,再加上刻苦勤奋的劳动,国家终将富裕强大。这些教育思想对于在新时代推进各级各类学校的劳动教育具有良好的借鉴意义和启示作用。

(1)劳动教育的目的。首先,劳动教育要培养敢于求真的真人。教育是为了培养人才,劳动教育就是这样一条途径。培养自立自强的强人;其次,劳动教育是为了给国家培养有用的人,培养在生活、学习和工作中能够独立自主、自立自强的人,他强调劳动教育要教学生亲自动手劳动,独立思考问题,不论是体力劳动还是脑力劳动;最后,劳动教育是培养手脑并用的能人。陶行知认为,劳动教育是为了帮助受教育者"在谋手脑相长,以增进自立之能力,获得事物之真知及了解劳动者之甘苦"。学生不能只会学习而不会动手,也不能只会动手而不会学习,无论是哪一种孤立的学习方式都是行不通的。劳动教育是为了培养手脑并用的人,双手用来劳动、用来行动、用来实践以扩充知识,大脑用来思考、用来学习和指导实践。

(2)劳动教育的内涵。"是劳动的生活就是劳动的教育。"美国著名教育学家杜威是陶行知的老师,他很早就开始思考"教育"与"生活"之间的关系,提出"教育即生活"的思想。陶行知在此基础上结合中国国情提出了"生活即教育"理论。劳动教育是陶行知"生活即教育"理论中至关重要的部分。他提出,是劳动的生活就是劳动的教育,是不劳动的生活就是不劳动的教育。"教学做合一,在劳力上劳心。"陶行知提出的"教学做合一"是"生活即教育"理论的组成部分。教、学、做这三件事是一体的,不能分离的,先生要在做上教,学生要在做上学。劳动教育与知识教育结合起来，就是将做与教学结合起来，教学做合一能够提高学习效果。另外，陶行知的职业教育思想中蕴含着劳动教育的观点，也是实现劳动教育的一个不可或缺的途径。他提出的"工以养生"，简明扼要地概括了职业教育的目的，也就是要培养有用的人才，做有用的事情。

（3）劳动教育的主体。首先，家长是学生向往劳动的启蒙者，家长作为学生的首任老师，教孩子劳动是重要的一课，家长在日常生活中要积极对孩子进行劳动教育。孩子从出生开始就看到家长在家劳动的身影，因此相比素质教育和文化教育，家长对孩子影响是最持久、最深刻的，教育儿童要从小抓起，培养孩子打扫卫生、收拾房屋和操持家务的意识，教导小孩子不怕苦、不怕累，用双手创造世界。其次，教师是学生学会劳动的指导者，教师对学生的发展起着极其重要的作用，国家需要德智体美劳全面发展的人才，对劳动教育的重新重视对教师提出了具体要求，不能只注重学生的学习成绩，劳动教育同样需要作为重点教育，教师要将理论与实践结合起来进行教学，否则培养出来的就全是书呆子和考试机器。陶行知将"教学做合一"作为晓庄学校的校训，代表学校的学风和办学宗旨，为现今学校办学和教师教育提供了榜样示范。另外，同辈是学生乐于劳动的助推者，同辈团体之间会相互影响，且这种影响是极易产生和传播的，不论是正确的还是错误的思想都能迅速在同辈团体中流行起来，这意味着劳动教育思想经过家长和教师正确的启蒙与引导后能在同辈团体之间快速传播，最后积极正面地影响整个同辈团体。陶行知还创立了"小先生制"，让儿童既当学生也当老师，把自己所知道的知识和会做的家务教给其他的学生。"小先生制"充分发挥了同辈团体之间"三人行，必有我师焉"的作用，相互影响、相互成长。

第三节

劳动教育思想的案例分析

一、美国的劳动教育

（一）实用主义：美国劳动教育的文化传统

美国社会劳动教育的传统，始于 19 世纪末 20 世纪初工业革命勃兴的时代。在当时，南北战争的结束给美国创造了和平安定环境，西进运动又促进了资本主义的长远发展,工业革命催生了现代学校制度的建立,美国社会步入进步主义时代。进步主义教育也开始勃兴,以杜威、帕克、克伯屈等为代表的进步主义教育学家开始登上历史舞台。"儿童是太阳""学校即社会""生活即教育""做中学"等一系列进步主义教育理念开始传播开来,影响深远,由此也奠定了美国进步主义的教育传统。进步主义教育理念主张以学生为中心,通过"做中学",培养学生适应社会的技能,内在包含了教育与劳动相结合的主张。自此之后,美国教育史上的每一次改革,均有进步主义教育主张活跃其中。

"二战"后的 1970 年,面对就业市场的萎靡不振,学校教育无法培养出能够适应社会的自主谋生的人才。时任美国教育总署长官西德尼·马兰提出了"生计教育"倡议,主张教育要与生产劳动相结合,以培养学生必需的谋生技能。包括:生计教育应该面向所有学生,生计课程应该成为所有学生的必修课;生计教育应当贯穿整个 K-12 教育阶段乃至高等教育;凡中学毕业生或中途肄业生都应在学校期间就掌握维持生计的各种技能,以适应个体谋生需要。

生计教育很快在社会上取得了广泛认同,获得了社会各界尤其是工商企业界的广泛支持;美国国会随后通过了第一个生计教育法案,各州也纷纷行动起来,在本州通过生计教育立法。1977 年,美国国会又通过了《生计教育刺激法》,通过拨款等方式促进中小学生计教育,教育与劳动相结合自此有了法律保障。

带有实用主义特征的教育与劳动的结合,在美国集中体现在生计教育的理论与应用上。生计教育注重与劳动世界的联系,主张一面读书,一面劳动。在进行知识教育的同时,注重自幼培养学生的劳动态度、劳动习惯、基本技能,强调培养他们的判断能力和决策能力,分析问题和解决问题的能力。其根本目的在于消除普通教育和职业教育之间的鸿沟,使整个教育面向劳动世界以适应社会和实际生活的需要。随着生计教育理念的深入人心,美国中小学教育与劳动结合程度也日益紧密,美国中小学课程体系中与劳动相结合的课程也逐渐丰富起来。

(二)生计教育的校内外结合:美国劳动教育的形式

以生计教育为特色的美国社会的劳动教育,主要通过校内与校外相结合的方式来进行。

在中小学校开设生产劳动必修课程,是生计教育的基本主张。其目的是让学生通过生计课程的学习,了解并接触当代社会形形色色的职业,以保证每个人都能根据自身兴趣、资质与特长,学习到一种或多种职业技能,经受一定的劳动锻炼,从而在中学毕业或中途肄业时可以自由选择职业或继续升学。具体来讲,学校生计教育又可分为以下三个阶段。

（1）职业了解阶段（1～6 年级）。这个阶段的主要任务是"职业认识"。目的是通过单元教学，培养儿童的职业意识和自我意识，提高儿童对职业的了解，具体又可分为低级组、中级组和高级组。

（2）职业探索阶段（7～10 年级）。在这个阶段，学生主要通过职业探索熟悉职业的分类和"职业群"，并开始在职业群中做出尝试性的选择。美国教育专家将 23 000 个社会职业分为 15 个职业群，让学生在 7～8 年级集中了解他们最感兴趣的职业群，在 9～10 年级要求他们对选定的职业做深入的探究，包括参观访问劳动现场，并在实际的劳动操作中获取经验与教训。

（3）职业抉择阶段（11～12 年级）。在这个阶段，学生将在他选择的某些职业领域进行更深入的探索，并确定未来发展方向。

高中毕业后，一部分学生将进入社区学院学习，毕业后从事技术性工作；另一部分则进入大学继续深造。进入社区学院学习的学生，开始接受系统的职业教育；进入大学学习的学生，或是开始学术生涯，或是从事进一步高端职业技术训练。无论选择哪一种，中小学阶段的生计教育为其将来生涯规划打下了坚实的基础。

（三）美国劳动教育的现状与特征

以生计教育为特色的美国社会劳动教育，在其后续的发展过程中，渐渐植入美国中小学课程，渗透到学校教育和社会实践的方方面面。从美国中小学五花八门的必修课与选修课，以及从美国高校录取标准之强调学生社会实践等方面，就不难看出，以生计教育为特色的劳动教育已经成为美国教育的基本底色。并且，由于生计教育涉及课程门类众多、与生产生活直接关联，更容易与当前一些教育热点结合，合力促进教育改革。

（四）美国劳动教育的启发

美国的劳动教育是围绕生产劳动、个体生涯发展、社会需求与教育开展了一系列探索，建立并发展了较为完善的劳动教育体系。由于意识形态的差异，美国的劳动教育是在服务于资本主义工业社会制度的前提下，着眼于受教育者谋生能力的建设与社会职业发展的需要，并未对劳动与人的全面发展、自我解放开展进一步探讨，从而与我国劳动教育的终极目的有着根本区别。

在新的历史时期，全国教育工作会议重提教育与生产劳动相结合的主张，既是对马克思主义关于劳动创造人、劳动解放人等精辟论断的不忘初心，更是为教育在新时期的发展定下了基调。思想历久弥新，全国教育工作会议指出"以更高远的历史站位、更宽广的国际视野、更深邃的战略眼光，对加快推进教育现代化、建设教育强国作出总体部署和战略设计"。在这里反思美国教育和劳动相结合的历史与现实,借鉴他山之石,对新时期我国推进教育与生产劳动有着重要的意义。

首先,劳动教育既要不忘"教育与生产劳动相结合,与群众实践相结合"的初心,更要着眼时代需求。"中国制造2025"吹响了建设制造业强国的号角。劳动教育生逢其时,正有用武之地。应加强中小学与高科技附加产业的联系,创设观摩机会,让学校教育近距离接触社会生产,加强学校与社会工商企业界的联系,争取社会各界的支持。

其次,劳动教育要广泛借鉴发达国家在中小学阶段的生计课程,开发创设科技含量高的本土课程,并注重及早发现不同行业有潜力的人才,培养大国工匠。

最后,劳动教育更要关注培养21世纪技能,培养具有国际竞争力人才,与STEM教育相互借力,共同促进。学校劳动教育意在培养学生动手操作能力,培养学生生涯规划意识,激发学生的创新意识,这与STEM教育理念不谋而合;并且,劳动教育所关涉的课程,与STEM教育所涉及的学科课程又有诸多重合之处。因此,劳动教育必须要与STEM教育相结合,借助大数据、教育信息化发展的东风,共同将与生产劳动相结合的教育推向新时代。

二、德国的劳动技术教育:通过专门的劳动课程实施劳动教育

(一)德国劳动技术教育的概况

在德国,各州普遍重视对中小学生进行劳动技术教育。其劳动技术教育不是双元制职业教育中的职业训练,而是为双元制职业教育奠定基础的"职前普通教育",具有在普通教育中渗透职业教育的性质,各州把它视为学生职业生活和走上社会的重要准备和基础,是学生全面素质教育的重要组成部分。

早在20世纪50年代,德国就已经在普通学校里实行了基本的技术经济教育。1964年,德国教育委员会提出《关于在主体中学建设劳技课程的建议》,主张将劳动技术教育引入主体中学之中,在主体中学开设劳技课,其"劳技教学"具有自身独立的形式,而不是其他课程的附属。这样,劳技课就确立了其独立的学科地位。

(二)德国劳动技术教育的内容

德国劳动技术教育贯穿在基础教育的全过程之中。在小学阶段,各州劳动技术教育的课程名称不一,一般叫作"常识课",即劳技课程包含在常识课之中。例如,巴伐利亚州小学各年级常识课每周四节,其中两节为史地、自然常识,两节为手工劳动。其中的"手工劳动"就是劳技

课，其教学内容主要有纸工、编织、木工、陶器等。

在中学第一阶段（综合中学、实科中学、主体中学的 5～9 年级或 10 年级），开设劳技课，各州劳技课的名称五花八门，有"综合技术课""劳技课""劳动—经济—技术课"等 30 多种。各州劳技课的基本目标在表述上不尽相同，其相同部分可以归纳为：对学生实施全面的劳动、经济、技术教育，使他们具备适应目前及将来生活的基本能力；引导学生有责任心地、高度负责地从事生产和劳动，以最大限度地减少危害环境的行为；帮助学生正确选择适合自己的职业，使他们有能力在技术和经济影响越来越大的社会中谋求发展。

德国开设专门的劳动技术课程有其特定的价值取向。例如，1964 年，德国教育委员会对于在主体中学中设置劳技课提出的建议期望，劳技课能够"帮助学生熟悉了解当代生产、服务等领域内各种职业的基本特征，并为其今后能做出明智的职业选择奠定基础"。1969 年，德国各州文化部长常设会议对改革主体中学提出的建议期望，主体中学 7～10 年级的劳技课要担当经济—劳动世界的入门指导的任务。1987 年，德国各州文化部长常设会议指出，学校劳技课教学的任务是使所有年轻人学会及时调整自己以适应随时可能出现的与劳动、技术、家政、经济等密切相关的生活情境。这些意见比较充分地说明了德国劳技课的独特作用。①

思 考 题

1. 劳动教育的内涵是什么？
2. 劳动教育的特征是什么？
3. 劳动教育与德智体美教育的关系是怎样的？
4. 结合实践，谈谈劳动教育的价值和意义。

---

① 张德伟. 国际中小学劳动教育初探[J]. 中国德育，2015(16)：39-44.

第十章

全民教育思想

 学习目标：

1. 了解全民教育思想在西方的发展脉络；
2. 了解全民教育思想在中国的发展脉络；
3. 理解全民教育的内涵；
4. 掌握全民教育的主要内容；
5. 掌握全民教育的主要目标；
6. 掌握全民教育的实施策略。

导 读

全民教育思想是产生于20世纪90年代的世界教育发展的一种思潮。其宗旨和最终目的是满足所有人学习的需要，以提高所有人的基本文化水平和谋生的基本技能。让他们有尊严地生活，并有一定的意识和平相处、共同进步，从而使世界走上可持续发展的道路。全民教育思想的产生与兴起是与当代追求公平、摆脱贫困和共同发展的世界思潮分不开的，也是和当前人类所面临的共同难题分不开的，如人口膨胀、资源短缺、环境恶化等问题。自1990年"世界全民教育大会"召开后，全民教育问题得到世界的广泛关注，各国政府纷纷做出承诺大力推动本国全民教育事业的发展。

教学视频

第 一 节

全民教育思想的发展历程

一、全民教育思想在西方

如同古代就存在终身教育思想一样，古代也存在全民教育思想。夸美纽斯的"把一切知识教给一切人"的论述就是全民教育思想的点滴表现。但由于历史、阶级的限制，全民教育的思想火花只能局限于思想家的言论中。"所有人都应该接受教育"的观念直到现代才被人们普遍接受。1948 年《世界人权宣言》宣告："人人享有受教育的权利"，世界各国就"所有人都应该受教育""教育是一项人权"达成一致，所有人都接受教育不仅出于道义的考虑，也是一项法律权利。

1990 年 3 月"世界全民教育大会"的召开，标志着世界全民教育进入一个新里程碑式的阶段。此次会议在泰国宗迪恩举行，因此也被称为"宗迪恩大会"。大会由联合国教科文组织、儿童基金会、开发计划署和世界银行联合发起召开。来自世界 150 多个国家以及联合国系统各机构、20 个政府间组织和 150 多个非政府组织的 1500 名代表、观察员及专家出席了会议。大会讨论并通过了《世界全民教育宣言》和《满足基本学习需要的行动纲领》两个划时代文件，从而使全民教育思想为国际社会所接受。"世界全民教育大会"的召开，标志着全民教育思想的正式提出。

世界全民教育大会使人类第一次团结起来为了一个共同的目标而努力、奋斗。会议提出的全民教育思想使全民教育为世界各国所接受而且使全民基础教育受到前所未有的重视。这次会议之后，实现全民教育目标也成为联合国教科文组织等国际组织的核心任务，相继召开了一系列促进全民教育实施的会议。其中以全民教育为中心议题的重要会议有两次：安曼会议和达喀尔世界教育论坛。

1996 年 6 月在约旦安曼召开的国际全民教育咨询论坛中期会议重申了宗迪恩会议确定的全民教育目标，对 1990 年宗迪恩会议以来的世界全民教育进展情况进行了全面的评估；肯定了所取得的成就，提出了仍然存在的问题，确定了以后 5 年的战略重点，即教育质量、性别平等、入学率、教育资源分配、国际援助和冲突国家中的教育。

2000 年 4 月在塞内加尔达喀尔召开的世界教育论坛是 2000 年全民教育评估在世界范围内的汇总、交流，论坛评价了 10 年来世界全民教育的进展情况，分析了问题所在，并提出了以后的行动纲领。评估从 1998 年正式开始，直到 2000 年世界教育论坛召开，历时两年。评估活动主要由国家评估、地区及分地区评估和全球评估三个层次构成。共有 183 个国家参加评估，覆盖面达到全世界的 90%。在国别评估的基础上，对 30 多个发展中国家的学习成绩和教学条件进行了抽样调查；围绕 14 个教育专题进行了系列研究，并就青年和成年人的识字情况做了 20 个个案研究；此外，召开六次地区性会议，进行地区汇总。

达喀尔世界教育论坛是全民教育评估机制中的一次例会，也是对宗迪恩会议以来全民教育进展状况的一次全面总结，其对于全民教育而言有继往开来之义。会后通过的以"全民教育：履行我们的集体承诺"为题的《达喀尔行动纲领》承袭了宗迪恩会议有关全民教育的基本内涵——满足所有人的基本学习需要，内容包括总结成果、提出新的目标、进行广泛动员、寻求实现目标的途径和制订实施计划等几个方面。此外，确定了从 2000—2015 年的行动方案。

继达喀尔会议之后，在世界范围内又展开了新一轮的全民教育运动。首先是国际社会对全民教育达成高度共识，采取了若干重要举措促进全民教育发展。

另外，2006 年 7 月在俄罗斯举行的八国集团峰会再次承诺为实现全民教育目标，加大发展援助的力度和加快债务救济的步伐。

其次，世界全民教育开始步入机制化的轨道。在国际层面建立了以联合国教科文组织为主导的常规全民教育工作机制，加强了对全民教育目标的监测，每年举行一次全民教育高层会议，发布全民教育全球监测报告。第一期《全民教育全球监测报告》发表于 2002 年，至 2010 年已经发表了九期，主题分别为综合进展评估（2002 年）、性别平等（2003 年、2004 年）、教育质量（2005 年）、扫盲（2006 年）、早期儿童养护与教育（2007 年）、全面的总结与回顾（2008 年）、消除不平等（2009 年）和惠及边缘化群体（2010 年）。

全民教育思想的形成过程如图 10-1 所示。

图 10-1　全民教育思想的形成过程

二、全民教育思想在中国

　　自 1990 年"世界全民教育大会"召开以来，全民教育这个概念才开始在中国使用。在我国，更多地使用"两基"一词，即基本普及九年义务教育和基本扫除青壮年文盲。

　　1992 年 10 月，党的十四大提出把"到 20 世纪末，基本普及九年义务教育，基本扫除青壮年文盲"作为 20 世纪 90 年代我国教育事业发展的重要目标。1997 年，党的十五大站在历史和时代高度，把"两基"作为落实"科教兴国"和"可持续发展"战略的重要组成部分，再次提出要"发挥各方面积极性，大力普及九年义务教育，扫除青壮年文盲"。从而"两基"的目标写进党的文件，写进国家法规，成为全党全国关注的大事。

　　2005 年 11 月，在北京召开联合国教科文组织第五届全民教育高层会议，温家宝总理在致词中指出：实行全民教育，首先是政府的责任。中国确立了以政府为主的教育投入体制，主要从四个方面推进全民教育。一是把普及农村义务教育作为教育发展的重中之重。二是把扫除文盲作为反贫困的重要措施。三是大力发展职业教育。四是加强教师队伍建设。会议发布了 2005 年《中国全民教育国家报告》，报告承诺以更强的国家意志提供充分有质量的全民教育。报告全面总结了 2000 年达喀尔世界全民教育会议后，中国全民教育实现的历史性突破：一、"两基"（基本普及九年义务教育，基本扫除青壮年文盲）人口覆盖率达到 93.6％，青壮年文盲率控制在 4％左右；二、农村学校的经费以政府拨款为主，小学和初中经费所占比例分别达 82.75％和 76.65％；三、倾斜资源配置力推教育均衡，中央将逐步把农村义务教育纳入公共财政体系。报告还指出，计划到 2010 年，全国实现高质量的全面普及九年义务教育，普及九年义务教育人口覆盖率达到 98％以上，扫除 15 岁至 24 岁文盲，全国青壮年文盲率降到 2％以下，成人文盲率降到 5％以下。

第二节
全民教育思想的主要内容

一、全民教育的内涵

全民教育的英语表达为 Education for All,其基本内涵是指教育要满足每一个人,即儿童、青年和成人的基本学习需要。《世界全民教育宣言》对基本学习需要作了如下界定:"基本学习需要包括基本的学习手段(如读、写、口头表达、演算和问题解决)和基本的学习内容(如知识、技能、价值观念和态度)。这些内容和手段是人们为能生存下去,充分发展自己的能力,有尊严地生活和工作,充分参与发展,改善自己的生活质量,做出有见识的决策并能继续学习所需要的。"全民教育的重点主要包括普及初等教育,消除男女受教育之间的差距,扫除成人文盲等。

二、全民教育的主要内容

《世界全民教育宣言》一开始就指出,进行全民教育就是要满足所有人的基本学习需要,并针对当今世界存在的重大问题提出了全民教育的主张和主要观点。

(一)满足所有人的"基本学习需要"

全民教育是一个全新的教育概念,它不同于以往任何教育概念。它的范围非常广泛,包括了儿童的早期护理与教育、初等教育、成人扫盲、技能培训、妇女教育等。其基本内容包含以下四个方面。

(1)全民教育满足所有人(包括儿童、青年和成人)的基本学习需要。基本学习需要的范围及其满足的方法,因各个国家和各种文化的不同而不同,而且不可避免地会随时代的变化而变化。

(2)满足基本学习需要可以使任何社会中的任何个人有能力并有责任去尊重和依赖他们共同的文化、语言和精神的遗产,促进他人的教育,推动社会正义事业,保护环境,宽容与自己不同的社会、政治和宗教制度,从而坚持为人们所普遍接受的人道主义价值观念和人权,并为这个相互依存的世界建立国际和平与团结而努力。

（3）教育发展的另一个但更基本的目的就是传递并丰富共同的文化和道德价值观念。正是从这些价值观念中，个人和社会发现了自己的特性和价值。

（4）基础教育本身不仅仅是目的。它是终身学习和人类发展的基础，而各国可以在这一基础上系统地建立其他层次、其他类型的教育和培训。

（二）全民教育是普及教育的继续与发展

全民教育继承和发展了普及教育。从全民教育的范围和面向的对象看，全民教育是针对教育对象而言的一个概念。所谓全民教育就是教育对象的全民化，也就是教育必须向所有人开放，人人都有接受教育的权利，并且必须接受一定程度的教育。全民教育思想既继承和发展了教育民主化思想，又继承和发展了教育普及化思想。教育普及化可以说是教育全民化的基本保证，没有教育的普及，教育的全民化就无从谈起；只有实现了教育普及，才有可能人人享有平等的教育机会。

《世界全民教育宣言：满足基本学习需要》第三条"普及入学机会并促进平等"规定：应该向所有儿童、青年和成人提供基础教育；为实现基础教育机会均等，所有儿童、青年和成人都必须获得达到和维持必要的学习水平的机会；最为紧迫的就是确保女童和妇女的入学机会。同时规定对残疾人的学习应特别关注，积极消除教育差异。第五条"扩大基础教育的手段和范围"规定：出生即为学习之始；初等学校教育是除家庭教育外对儿童进行基础教育的主要传授系统。初等教育必须普及，以确保所有儿童的基本学习需要得到满足；青年和成人的学习需要是多样的，应该通过多种传授系统予以满足。扫盲项目必不可少，因为识字本身就是一种必要的技能，也是其他生活技能的基础。

由上可知，全民教育的重点是儿童初等教育普及和成人扫盲。但是，全民教育思想又不拘泥于普及教育，它着眼全球，从解决人类普遍关心的、困扰人类的一些世界性问题高度，来审视教育在人类进步和社会发展中的重要作用。认为教育虽然不是解决所有社会问题的灵丹妙药，但却是我们战胜挑战，实现平等持续发展的有效途径。主张向所有儿童、青年和成人提供基础教育，扩大高质量的基础教育服务，而且必须采取始终如一的措施来减少差异。为实现基础教育机会均等，所有儿童、青年和成人都必须获得达到维持必要的学习水平的机会。一些社会地位低下的群体（穷人、街头流浪儿和童工，农村和边远地区的人口、游牧民和移民工人、土著居民，种族、民族和语言方面属于少数的群体，难民、因战争而流离失所者以及被占领区居民）在获得学习机会上不应受到任何歧视。残疾人的学习需要应受到特别关注。必须采取步骤为各类残疾人提供平等的受教育机会,以作为教育制度的一个组成部分。

三、全民教育的主要目标

1990 年,联合国教科文组织在泰国宗迪恩召开世界全民教育大会,会议通过了《世界全民教育宣言》和《满足基本学习需要的行动纲领》。2000 年的"世界全民教育论坛"全面总结了全民教育的十年历程,通过了《达喀尔行动纲领》,提出了以下六个新的目标(图 10-2)。

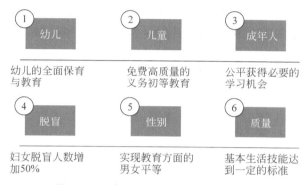

图 10-2 《达喀尔行动纲领》的六大目标

(1)扩大和改善幼儿,尤其是最脆弱和条件最差的幼儿的全面保育与教育。

(2)确保在 2015 年以前所有的儿童,尤其是女童、各方面条件较差的儿童和少数民族儿童都能接受和完成免费的和高质量的义务初等教育。

(3)确保通过公平获得必要的学习机会学习各种生活技能来满足所有的青年人和成年人的学习需求。

(4)2015 年以前使成人脱盲人数,尤其是妇女脱盲人数增加 50%,所有的成年人都有接受基础教育和继续教育的平等机会。

(5)在 2005 年以前消除初等教育和中等教育中男女生人数不平衡的现象,并在 2015 年以前实现教育方面的男女平等,重点是确保女青少年有充分和平等的机会接受和完成高质量的基础教育。

(6)全面提高教育质量,确保人人都能学好,在读、写、算和基本生活技能方面都能达到一定的标准。

四、全民教育的实施策略

《世界全民教育宣言》强调,要在世界各国有效推行全民教育就必须加强国际间的合作,使满足基本的学习需要成为一种人类共同的普遍责任。它需要国际间的团结以及平等和公正的经济关系。基础教育的资源需要有根本性的长期的增长，国际社会有责任帮助一些国家消除障碍，以期尽快实现其全民教育目标。20 世纪 90 年代的国际支持与援助应优先考虑基础教育。

《满足基本学习需要的行动纲领》提出了实施全民教育的国家、区域和国际三个层次的优先行动准则和框架。关于国家一级的优先行动，要求各国政府采取积极的行动，并对协调国内外资源的有效使用负有主要责任。行动准则包括制订计划，创造良好的政策环境，制定改善基础教育的政策，建立伙伴关系并调动各种资源等。区域一级的优先行动主要包括交流信息和开展联合行动两个方面。国际一级优先行动的主要内容包括在国际范围内开展合作，对国家和区域性行动提供支持等。

在宗迪恩"世界全民教育大会"以后，世界各国包括发展中国家积极响应并采取行动。1993 年，在联合国教科文组织、儿童基金会和人口基金会的倡议下，世界九个人口大国（世界 70% 的文盲及 50% 的失学儿童在这九个国家，它们是孟加拉、印度、巴基斯坦、印度尼西亚、中国、埃及、尼日利亚、巴西和墨西哥）在印度首都新德里召开了"九个人口大国全民教育首脑会议"。出席会议的九国领导人在大会通过的《德里宣言》中庄严声明："我们，世界上九个发展中人口大国的领导人，在此重申我们的承诺：我们将以最大的热情和决心去实现'世界全民大会'和'世界儿童问题首脑会议'所提出的目标，通过普及初等教育和扩大儿童、青年和成人的学习机会来满足本国人民的基本学习需要。"

1994 年 6 月，在西班牙召开的"世界特殊需要教育大会"通过了《萨拉曼卡宣言》和《特殊需要教育行动纲领》，郑重声明："每一个儿童都有受教育的权利，也必须给予机会使其达到并保持一个可接受的水平。"同年在日内瓦召开的"第 44 次国际教育大会"更是将全民教育的概念发展为"终身全民教育"，并希望"通过全民教育来建设和平"。

此外，《性别与全民教育：跃上平等》报告还明确地提出了促进全民教育，尤其是促进教育性别平等的具体策略。

（1）国家在促进全民教育平等中必须发挥首要作用。包括：通过立法和政策改革营造促进教育性别平等的环境；通过资金再分配加强对女性教育的投资；减轻外部动荡对女童和妇女的影响。

（2）各部门之间要建立伙伴关系。

（3）妇女参与社会的变革。在教育中要增强妇女的批判能力，使她们同时成为改革的合作者和首要的受益者。

（4）落实初等教育免费的承诺。

（5）确立目标和指标，以提高绩效和增强责任，帮助产生紧迫意识并为此集中力量。

第三节

全民教育思想的案例分析

一、加拿大的全民教育

（一）加拿大的全民教育情况概述

在加拿大，教育是公共政策的首要任务，并且加拿大有着从幼儿园（4 岁）到 12 年级高中毕业（一般为 18 岁但是最大可以到 21 岁）全民免费的公共教育体系，在安大略省学生根据法律必须入学直到 18 岁。

加拿大的教育大部分由联邦、省和地方政府提供、资助和监督，与中国不同，加拿大政府没有国家一级的管理教育的专门部门，各省的教育部（相当于我国的教育厅）具体负责各省的教育事务。于是，在加拿大，各省之间的教育法律法规并非完全一致，各个省有自己的特点。加拿大的教育一般分为初等教育、中等教育和高等教育。教育部下设省教育委员会，管理省教育事业部。

加拿大的教育在强调竞争的同时，政府会通过税收来促进均衡性发展。加拿大的所有公民都必须交教育税，即使他们没有孩子在公立学校上学。省政府通过税收来保证教育经费的稳定来源。把教育经费合理地分配到各个局，再分配到各个公立学校，以保障公立学校的合理开支。

（二）加拿大安大略省学校的管理特点

与中国相比，由于加拿大地广人稀，他们的教育几乎都是小班教学。在安大略省，90％的幼儿园至三年级班级学生数量在 20 名或以下，剩下 10％的班级人数在 23 名或以下。高中的目标是班级规模达到平均 22 名学生。减小中小学班级规模成了现任省政府的首要任务，并且已经从减小幼儿园的班级规模开始实施起来了。

家庭收入低于 3 万加元的家庭，算是贫困家庭，为了保证孩子们的营养平衡，在加拿大的学校里，每天免费提供早餐。与中国相比，加拿大各个学校的人员配置，后勤服务的人员比例较高。

在安大略省，低年级（四年级到六年级学生为 9～11 岁）的重点一直为文学和数学，但更多的是利用专长教师。例如，服务于多所学校的巡回音乐教师。当需要的时候，学生可以退学参加特殊教育的帮助。所有六年级学生一年考核一次，内容为省级阅读和数学标准考试。初级学校高年级学生（相当于国内初一初二）学生通常为 12～13 岁，课程进行了更加专业的分科。高年级则实行走班制，学生拥有一个坐班老师教授核心课程，如语言、数学和社会学习，占用半天。另外半天，学生走班，到各个专业教师（如数学、体育、乐器等）处上课。在加拿大，体育课除了九年级为必修课以外，其他年级都是选修课。

二、法国的全民教育体系

1789 年法国大革命后不久，面向全民的教育方针被确定下来，并于 1933 年扩展至中等教育。教育体制分为三个等级：初等、中等和高等，这种划分一直沿用至今。公立学校和机构提供免费教育，学校课本以及供集体使用的教学材料和工具都免费提供至初中毕业，高中课本费用往往由家庭承担。

在法国，6—16 岁的儿童必须接受学校教育，这一义务包括基础教育和中等教育的前四年，孩子们被他们的父母送进幼儿园，而后被自动送进小学。当孩子到了上中学的年龄时，父母可以选择他们希望孩子上的教育机构，儿童从三岁或两岁开始上幼儿园或托儿所，视名额的多少而定。报名活动在历年上半年居住地附近的市政厅举行。

有一项特别规定，在当年 9 月 1 日至 12 月 31 日期间满 3 岁的儿童可从 9 月 1 日起就读幼儿园，1 月 1 日至 3 月 1 日满 3 岁的儿童，最迟可由 1 月 1 日起至 2 月假期结束，视名额的多少而定，3 月 1 日以后满 3 岁的孩子可以去日托，直到新学年开始，小学对所有年满六岁的儿童实行义务教育。一般来说，父母应该让他们的孩子在居住地附近的学校入学，公共教育是免费的。如果一个孩子从未在法国上过学，那么小学的入学就在他的学校或他父母住所附近的市政厅进行，在巴黎当地市政厅把一个不会说法语的六岁以上的孩子送到一所为初学者开设法语课程的学校，六岁以下的儿童在学校上常规班。

16 岁及以上学生的中等教育在普通技术学校和专业学校中进行，学生从中学开始，在原学校就读三年，学习普通学士学位和技术学士学位，然后在专业机构学习两年，以取得专业能力证书 CAP（职业训练证书）。

高等教育分为三个周期或阶段，第一周期，为期两年的课程，毕业后颁发"大学普通文凭"。这些都是具有竞争力的入学高等教育机构，在学士学位毕业后直接提供 4 年或 5 年的课程，或者在学生准备参加高级学院入学考试的两年后提供 3 年的课程。职业培训在毕业后持续 2～3 年，课程可在学生准备高级技术人员职业培训证书的高级技术人员科上课，也可由理工学院授课。一些培训课程有特殊的入学要求和自己的组织。要在法国开始高等学习,外国学生必须拥有法语学士学位或同等学历,并能够证明他们的法语水平足以让他们选择自己喜欢的课程。

三、我国九年义务教育实现全面普及

《国家中长期教育改革和发展规划纲要(2010—2020年)》提出巩固提高九年义务教育水平,到2020年,全面提高普及水平,全面提高教育质量,基本实现区域内均衡发展,确保适龄儿童少年接受良好义务教育。评估报告显示,2010年至2014年,小学毛入学率保持在103.8%至104.6%之间,升学率保持在98.0%至98.7%之间;初中毛入学率由100.1%上升到103.5%,升学率由87.5%上升到95.1%,义务教育普及成效显著。巩固率是义务教育普及水平的一个重要指标。2010年到2014年,全国九年义务教育巩固率从87.5%逐年上升到92.6%。作为我国庞大的义务教育群体中一个重要组成部分,进城务工人员随迁子女和留守儿童平等接受义务教育的情况,直接关系到义务教育普及的水平和质量。西南大学评估组在调研中发现,"两为主"政策得到全面落实。2013年和2014年,全国随迁子女进入公办学校就学的学生比例始终保持在80%以上。深入多个省份调研的留守儿童就学状况也显示,自2012年《关于加强义务教育阶段农村留守儿童关爱和教育工作的意见》出台以来,各地普遍建立了留守儿童关爱和服务工作领导机构,形成了留守儿童动态监测机制,为留守儿童健康成长营造了良好环境。备受舆论关注的进城务工人员随迁子女接受义务教育后在当地参加升学考试的问题,也取得了突破性进展,2013年,全国26个省份解决了随迁子女在当地参加中考的问题;2014年,全国28个省份启动实施随迁子女异地高考改革。

（资料来源：http://www.moe.gov.cn/jyb_xwfb/s5147/201511/t20151127_221340.html,2021-2-15.）

思　考　题

1. 全民教育的内涵是什么?

2. 2000年《全民教育行动纲领》提出了哪六个新目标?

3. 全民教育的对象有哪些?

4. 中国在推进全民教育运动中取得了哪些成绩?

5. 简述《世界全民教育宣言》学习观中的主要内容。

6. 结合实际,谈谈你对全民教育思想的理解。

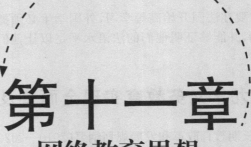

第十一章
网络教育思想

 学习目标：

1. 了解网络教育的发展历程；
2. 认识中外网络教育发展的不同轨迹；
3. 了解网络教育未来发展的趋势；
4. 理解网络教育思想的内涵；
5. 掌握网络教育思想的理论基础、要素、特征；
6. 理解网络教育思想的课程与教学的实施策略。

导 读

　　网络教育是基于现代网络技术和资源平台及其他形式来传递知识、获取学习资源的新型教育形态，通过网络的传播形式，运用技术手段实现教育目的，完成教育任务。网络教育思想则是网络学习的教育理念、教育原则、课程形态、教学模式等方面的理论与观念的总称，网络教育思想主要通过网络教育实践过程中的课程和教学来实现。

教学视频

第一节
网络教育思想的发展历程

一、网络教育思想的形成与发展

人类在进步,时代在发展,网络教育是时代的产物。网络教育是教育的一种类型,天生就含有教育的相关属性。网络教育也可以说是教育的一种形式,从历史的角度看,最初的教育形式是一种以语言为媒介的学习形式,具有口耳相传的特性。随着社会的不断发展,为了满足把文明传递给后代的需要,古人发明了文字,开始以文本的形式传播自己的思想,但是,这个时期文化的传播体现出地域性、群体性,教育的形式是师生以交流的形式传授知识。在印刷术发明后,知识文化以更加便携的文本方式保存、流通,由此,文明在更广泛的范围内传播。

时代在发展,旧的教育形式已经不能满足整个社会对人才的需求,一种新的教学形式应运而生。夸美纽斯在 16 世纪开创了一种新的教育组织形式——班级授课制。班级授课制的出现,形成了以教师为主导的组织形式,主要是在课堂中,以讲授的方式向学生传授文化知识。19 世纪末 20 世纪初,新的传播技术,如邮政信函、收音机、电视等出现在大众视野。与此同时,出现一种新的教育形式——函授教育,也就是将速记教程邮寄给学生,这种教育形式起源于英国。19 世纪 40 年代,伦敦大学首创校外学位制度。此后,许多国家纷纷效仿,开启了大学的远程教育和函授教育。

20 世纪 20 年代起,出现了以无线电播为形式的听觉上的教育以及利用无声电影为形式的视觉上的教育;30 年代开始,有声电影应用于教育领域,视觉听觉相结合的教育出现;50 年代起,电视技术快速发展并成为一种主要的传播媒介,电视教育应运而生;60—70 年代,随着新技术不断被应用,在大学中以多媒体为形式的开放教育出现,打破时空和地域的局限性,如"广播电视大学""开放大学""远程大学"等。20 世纪 90 年代以来,科学技术不断成熟、计算机网络技术不断发展,网络教育随之兴起。网络教育打破时空限制,高效便捷地把知识传递给受众的学生。网络教育的基础不仅是计算机的应用,更加突出的是体现了由多媒体的结合而形成的一种新兴的教育教学模式。目前,世界上许多国家已经采用较为先进的网络技术,以实现国家的教育目的,在各个教育阶级均能看到网络教育的影子(图 11-1)。

图 11-1　教育形式的变迁过程

　　最早开展网络教育的国家是美国。1996 年,美国的第一所虚拟大学——西部州长大学宣告成立,由此拉开了网络远程高等教育的序幕。加拿大政府和地方政府都很重视网络教育,拨款 2 亿美元用以让中学生上网。安大略省政府就为中小学计算机上网拨款 1.3 亿加元,另外提供 1 亿加元购买课本和其他学习用品,让学生接触到最新的东西。芬兰政府把"全体公民掌握和使用信息社会的基本技术能力"列为五大方针之一,旨在让每一位芬兰人都掌握信息社会的基本技能。日本政府进行强有力的因特网教育改革,联通了中小学与社会各机构之间的通信网络,使学生可以像在语音教室那样自由自在使用因特网。

二、中国网络教育的发展

　　我国学者和研究人员也一直在关注着计算机和网络技术的发展,研究探索计算机网络技术应用并且实现和国际互联网的互联互通。我国在 20 世纪 90 年代开始组织教育界和企业界研究、应用并推广网络教育工程。1994 年由教育部主持,清华大学等 10 所高校承担"中国教育和科研计算机网络示范工程"的 CERNET 在 1995 年通过验收,CERNET 的建成标志着我国网络教育开始起步。1997 年,湖南大学首先与湖南电信合作,建成网络学院。1999 年 3 月,教育部批准清华大学、北京邮政大学、浙江大学和湖南大学创办网络教育,这是我国第一批网络教育试点院校。2000 年,教育部提出,在校内开展网络教学工作的基础上,通过现代通信网络,向社会提供内容丰富的教育服务。任务主要包括:开展学历教育,开展非学历教育,探索网络教学模式,探索网络教学工作的管理机制,网上资源建设。开展网络教学工作就需要转变教育思想和教育观念,建立新的教育教学模式。网络教育需要与网络教学的特点优势相结合,探索网络教育的各个环节,形成有利于学生发展的教育教学新模式。2002 年 7 月,清华大学远程教育学院学生获得教育硕士学位,这是我国首批通过远程教育学习方式而获得最高学位的学生。

2007—2013 年,教育部相继出台《国家精品课程通知》《教育信息化十年发展规划(2011—2020 年)》和《关于同意在中央广播电视大学基础上建立国家开放大学的批复》,建设 49 门网络教育课程和批准中央电大建立国家开放大学这一新兴高等学校,并出台《关于加强高等学校在线开放课程建设应用与管理的意见》《教育信息化 2.0 行动计划》等政策,对高校开展网络课程的建设、应用和管理提出了原则性意见,提出分别推出 3000 门、7000 门和 10 000 门国家精品在线开放课程、国家级和省级线上线下高等教育精品课程,将网络教学环境纳入学校办学条件建设标准,形成泛在化学习体系的战略部署。① 党的十九大报告提出,要"办好网络教育""办好继续教育,加快建设学习型社会",这是"网络教育"首次作为一类教育出现在国家文件当中,充分体现了党中央对网络教育的重视和期望。②

三、未来的网络教育

在教育领域,以大数据、AR/VR 等为代表的人工智能正在与教育进行深度融合,掀起智能教育的浪潮。教育部发布的《教育信息化 2.0 行动计划》中强调,智能时代的教育从教育理念、教育方式、教育内容、教育目的等方面要有更大幅度的改革和转变。

根据网络教育的内涵以及互联网所具备的资源共享、超越时空、实时交互、大数据化和个性化等特点,网络教育也具备跨越时空国界、大规模传播优秀文化、教育教学过程可追踪、学习社群化和个性化等特点,有其独特优势和办学规律,是优化各级各类教育,推动学习型社会建设,提高全民素质的重要途径。从学习内容上看,人工智能技术的发展正在重塑我们未来社会的面貌,学生必须具备能够适应终身发展和未来社会的"关键能力"。其中,学习能力、设计创造能力和社会责任成为培养的重点内容;从学习方式上看,人工智能可以带来真正的个性化学习,此外,泛在学习、协同建构和真实学习将是智能时代的主要学习方式。

① 郭璨,陈恩伦. 我国网络教育政策变迁的多源流理论阐释[J]. 教育研究,2019,40(5):151-159.
② 黄先开,殷丙山. 网络教育学的学科可能性与基本问题探讨[J]. 开放学习研究,2017,22(6):5-10.

第二节 网络教育思想的主要内容

一、网络教育思想的内涵

（一）理论基础

1. 终身教育思想

法国著名教育家保罗·朗格朗首先提出了终身教育思想。终身教育思想主要思想是：从胎儿到坟墓的贯穿人的一生的学习，是个体生命由始至终的全过程学习。超越学校围墙式学习，即教育的实施途径包含各种正式教育与非正式教育，学习的方式体现自主性，突出强调每一个个体的学习责任主体性。无所不包都要学，也就是说教育要促进人的全面发展，需要人们适应快速发展的时代，而不能单纯依靠教育内容体系。作为具有终身教育思想的每一个个体，都需要做出思维上的改变，适应纷繁复杂的社会。终身教育的目标是促进人走向完善，促进社会走向和谐，终身教育是要每一个独立个体从自然人逐步向社会人过渡，而社会不断变化，人也需要做出相应的变化。人不断适应变化，走向完善的前提是不断学习，最终，社会由每一个倾向完善的人组成才能更加和谐。

终身教育思想与网络教育思想相关吗？首先，终身教育思想为网络教育的发展提供了思想基础，因为终身教育思想需要突破学校围墙的学习，包括各种正式教育与非正式教育的实施途径，网络教育具有突破学习者时间与空间的局限性的特点，其在人人都在倡导的终身教育大环境下迅猛发展。其次，随着网络技术的不断发展，网络教育思想使终身教育思想得到实践，终身教育理念通过网络教育的形式呈现，最大限度地满足学习者对学习"无所不包的学习内容"的需求。

2. 布鲁姆的掌握学习理论

美国教育家布鲁姆提出掌握学习理论，他把学习环节程序化，分别是五个环节：①单元教学目标的设计。也就是把学生目标分为认知、情感、动作技能三个领域，有明确的目标指向性。在教学过程中，布鲁姆认为首先应该对单元的教学目标进行设计,这是对教学活动提出的假设,同时也是为了评价教学效果。②单元式的集体学习。操作过程是以班级集体授课为主要形式,在教学的过程中实现个别化的教学模式。③形成性评价。在教学过程中把知识单元化,每一个单元结束之后进行测试,检验学生的学习效果,若是掌握则进行下一单元,若未掌握则进行再次学习,主要的目的是保证所有的学生都能掌握知识和技能。④补偿学习。也就是对没有掌握知识的学生进行有针对性的辅导。⑤总结性评价。也就是在整个模块的知识学习完后进行全面综合的评价,在学校中通常用测试的方式。掌握学习理论是一个近乎完美的教育理念,期望每一个学生都能得到在他们能力范围内的最好发展。但是,网络教育具有打破时间与空间的局限性的特点,可对学生进行定制化的辅导,并且能够实现程序化的教学模式。网络教育思想的目标是让学习者实现有效学习最大化,让学生为自己的学习实现"定制化",掌握学习理论的程序化操作过程能够为网络教育实现其自身目的提供支撑。

(二)网络教育思想的要素

网络教育是一种归属于教育范畴的时代产物,所以必然存在教育的三要素,但是网络教育不等同于教育,由此,在教育要素上也具备网络教育这一教育类型的特殊性。

1. 学习者

学习者体现独立性。网络教育的学习者是教育活动的主体,在教育教学过程中具有自我导向性的特征,是对学习活动承担主要责任的个体。学习者还体现分散性,网络教育中的学习者可以打破时空、地域的局限性,实现"活到老,学到老"的教育愿景。此外,学习者群体具有复杂性,主要体现在学习者的社会职业参差不齐以及学习者水平不一致。

2. 教育者

在网络教育中的教育者是教育教学活动的主导,扮演指导者的角色。网络教育的形式提倡"学生主体、教师主导"的新型教育关系,旨在帮助学生建立适当的学习目标,形成良好的学习习惯,掌握学习策略以及打破认知思维的固化,促进学生树立创新意识、培养学生创新能力。

3. 教育技术平台

网络教育能够发展迅猛是依托计算机网络技术的不断发展,技术平台的搭建是网络教育发展的关键性因素。万维网的出现是网络学习的基础。家庭用户使用万维网促进了因特网的商业化发展,并且为教师和学生进入教育资源库开辟了道路,技术应用的综合化交互促进了网络学习的发展(图 11-2)。

图 11-2　网络教育的基本要素

二、网络教育思想的特征

（一）开放性

网络教育思想的开放性体现在三个方面。首先是突破学校围墙,也就是物理意义上的开放,在网络教育的学习中学习者能够在我们原有的教育内容体系外学习更多知识。其次,网络教育学习群体的开放,即学习对象的开放,对所有有意愿学习的人的开放,构成网络教育中的"学习者"的群体成分更加多元。最后是学习空间的开放,指在教育教学活动过程中学习者与学习者、学习者与教育者之间通过互动学习,掌握认知策略和学习技能。

（二）交互性

在网络教育中,互联网为教师和学生提供双向交流的服务,学生与教学机构及其教师利用互联网技术平台通过多种媒介进行沟通,体现在教师与学生是空间上的分离。所以,要实现网络教育的教育教学目标,就必然需要教师利用教学资源,搭建教师与学生、学生与学生之间的沟通与联系。在互动过程中,也只有通过个体之间的交互联系,才能把资源转化为学生身上的能力。

（三）个别化

网络教育有其内在的目标指向,即是一切以学习者的有效学习为出发点。网络教育的服务对象是学习者,而学习者的群体体现出复杂性,网络教育需要提供更多适合不同学习者选择的教育资源,学习者再根据自身的实际情况作出自己的选择。学习者能够在网络教育中实现自身学习的"定制化",主要体现在能够自由选择教育机构、学习课程,学生还可以根据自己的意愿决定学与不学、学什么、怎么学,在计算机的指导与控制下掌握知识与技能,建构自己的认知体系并积极内化,实现迁移,最大限度地发挥主体性功能。

三、网络教育思想的实施策略

（一）网络教育的课程策略

网络教育的课程与传统意义上的课程既有联系又有区别，两者本质上都是课程，都具有课程的属性。但是网络课程的组织形式更加灵活，运行时基于网络技术在教与学的过程中体现互动性。网络教育课程的要素包括教育内容、网络教学环境以及教学实施支持系统。网络教育课程的教学内容是以知识点为基本教学单元，利用多种媒体形式，根据学科知识的内在逻辑关系，来设计符合学生年龄阶段的认知特点的内容。网络教学环境包括教育技术平台和教育活动过程。教育技术平台指的是完成课程目标必备的教学软件工具，是一个系统的、完整的交互式平台。教育活动过程是整个网络教育课程的关键与核心，课程能否实施关键看教育教学过程中组织者设计的一系列课程活动，例如课程教学视频、分组讨论、答疑互动、布置作业、学生互动交流讨论、阶段性考试等。网络教育课程实施的支持系统是一系列学生完成课程活动所必需的辅助性系统，如学习资源系统、评价学生系统、网络技术平台系统等。

网络教育课程必须是按照教育教学目标、符合学科知识的内在逻辑以及学生年龄阶段的认知特点来进行设计。由此，网络教育课程设计中必须包含对教育教学目标的设计、学生情况的分析、学科教学内容的设计。教学目标的设计应该是明确的、具体的和可操作性的，通过学习者在网络教育之后呈现出的可行性的设计。在实践操作过程中具体表现为教育者需要把教学目标分到章、节、知识点之中，根据学生的已有的发展水平和网络平台已有的教学条件，来实现其灵活性与可行性的统一。

（二）网络教育的教学策略

网络教学策略是以一定的教学目标为指向，在特定的网络教学情景中对教学活动进行调节和控制的一系列的措施和行为执行过程。这种调节和控制一般是通过教学活动程序的安排和教学方法的选择等因素总体作用来实现的，而活动程序、方法等因素的选择一般是以学习者特征和学习内容为主要依据的。由此可见，网络教学策略的形成主要有两大步骤：一是对学习者特征和学习内容进行识别与诊断；二是在识别诊断基础上设计网络教学策略。

依据教学形态的不同，网络教学策略可以分为基于自主学习的教学策略和混合式教学策略。在基于自主学习的网络教学环境中，学习者特征和学习任务的诊断分析主要靠学习者自己。这种诊断分析一般可充分利用计算机智能化优势，通过构建智能化诊断识别系统来实现。学习者在网络化自主学习伊始，直接通过这种专家系统，对自身的特征进行识别、判断，确定自身已有的知识基础、认知和元认知水平，了解自己的学习风格，并对要学习的内容进行分析，结合自身的认知水平和学习风格进行学习活动。

混合式教学策略强调整个教学活动由传统的课堂教学活动和网络教学活动两部分组成。传统的课堂教学有利于系统知识的讲授和师生情感的交流；网络教学的交互性能保证教师与学生之间有良好的、广泛的交流和互动，同时能很好地体现教师在整个教学活动过程中的主导作用和学生的主体性发挥。教师与学生在网络教学活动中可通过论坛、留言板之类的在线功能进行交流以突破时空的限制，可根据需要设置相应的交流主题，让每个学生都有平等的交流机会，教师对所教学生也能够有较全面的了解并获得及时的教学反馈。教学实施中，要注意运用适当的学与教的策略，提供必要的学习支持，组织好教学活动，保证教学过程良好进行。

（三）网络教学的评价策略

评价是监控教学质量以及考量目标是否达成的重要手段。网络教育的特点是具有灵活性、技术性和可操作性，这就决定了网络教学评价应该坚持诊断性评价和终结性评价相结合，定性评价与定量评价相统一的思想。教育者根据教育目标在教育教学过程中进行诊断性评价，一切以学习者有效学习为目标，对实践过程中出现的问题及时做出针对性处理。终结性评价是全面系统的评价，是在遵循科学性与客观性的原则下从学习者、教育者、管理者的角度对网络教育的课程进行全方位评价（图 11-3）。

课程策略　　　　教学策略　　　　评价策略

图 11-3　网络教育的实施策略

第三节

网络教育思想的案例分析

一、开放大学

所谓开放大学,其核心就是"开放",是全方位系统化的开放,包括思想上强调教育观念的开放、形式上强调办学方式的开放、对象上强调学习者的开放、模式上强调培养模式的开放,即一切有利于国家发展,社会进步,人民所需的思想、方法、模式、管理都可以实践。

国家开放大学创立于 2012 年 6 月 21 日,是中华人民共和国教育部直属,国家重点大学和世界一流高等院校。国家开放大学是以现代信息技术为支撑,学历教育与非学历教育并举,实施远程开放教育的新型高等学校。学校在中央广播电视大学基础上组建,面向全体社会成员,强调优质教育资源的集聚、整合和共享,强调以现代信息技术为支撑,探索实现现代信息技术与教育的深度融合。学校有权授予学士学位,由学校向北京市学位委员会申请并获批后,报国务院学位委员会备案。[①] 截至 2019 年 6 月 30 日,国家开放大学有在校学生近 405 万人,其中本科生 102 万人,专科生 303 万人。年龄结构上,30 岁以上的有 160 万人,40 岁以上的有 40 万人。国家开放大学是一座"没有围墙的学校",办学 40 年来,已累计培养学生 1446 万人,开展社会教育和职业培训上亿人次。[②]

国家开放大学是一个办学实体,具有独立的法人资格和学位授予权。它由总部、分部、学院和学习中心等共同组成。总部依托中央广播电视大学建立,分部依托各省级广播电视大学建立。学院和学习中心由各分部根据国家开放大学的统一设置标准,依托地市级电大和县级电大建立。同时,国家开放大学根据行业和企业发展需要,与相关行业、企业合作,共同组建相关行业学院、企业学院。国家开放大学内部,

① 国家开放大学[EB/OL].[2019-08-25].http://www.ouchn.edu.cn/.

② 中华人民共和国中央人民政府网[EB/OL].[2019-06-21].http://www.gov.cn/xinwen/2019-06/21/content_5402235.htm.

依托现代信息技术和互联网，搭建连接总部、分部、学院和学习中心的校园网络，探索建立跨区域的网络教学、科研组织，降低办学成本，提高教学、科研、管理水平和质量，形成优质教育资源充分共享的现代远程教育公共服务平台。

国家开放大学是应运而生的时代产物，是建设建成终身教育思想体系的重要环节，通过自身努力和发展，适应国家经济社会发展和人的全面发展需要，促进终身教育体系的建设，促进全民学习、终身学习的学习型社会的形成。国家开放大学是面向我国所有社会成员的高等教育体系中的重要部分，强调学历教育与非学历教育并举，打造一所"没有围墙的新型大学"，是我国终身教育体系建设，全民学习、终身学习的学习型社会建设的重要支柱。①

二、翻转课堂

（一）翻转课堂的含义

翻转课堂指把"老师白天在教室上课，学生晚上回家做作业"的教学结构翻转过来，构建"学生白天在教室完成知识吸收与知识内化过程，晚上回家学习新知识"的教学结构。

（二）翻转课堂在外国的实践

科学教师乔纳森·伯格曼和亚伦·萨姆斯在 2006 年观察发现，学生并不需要老师在房间里给他们讲授和传递信息，学生能够自己学习知识。学生在课程上遇到问题卡住的时候需要教师在身边帮助，但是，这种情况下教师往往不在学生身边，不能指导学生。乔纳森·伯格曼和亚伦·萨姆斯假设：如果把课堂传授知识和课外内化知识的顺序翻转，形成学习内化在课堂，传授知识在课外的新教学模式，学习者学习知识的有效性可能增加。于是，预先为学生录制在线学习视频课程，在上课前一天，学生可以利用多种网络传输形式，例如 DVD 观看教学视频和学习 PPT 内容，在学习的过程中可暂停、回放、做笔记等。在传统的课堂上课之时，学生带着问题进行深入的科学实验和讨论。教师鼓励学生自带数字化设备到学校，根据自己的学习步调进行个性化学习。教师在教室巡回、回答问题、监控实验、探讨更深的内容，并为需要帮助的学生提供个性化指导，"翻转课堂"之所以获得成功，得益于他们一直采用探究性学习和基于项目的学习方法，让学生主动学习。

2011 年秋天，美国明尼苏达州斯蒂尔沃特市石桥小学开始了数学翻转课堂试点计划。实验对象是五六年级的学生们，他们在上课之前

---

① 杨志坚. 国家开放大学的历史使命[J]. 中国高等教育，2011(Z2)：33-35.

已经在家完成观看教师教学影片的任务,在正式的课堂上他们可以在教师和同学的交流讨论等一些互动中完成作业任务。在实际操作的过程中学生可以按照自己学习进度在家里观 10~15 分钟讲课视频;为了检验观看视频后的学习效果,在看完视频后会出现 3~5 个问题的测验,测验结果会即时反馈给学习者。教师使用 Moodle 跟踪学生在家学习的过程,了解学生的学习情况包括学习进度以及测试结果,目的是更容易锁定学习有困难的学生,进而更加有针对性地对学习困难者进行辅导。实施翻转课堂是因为这种学习模式能够满足不同水平学生都能个性化学习的需求,帮助他们获得更好的学习体验。

(三)翻转课堂在中国的实践

重庆聚奎中学翻转课堂采用课前四步骤,课中五环节的程序化模式。课前四步骤:①设计学习单元;②录制微课;③学生自主学习;④制订个别辅导计划。课中五环节:①合作探究;②释疑扩展;③练习巩固;④自主纠错;⑤反思总结。

具体的操作环节如下。

1. 教师预备课

分析教材重难点,提出学生应完成的目标。包括:基础目标、较高目标。教师选择假期提前录制视频,判断视频难易度和目标设计之间的匹配度,设计学生学习任务单。

2. 学生自主学习

通过学习任务单,教师周末布置下周要自主学习的内容,如在某天前看完哪个视频,目的是让学生明确观看视频后,需要达成的基础目标;要求学生记下不明白的地方或遇到的问题,目的是让学生布置几道简单的对掌握知识点有帮助的题目,然后科代表整理学生看视频后产生的问题。

3. 教师再备课

分析科代表收集的学生看视频情况,针对性地备课,确定需要补充和拓展的内容,考察学案上题目难易度并进行增删,确定一般学生必做题目,优生必做题目,归纳出本节内容的知识结构和解题方法。

4. 课堂多样化学习活动

①合作讨论。学生就看视频遇到的问题在小组内讨论解决,组内没解决的问题提交教师解决。②互动释疑。教师把必须掌握的基础知识点以大问题提出,让学生在小组内讨论,并派代表回答,其他组或教师给予点评或补充,目的是帮助学生回忆视频内容,解决基本问题,为后面深入学习做铺垫。③拓展。根据课前接收到的反馈,教师把学生难以理解的,又是必须掌握的知识点以例题的形式提出;通过小组讨

论,学生讲解或展示,教师点评来对问题进行解决。④探究。教师把一些基础规律之外的特殊情况,结合实际,以真实复杂问题提出,这部分属于拓宽学生知识面。⑤练习巩固。⑥总结梳理。教师提供知识框架,总结解题方法和技巧,目的是对前面离散的学习进行系统化和结构化地巩固。

"翻转课堂"并不是完全照搬前人的模式,而是在实践中不断探索,研究出适合本校特色的翻转模式,进行本土化实践,进而解决本校的实际教学问题。这给翻转课堂研究者一定的启示:适合的才是最好的。即翻转课堂成功的关键点不在于在理论上研究各种各样的模式,而在于根据本校的实际情况进行具有本校特色的翻转式教学。①

（四）翻转课堂的桥梁——微课

微课是时间在 10 分钟以内,为了完成一个教学目标围绕某个知识点、教学活动或者技能而展开的以微视频为中心的小课程。课堂成功"翻转"的条件是需要发挥微课的纽带作用,微课主要用于学生的个性化学习,帮助教师借助信息技术和网络技术的手段更好地实现差异化教学。当然,微课的教学应用模式并不局限于支持翻转课堂教学、课内差异化教学和课外辅导答疑这三种,还需要教师和研究者在教学实践过程中不断地探索和总结归纳,以寻求适合教师、学生自己教学实际的应用模式。由此可见,网络技术平台是实施微课的关键性因素。

三、慕课

慕课,即 MOOC(Massive Open Online Courses)是一种在线教育形式,慕课上的所有课程都是公开的,大部分课程可供所有人免费学习。虽然慕课是网络教育,但是它是系统性的教育形式,也具备作业评估体系和考核方式,按时完成作业和考核的学习者最终能获得课程证书。M 代表 Massive(大规模),与传统课程只有几十个或几百个学生不同,所谓大规模是指慕课对同时参与学习的学习者数量不作限制,选择相同课程的学习者可以成百上千,甚至多达十几万人;第二个字母 O 代表 Open(开放),表明课程向所有有意愿学习的人开放,人们基于兴趣注册账号选择自己所需的课程进行自主学习;第三个字母 O 代表 Online(在线),表明慕课的教学活动是在网络环境下进行的,学习者打破时空限制以网络互动的形式学习互动。C 代表 Courses(课程),是指广义的课程,包括了整个教育教学过程,并且是师生实时交互生成的过

---

① 王红,赵蔚,孙立会,等. 翻转课堂教学模型的设计——基于国内外典型案例分析[J]. 现代教育技术,2013,23(8):5-10.

程。总而言之,慕课其主要特点是利用短小的视频把名校名师的教授内容输出,具备及时性、交互性、免费性、共享性等特性,慕课成功实现了一种高端的知识交换模式。它适用于专家培训、各学科间的交流学习以及特殊教育的学习模式,即任何学习类型的信息都可以通过网络传播。慕课作为网络教育的新形式,具有易于使用、费用低廉、覆盖人群广、自主学习性强、学习资源丰富等优点,推动了高等教育的发展,使更多的人有机会接触更加优质的高等教育。①

思 考 题

1. 你对网络教育的未来有哪些思考?
2. 简述网络教育与网络教育思想的区别与联系。
3. 网络教育思想的要素有哪些?
4. 网络教育思想的课程实践过程由哪些部分组成?

---

① 王文礼. MOOC 的发展及其对高等教育的影响[J]. 江苏高教,2013(2):53-57.

第十二章
智能教育思想

 学习目标：

1. 了解智能教育思想的发展历程；
2. 掌握智能教育思想的主要内容；
3. 掌握智能教育思想的实施策略。

导 读

　　人工智能技术的迅速发展，推动社会各行各业向智能化加速跃升。作为引领未来的战略性技术，世界主要发达国家把发展人工智能作为提升国家竞争力、维护国家安全的重大战略，加紧出台规划和政策，围绕核心技术、顶尖人才、标准规范等内容强化部署，力图在新一轮国际科技竞争中掌握主导权。2017年7月，我国发布了《新一代人工智能发展规划》（以下简称《规划》），明确提出发展智能教育，主动应对新技术浪潮带来的新机遇和新挑战。智能教育的内涵、实施路径等相关内容成了急需理清的内容。

教学视频

智能教育思想的发展历程

一、智能教育思想在西方

1950 年,英国数学家艾伦·图灵发表的论文《计算机器与智能》(*Computing Machinery and Intelligence*)被视为现代人工智能的发端。在 1956 年的达特茅斯会议上,达特茅斯学院助理教授 John McCarthy 提出的"人工智能(Artificial Intelligence,AI)"这一术语被首次正式使用。此后,人工智能的发展经历了三阶段:计算智能、感知智能、认知智能。计算智能能存会算,即具有快速计算和记忆存储能力;感知智能能听会说、能看会认,即具有视觉、听觉、触觉等感知能力;认知能力能理解会思考,即具有抽象思维、形象思维和灵感思维等思维能力。[①] 人工智能的第三次浪潮缘起于 2006 年 Hinton 等人提出的深度学习技术。Image Net 竞赛代表了计算机智能图像识别领域最前沿的发展水平,2015 年鉴于深度学习的人工智能算法在图像识别准确率方面第一次超越了人类肉眼,人工智能实现了飞跃性的发展。随着机器视觉研究的突破,深度学习在语音识别、数据挖掘、自然语言处理等不同研究领域相继取得突破性进展。2016 年,微软将英语语音识别错词率降低至 5.9%,可与人类相媲美。如今,人工智能已由实验室走向市场,无人驾驶、智能助理、新闻推荐与撰稿、搜索引擎、机器人等应用已经走进社会生活。因此,2017 年也被称为人工智能产业化元年(图 12-1)。

| 1956年 | 2006年 | 2015年 | 2016年 | 2017年 |
| 诞生 | 深度学习 | 图像识别 | 语音识别 | 产业元年 |

图 12-1 智能教育的发展过程

---

① 祝智庭,彭红超,雷云鹤. 智能教育:智慧教育的实践路径[J]. 开放教育研究,2018,24(4):13-24,42.

　　不少国家已经将人工智能升级为国家战略，出台了相关政策和规划。2011年10月，韩国教育科学技术部发布了《通往人才大国之路：推进智能教育战略施行计划》，提出全面推行智能教育，开展智能教育战略，开发数字化教材、在线学习、在线评价、加强教师的智能教育实践能力，构筑基于云计算技术的教育服务等。欧盟委员会在2014年6月制定了《SPARC机器人创新计划》。日本政府于2016年1月通过《第五期科学技术基本计划（2016—2020）》，提出实现超级智能社会5.0。2016年10月，奥巴马政府出台《为人工智能的未来做好准备》和《国家人工智能研究和发展战略计划》；同年12月，又出台了《人工智能、自动化与经济》。总结这三份报告中美国的人工智能教育应用政策，主要包括：①在美国研究型大学进行人工智能前沿理论的研究和尖端技术的研发过程中，美国研究型大学应将神经网络、计算科学等前沿学科和跨学科人才培养作为人工智能发展的基石。②明确联邦政府在资助人工智能基础研究、促进人工智能在多领域综合运用、保证产业升级后合格劳动力数量和来源多样化、促进社会发展公平等方面所承担的重要参与者角色。① 英国政府紧跟其后，于12月公布了《人工智能：未来决策制定的机遇与影响》的报告。总之，欧美等国家的人工智能战略中对大中小学人才培养、课程、教材、教师、教学环境等方面融入人工智能知识及技术支持方面进行了较为系统的设置，对原有教育形态进行了重构。

　　目前，得益于政府政策推动和研学产的协同推动，人工智能在教育领域中的应用与发展主要集中在智能导师系统、教育智能测评、教育机器人、数据挖掘与学习分析等领域。人工智能技术的飞速发展、人工智能技术服务下的教育教学产品的陆续问世，使得智能教育的内涵和实施路径等问题成了专家学者讨论的热点话题，有关智能教育的政策、智能教育在大中小学的实践回应也同样引起热烈讨论。许多国家已经在有关课程中加入了人工智能的内容：有的国家将人工智能课程作为选修课纳入信息与通信技术（ICT）课程中，有的国家将人工智能作为《信息处理与技术》课程的组成部分。②

二、智能教育思想在中国

　　在"智能教育"概念兴起之前，学术界与产业界研究的热点是"智慧教育"。经过多年的探索研究和学习实践，关于"智慧教育"的认识已变

---

① 段世飞，龚国钦. 国际比较视野下的人工智能教育应用政策[J]. 现代教育技术，2019，29(3)：11-17.

② 梁艳茹. 人工智能时代的基础教育目标定位[J]. 当代教育科学，2019(1)：15-18.

得非常丰富。① 王亚飞等指出,"智能化"是智慧教育的核心内容之一。我国政府则在 2017 年 7 月发布了《新一代人工智能发展规划》,明确提出发展智能教育②,有关智能教育的相关内容成了热议的话题。纵观目前对"智能教育"(Intelligent Education)概念的理解,总体有两种视角,一是从"人的发展"视角,二是从"技术应用"的视角。正因为研究的视角不同,导致了研究者对智能教育概念的理解不同。一方面,从人的发展角度,张进宝等认为,智能教育应旗帜鲜明地将提升个体智能作为最重要的价值主张。③ 另一方面,智能时代的智能教育概念主要是基于技术应用视角提出的,是智能技术支持的教育。智能教育就是以智能技术为媒介来构建智能化的学习环境和工具,或者以人工智能为内容资源,发挥其在教育教学中的技术支持作用,实现智能化的新型教育模式。由于技术应用的类型和方式不同,对基于技术应用的"智能教育"概念仍然有"人工智能教育应用""教育人工智能""智能教学系统""人工智能教育"等多种容易混淆的理解。④

智能教育的实施方面,基于不同视角界定智能教育的专家学者从不同的角度提出了相应的实施智能教育的措施,其中包含智能教育的总体体系框架,人才培养规格,师资培训,课程目标,教材,师生关系,学习方式,智能教育伦理,法律,教育信息化建设,政府、龙头企业、相关高校、科研机构多方协同等多种要素的讨论。如张进宝认为,推动实施智能教育的措施不能仅从高等学校人才培养和人工智能发展的必要性角度思考,要从人才培养规格、教育信息化建设、课程与教学改革、教学活动创新、教师专业化发展等方面谋划可行策略,按照统一协调、多措并举的原则,推进智能教育的各项工作。梁艳茹认为,基础教育课程中要融入人工智能内容,强化课程综合性和选择性;基础教育教学要以智慧学习为基础,建设智慧的课堂教学文化;基础教育评价要建设教育大数据库,实现智能化、可视化的评价。当前这方面还缺乏顶层规划、分工合作和开放共享机制。⑤

人工智能教育已正式进入我国基础教育阶段。2012 年颁布的信息技术课程标准中,与人工智能相关的"算法与程序设计""机器人"等模块已被纳入课程中。除高中将"掌握人工智能在信息处理方面的原理和应用"作为必修基础课外,其他与人工智能相关的课程均作为拓展模

① 王亚飞,刘邦奇. 智能教育应用研究综述[J]. 现代教育技术,2018,28(1):5-11.
② 国务院. 国务院关于印发新一代人工智能发展规划的通知[OL]. http://www.gov.cn/zhengce/content/2017-07/20/content_5211996.htm.
③ 张进宝,姬凌岩. 是"智能化教育"还是"促进智能发展的教育"——AI 时代智能教育的内涵分析与目标定位[J]. 现代远程教育研究,2018(2):14-23.
④⑤ 刘邦奇,王亚飞. 智能教育:体系框架、核心技术平台构建与实施策略[J]. 中国电化教育,2019(10):23-31.

块或选修课以满足学生的不同偏好需求（段青，2012）。2017 年颁布的《高中信息技术课程标准》（中华人民共和国教育部，2017）中，与人工智能相关的课程有选择性必修模块四"人工智能初步"与选修模块一"算法初步"。与以往不同的是，新课标明确将"计算思维"作为信息技术的学科素养。教材方面，由于《新一代人工智能发展规划》提出要在中小学阶段设置人工智能相关课程，推广编程教育，将人工智能科普教育纳入常规教学；教育部《教育信息化 2.0 行动计划》指出要充分适应时代发展需要的人工智能及编程课程，进一步推进人工智能教育。《人工智能基础（高中版）》的出版，正式开启了 K12 人工智能教育的大门。自2018 年以来，覆盖 K12 全学段的智能教材已发布（表 12-1）。但基础教育阶段尚未明晰智能教育定位，导致教学开展混乱无效。[①]

表 12-1　K12 人工智能教材（节选部分）

教　材	学段	合作出版社	教材特点
《Python 趣味编程：从入门到人工智能》	1～6	清华大学出版社	专门为小学生编写的零基础 Python 语言编程入门教材，分为程序设计、数学编程、海龟编程三个单元
《人工智能基础（高中版）》	10～12	商汤科技/华东师范大学	"手脑结合"，传递人工智能的基本思想和理念，培养动手能力、创造力及运用人工智能解决问题的能力
《人工智能基础（初中版）》	7～9	科大讯飞/西北师范大学/北京师范大学出版社	以人工智能技术和工程素养为核心，培养学生对人工智能的鉴赏力、理解力和应用力
《K12 人工智能教育》系列丛书	K12	成都市武侯区教育局与成都市教科院/电子科技大学/电子工业出版社	小学注重人工智能知识的普及；初中注重编程思维；高中注重培养人工智能设计思维

高校在原有的基础上形成"人工智能＋X"的新型人才培养模式。《教育信息化 2.0 行动计划》提出，要培养多层次的人工智能领域人才。为此，国家计划推动 AI 重要方向的教材和在线开放课程建设，比如编写具有国际一流水平的本科生、研究生教材，制作国家级精品在线开放课程，计划设立人工智能专业，推动人工智能领域一级学科建设，并增加 AI 科学相关方向的博士、硕士招生数。

---

① 周邵锦，王帆. K12 人工智能教育的逻辑思考：学生智慧生成之路——兼论 K12 人工智能教材[J]. 现代教育技术，2019，29(4)：12-18.

第二节 智能教育思想的主要内容

一、智能教育的含义

人工智能技术取得了突破式的发展并已渗透到人类生活的诸多方面，正如有关学者所言，人类现在已经进入了"弱人工智能时代"，不久也将会步入"强人工智能时代"。因此，开展智能教育以帮助人类适应并引领智能时代的发展已成共识。欧美发达国家、日本、韩国等纷纷出台相应的政策和规划，发展人工智能，我国在《新一代人工智能发展规划》中明确提出发展智能教育。但是通过文献梳理与实践的考究发现，事实上，研究者和实践者对智能教育的概念并未形成统一认识，因此有必要理清智能教育的概念，以便开展智能教育的目标定位、实施策略等。

纵观国内学者的观点，智能教育的概念界定大体分成三类：第一类认为是"教育环境的智能化"；第二类认为是"以人工智能为内容的教育"；第三类认为是从广义的角度，认为智能教育不仅是人工智能技术支持的教育、学习智能学科的教育，更是以此来发展人的智能的教育。智能教育第一类的概念界定，李亦菲认为，利用智能技术的新型教育方式都可以被称为智能教育。赵银生认为，智能教育就是教育手段的智能化，通过推进智能教育，可以实现对教育信息化发展瓶颈的突破。吴永和等认为，智能教育是"人工智能＋教育"的一种融合应用的形态，其要义是利用智能技术构建新型的教育体系；刘邦奇、婷婷认为智能教育为以智能技术作为工具，推动人才培养模式和教学方法变革的新型教育模式。[①] 智能教育的第二类概念界定基于"规划所描述的智能教育包括举办相关的人工智能科普活动、开设人工智能课程、推广编程教育以及鼓励开发相关软件与游戏等。"不难发现，这样的智能教育仅限于信息技术教育范畴，张进宝于此提出，狭义的智能教育定位于以人工智能为内容的教育，培养掌握机器智能技术的专业化人才。智能教育第三

---

① 刘邦奇，袁婷婷. 智能教育系统的总体架构及区域实践模式研究[J]. 远程教育杂志，2019，37(3)：103-112.

类的概念界定，祝智庭等认为，智能教育具有三个方面的内涵：AI 技术支持的教育、学习 AI 技术的教育、促进智能发展的教育[①]。朴钟鹤认为，智能教育战略中的"智能"一词，英文为 SMART。所谓 SMART 是由自主式（Self-directed）、兴趣（Motivated）、能力与水平（Adaptive）、丰富的资料（Resource Enriched），信息技术（Technology Embedded）等词汇构成的合成词。由此可见，智能教育是一种基于学习者自身的能力与水平，兼顾兴趣，通过娴熟地运用信息技术，获取丰富的学习资料，开展自助式学习的教育。张进宝认为智能教育是培养学习者系统掌握和运用各种思维与技术工具，通过人人或人机合作模式，实现对外部世界（实体的或虚拟的）与问题情景的形式化表征，在符合价值观与道德伦理的前提下，实现智能信息处理、构造智能解决方案和开发系统等作用，是个体智能发展与智能技术实践相整合的跨学科开展的创新教育过程。即选取了广义的智能教育，目的在于最终实现个体智能的提升，不仅掌握人工智能等技术，还能初步具备未来工作中实现人机合作的能力。此外，还有一些学者认为，智能教育具有多种内涵，如《规划》中的智能教育就包含两种含义，既包括运用智能技术改进教育，也包括实施人工智能教育。

事实上，在讨论智能教育之前，我们先理清智能是什么，虽然现代智能理论的提出距今已有一百多年，但人们对智能的定义没有取得统一。祝智庭等梳理了经典的智能教育理论（从 IQ 到 MI），并从智慧型人才的角度提出智能包含认知智能、情感智能、志趣智能以及智能与品性融合成为智慧的观点。从智能科学角度来看，"智能"是个体对客观事物进行合理分析、判断及有目的地行动和有效地处理周围环境事宜的综合能力（杜庆东，2011）。智能学科的基础包括人工智能、计算机科学、控制论、信息学、系统论、认知科学、仿生学等内容，其中人工智能是核心（蔡自兴，2017）。但是，人工智能并不能代表智能科学。人工智能着重研究与模拟的是"人类的显性智慧能力"，而对"人类隐形智慧与显性智慧奥秘"的研究则被称为智能科学技术（钟义信，2016）。后者对于人类自身智慧的研究更具普世价值。

通过上述的梳理，这里选取智能教育的第三类概念界定，即智能教育是创新应用人工智能技术、学习智能学科以发展人的智能的教育。马克思主义关于人的全面发展（人的先天和后天的各种才能、志趣、道德和审美能力的充分发展）以及人的个性的自由的发展与社会发展相一致的学说为我国教育目的的制定奠定了基础。德智体美劳全面发展是我国人才培养规格的质量标准，因此我国智能教育的目标应与既定

---

① 祝智庭，彭红超，雷云鹤. 智能教育：智慧教育的实践路径[J]. 开放教育研究，2018,24(4)：13-24,42.

的教育目的相适应。

二、智能教育的目标

开展智能教育需要有明确的目标定位,即正确理解教育对象的需求,据此提供相应教育服务。目标定位研究涉及核心价值主张、教育主体需求的理解以及教育内容价值的认定。选择正确的目标定位是实施成功教育的重要一步,也是评价教育价值的依据。目标定位的确立,直接影响智能教育的实施策略与思路。[①] 根据本书对智能教育的界定,创新教育的目标分为三个维度的子目标:一是创新应用人工智能技术助力精准教学、精准管理、个性化学习;二是学习智能学科知识、技术、关键思维以及提高人的智能的全面发展。三是利用智能技术加快推动人才培养模式、教学方法改革,构建包含智能学习、交互式学习的新型教育体系。学习智能学科知识与技术方面,需要建立智能学科的本体知识,深挖其中蕴含的关键思维,以便确定在不同学习阶段多层次由浅入深、循序渐进的目标层级。促进智能发展方面,指智能技术的支持对人的先天和后天的各种才能、志趣、道德和审美能力的发展的促进作用。促进智能教育体系方面,包括开展智能校园建设,推动人工智能在教学、管理、资源建设等方面的应用;开发立体综合教学场、基于大数据智能的在线学习教育平台;开发智能教育助理,建立智能、快速、全面的教育分析系统。

三、智能教育的主流应用

祝智庭、魏非等认为,目前人工智能在教育中的主流应用包括认知计算与个性化学习、运用虚拟现实技术(VR)为学习者创建丰富、深刻的学习体验环境、全通道学习内容配送、智慧教室、学习分析以提供个性化学习支持、感知技术等。

梁迎丽等指出,人工智能教育应用形态主要有智能导师系统、自动化测评系统、教育游戏和教育机器人。[②] 杨现民等提出,人工智能教育应用主要聚焦于智能导学、自动化测评、拍照搜题、教育机器人、智能批改、个性化学习、分层排课、学情监测等 8 个方面;戴永辉等将人工智能教育应用分为面向教师的人工智能应用(包括智能评测、智能应答和个性化教学)、面向学生的人工智能应用(包括智能识别和智能导学)和面

---

① 张进宝,姬凌岩. 是"智能化教育"还是"促进智能发展的教育"——AI 时代智能教育的内涵分析与目标定位[J]. 现代远程教育研究,2018(2):14-23.

② 梁迎丽,刘陈. 人工智能教育应用的现状分析、典型特征与发展趋势[J]. 中国电化教育,2018(3):24-30.

向教学的人工智能应用（包括智慧课堂和智能在线考试等）三类。高婷婷等将人工智能教育应用场景分为面向教育者的教学场景和管理场景、面向受教育者的学习场景和考试场景四类，即服务于教师的考试及其结果判定、作业与练习效果检查，服务于学生的学习状态与情感态度、情境学习与个性化辅导等四类。

纵观各家之言，本书从构成教学的五大基本要素——教师、学生、教学内容、教学环境、教学媒介出发，阐述人工智能的主流应用（图 12-2）。

图 12-2　智能教育的主流应用

（一）面向教师的主流应用

1. 教育机器人

机器人在教学中的应用越来越普遍。有学校已经运用教育机器人能帮助教师在课堂上智能答疑，如用于佐治亚理工学院 Watson 智能机器人助教；乐高推出的最新一代可编程智能机器人产品 Mindstorms EV3 增强了与智能设备的互动，添加了 Wi-Fi 模块，可以和 iOS、Android 设备连接，通过手机软件进行控制。通过改进的麦克和扬声器设备，可以支持人机交互。[①] 教育机器人能够激发学生的学习兴趣，而机器人本身含有的多学科的性质也非常利于学生跨学科学习。目前教育机器人较广泛应用于 STEM 教育中。

2. 智能教学系统

依据计算智能技术、感知技术、学习分析技术、数据挖掘技术，智能教学系统能够实现对学生已有学习经验、学习困难、情绪等学情进行捕捉，为教师准确把握学情，为开展适切的教学以及教学调整提供支持。此外，对可能存在的如辍学、留级等风险进行识别和预测是学校教学管理的一个重要工作。运用预测运算，人工智能能够建立预测系统，实现跟踪学生、与学生沟通、连接学生资源等功能。例如，科罗拉多州立大学已经利用学生数据改善了与学生的交流和对学生的支持并使学生更充分地参与学术规划，这些措施将提高学生的巩固率，并将毕业率从

---

① 　王亚飞，刘邦奇. 智能教育应用研究综述[J]. 现代教育技术，2018，28（1）：5-11.

62%提高到66%。①

3. 智能测评

评价是教学中不可或缺的一部分。在课堂中的评价有助于教师及时发现学生学习上暂时的困难与需求,便于教与学的调整;学习一段时间后的总结性评价有利于检测学生的学习成果、教学目标实现的程度。智能化测评利于课堂评价的及时性、针对性、科学性、精准教学,有效交互,例如易加课堂平台能够实现对课堂中所有学生做练习或作业的情况进行及时的个性化智能评价,指出欠缺之处,便于教师教学调整。培生公司自动评分技术,已经广泛用于写作、口语以及数学中,大量与人工评分结果的对比分析表明,对于很多结构性问题,自动评分技术能够提供可靠性与准确性兼备的评价方法,培生公司的持续研究也将扩大评阅项目范围。

(二)面向学生的主流应用

1. 智能导师系统

导师智能系统是由早期的计算机辅助教学发展而来,它模拟人类教师,实现一对一的智能化教学,是人工智能技术在教育领域中的典型应用。典型的智能导师系统主要由领域模型、导师模型和学习者模型三部分组成,即经典的“三角模型”。领域模型又称专家知识,它包含了学习领域的基本概念、规则和问题解决策略。导师模型决定适合学习者的学习活动和教学策略,学习者模型动态地描述了学生在学习过程中的认知风格、能力水平和情感状态。其中,领域模型是智能化实现的基础,教学模型则是领域模型和学生模型之间的桥梁,其实质是做出适应性决策和提供个性化学习服务。教学模型根据领域知识及其推理,依据学习者模型反映的学习者当前的知识技能水平和情感状态,做出适应性决策,向学习者提供个性化推荐服务②。

2. 教育游戏

教育游戏通过构建充分开放的游戏框架和环境,提供一种观察和认识世界的新视角。益智游戏玩家不仅使用游戏工具解决问题,还使用自己的知识和技能。例如,芝加哥科学与工业博物馆的网站允许游客玩“生存模式”的游戏。该游戏专为青少年设计,专注于研究在极端情况下发生在人体内的主要身体系统的变化过程。游戏玩家不仅克服了许多障碍,还了解了人体的结构。另外,青少年学会使用鼠标和手写

---

① 祝智庭,魏非. 教育信息化 2.0:智能教育启程,智慧教育领航[J]. 电化教育研究,2018,39(9):5-16.
② 梁迎丽,刘陈. 人工智能教育应用的现状分析、典型特征与发展趋势[J]. 中国电化教育,2018(3):24-30.

笔,学习撰写简单的生存搜索等机器人程序。

3. 拍照搜索、在线答疑

小猿搜题、Volley 等通过图像识别、机器学习和自然语处理技术能够实现快速识别图像并分析检索所需的内容,帮助学生可以通过拍照搜索到所需资料或实现在线答疑。

4. 机器翻译

当下的翻译应用程序种类较多,但翻译时的准确率较低,难以达到"信、达、雅"的要求。人工智能技术支持下机器翻译可以更快、更高效,继而可以弥补许多第二语言学生的语言差异。[①]

（三）面向教学内容的主流应用

"云"被理解成是一个包含大量可用虚拟资源(例如硬件、开发平台以及 I/O 服务)的资源池。这些虚拟资源可以根据不同的负载动态地重新配置,以达到更优化的资源利用率。教育云服务,是指利用虚拟化、负载均衡和分布式存储等技术,建设一个统一的智能开放架构云计算平台,深度集成整合各种资源、平台和应用,按需向用户提供租用或免费服务,满足教育用户通过各种信息终端完成教学、学习、科研、管理、社会交往等方面的需求,实现发布教育信息、获取教学资源、开展教学互动、统计教育信息与数据、形成科学决策、实施教育评价、开展协同科研等系列活动。大部分学者认可云教育的价值有 6 个方面:①减少公用开支。②提高效率、提高资源利用水平。③提供更多的学习机会。④实现以学习者为中心的学习方式,改变过去填鸭式教学现状。⑤促进正式学习和非正式学习。⑥增加网络共享资源的开放性、共享性和重用。[②] 教学内容云共享是人工智能应用、教育信息化的重要内容之一。云计算使得海量优质教学资源的共建共享、学习资源的便利获取成为可能。牟智佳提出,个性化学习服务的确立应当以基于人工智能技术的智能教育云服务平台为支持。[③] 王珠珠认为,云终端一体化应用是将来教育信息化的重要基础。

（四）面向教学环境/教学媒介的主流应用

虚拟现实(Virtual Reality,VR)技术是一种可以模拟逼真三维世

① 祝智庭,魏非. 教育信息化 2.0：智能教育启程,智慧教育领航[J]. 电化教育研究,2018,39(9)：5-16.

② 罗桂琼. 云计算技术在教育信息化中的应用研究[J]. 电脑与信息技术,2019,27(4)：48-50.

③ 牟智佳."人工智能＋"时代的个性化学习理论重思与开解[J]. 远程教育杂志,2017,35(3)：22-30.

界的计算机技术,它能够支持创建模拟环境,向学习者提供视觉、听觉、触觉等多种感官刺激,并可以实现实时交互,因而能带给学习者更好的"真实性""交互性"以及"沉浸性",也正是因为具备以上特点,学生在虚拟现实技术所创造的仿真场景中参与体验活动,有助于获取比课本学习更丰富、更深刻的学习体验。增强现实(Augmented Reality, AR)技术可以将虚拟的物体合并到现实场景中,并能支持用户与其进行交互,它已经成为虚拟现实研究中的一个重要领域,也是人机界面技术发展的一个重要方向,主要应用于在教学学具开发、教育游戏开发、学科教学、电子书开发、物体建模、职业培训6个教育领域。

四、智能教育的经典理论

现代智能理论促进了智能教育的发展,如多元智能理论从过去认为智能是单一通用的能力,转变为多元的能力结构。

(一)智能是单一通用的能力

为了把异常儿童和一般儿童区分开来,并对其进行特别的教育,20世纪初,法国心理学家阿尔弗雷德·比纳(Alfred Binet)与泰奥多尔·西蒙(Theodore Simon)编制出智力量表以检验人与生俱来的能力,测验结果用智龄表征。美国斯坦福大学教授推孟于1916年对"比奈-西蒙智力量表"修订,将智龄修订为智力商数(Intelligence Quotient),即著名的智商IQ。智能此时被认为是一种独立于学习的单一且通用的才能(Aptitude)。

(二)多元智能结构

对智能是否为单一通用的能力,争议很大。对此,查尔斯·斯皮尔曼(Charles Spearman)发明了因素分析(Factor Analysis)技术,得出"智能由多种能力组成"的结论(Spearman,1904)。然而,智能由哪些能力组成,心理学家的回答并不统一。在诸多智能理论中,最著名的当属罗布特·斯腾伯格(Robert Sternberg)的三元智能理论(Triarchic Theory of Human Intelligence)和霍华德·加德纳(Howard Gardner)的多元智能理论(Theory of Multiple Intelligence)。前者得到心理学界的赞誉,后者受教育界宠爱。斯腾伯格从问题解决的认知过程角度,分智能为分析性智能(Analytic Intelligence)、实用性智能(Practical Intelligence)、创造性智能(Creative Intelligence)(Sternberg,1999)。分析性智能是识别、界定问题并寻找到解决方案的能力;实用性智能是在日常生活中应用和执行这些解决方案的能力;创造性智能是产生新奇、有用的解决方案的能力。三元智能理论修正与扩充了传统智能,不仅关注学业成就,还关注现实生活中的复杂问题(即传统智能仅是分析性智能的一部分);不仅关注已有成就,也关注成就的获得与应用。加德纳则从解决问题或创造产品所需要的能力出发，提出智能具有 9 种类型（严格讲，加德纳认为是 8 种智能）（Gardner，2008）：语言言语智能（Verbal Linguistic）、数理逻辑智能（Logical-mathematical）、人际沟通智能（Interpersonal）、自我内省智能（Intraper-sonal）、音乐韵律智能（Musical-rhythmic and Harmonic）、视觉空间智能（Visual-spatial）、自然观察智能（Naturalistic）、肢体运动智能（Bodily-kinesthetic）、存在智能（Existential）。2016 年，加德纳提到他正考虑加入第 10 种智能：教学教法智能（Teaching-pedagogical）（Gardner，2016）。现代智能理论经历了从一元结构到多元结构的发展，并在心理学界引起诸多争议，但教育学界对多元化评估学生的理念是一致的。这或许就是加德纳智能理论广受欢迎的原因。[①]

第三节 智能教育思想的案例分析

一、外国中小学的智能教育

目前，国内外一些中小学对基于这些课程的 AI 教育做了积极有益的探索，美、英等国的 AI 教学则主要体现于计算机科学教育及计算课程当中。

美国 K12 AI 教育概况及案例分析[②]：

美国没有独立的人工智能课程，人工智能相关教学内容只是计算机科学课程中的一部分，并将编程列为其中非常重要的一部分。编程课并不是教学生写代码，而是引导学生"组装"（Assemble）编好的程序模块。美国市场上有很多种类的机器人已经进入中小学课程或课堂当中，学生可以通过编程控制机器人以完成简单的动作，从而培养学生学习编程的乐趣。

---

① 祝智庭，彭红超，雷云鹤. 智能教育：智慧教育的实践路径[J]. 开放教育研究，2018，24(4)：13-24,42.

② 陈凯泉，何瑶，仲国强. 人工智能视域下的信息素养内涵转型及 AI 教育目标定位[J]. 远程教育杂志，2018，36(1)：61-71.

由于美国基础教育阶段的计算机课程具有很强的灵活性，所以教学实施形式灵活多样，与高校合作开办课程便是其中的一种形式。例如，卡耐基·梅隆大学的暑期夏令营就开发了一个试点课程，该课程主要面向几乎没有编程经验的学生。课程为期三周，每周三天，每天两小时，学习内容包括两个科学或工程项目，鼓励学生参加论文写作和数学复习课程，并参加一些标准化的模拟国家考试。该课程专注于Tekkotsu 的可扩展状态机器语言，Tekkotsu 是一个开源的应用程序，它能够为智能移动机器人提供程序框架，该程序最初是为本科计算机专业学生设计的，改进之后供高中生使用。Tekkotsu 可以在多个层次上提供反馈和错误检测，其附带的可视化工具和结对编程（Pair Programming）技术，不仅能够帮助教师搭建学习过程，为课堂教学提供了一种系统方法，还可以用实时反馈的方式，有效地解决学生关注的问题。Tekkotsu 机器人带有彩色的摄像机，能看到真实的外部世界，并为机器人提供了运转、导航和语言生成。使用 Tekkotsu 应用程序，学生可以跳过如打开或关闭发动机之类低水平的机器人编程，而将重点放在问题感知和导航控制上。

美国在 K12 教育中虽然很少提及声明性编程（Declarative Programming），但声明性编程是计算机科学教学的一个可行范例，它在 AI 教育和帮助学生探索和理解问题上非常重要。所以，很多大学为当地高中生设计了为期四周的暑期编程学习内容。该课程的整体目标是教会学生运用声明式语（Declarative Language）解决问题，在课程结束之后，学生应该具备的能力包括：①识别解决问题需要的知识；②识别对象及其类别，理解对象与对象、对象与知识之间的关系；③编写 ASP 程序来表示目标②中确定的对象、关系和定义。该课程主题包括：定义对象类别、声明关系，用递归方式定义关系，用程序解决家庭成员关系、地图着色和数独（数学游戏）。在课堂上，老师为学生讲解主要概念、展示例子，演示程序；随后，学生将执行相同的示例程序，进而解决更复杂的问题。该课程采用循序渐进的方式引导学生发现问题，了解计算机科学的思想，进而运用计算机技术解决问题。

二、中国的智能教育

我国基础教育阶段的科学课、STEM 教育和创客教育中，也包含内容丰富的人工智能相关的教学内容，如 STEM 教育对人工智能技术的引介[①]。

---

① 陈凯泉，何瑶，仲国强. 人工智能视域下的信息素养内涵转型及 AI 教育目标定位——兼论基础教育阶段 AI 课程与教学实施路径[J]. 远程教育杂志，2018，36(1)：61-71.

STEM 教育在于鼓励学生利用科学、工程、技术、数学之间的关联性知识解决问题，鼓励学生将不同学科中的思想、方法综合起来，解决实际问题，它打破了学科壁垒、促进学科融合[①]。

北京市景山学校的吴俊杰老师在 STEM 教育上做了一系列理论和实践研究。该校基于学生发展特点，开设了名为"数学科学家"的校本课程，探索了信息技术课程变革中的 STEM 教育模式，设计了一系列互动教学平台的应用与研究案例。例如，将编程运用到物理学科中，帮助学生掌握物理学科基本概念和物理量之间的变化规律，将编程工具的传感器功能用作观察电阻和电流变化的规律，研究电阻值与传感器数值之间的关系，该探索运用了数学中函数曲线等知识，并详细解释了其推导过程。吴俊杰老师还运用编程工具研究光敏电阻与照度关系，该研究采用了"标定实验—科学上的应用—工程上的应用"这一教学思路，在总结出光强与距离成反比这一重要规律的基础上，做了一个简易照度计。

温州中学的谢如老师同样对编程语言教学进行了积极探索，他开发了一门名为"智能机器人创意设计"的校本课程。谢作如老师将编程工具自带的用于获取外部环境变化信息的传感器与"乐高机器人"相结合，以拖拽图标的形式帮助学生学习编程，教学生设计机器人。学生从制作出作品的过程中能够感受到编程的乐趣，从而有效培养学生的创新精神和动手操作能力。

思 考 题

1. 简述智能教育的发展历程。
2. 智能教育的内涵是什么？
3. 简述人工智能技术在教育中的主流应用。
4. 陈述一个实施智能教育的案例。
5. 简述加德纳的多元智能理论。

---

① 傅骞，刘鹏飞. 从验证到创造——中小学 STEM 教育应用模式研究[J]. 中国电化教育，2016(4)：71-78.

参 考 文 献

1. 著作类

[1] 冯建军. 生命教育教师手册[M]. 太原：山西教育出版社,2018.

[2] 杰·唐纳·华特士. 生命教育——与孩子们一同迎向人生挑战[M]. 林莺,译. 成都：四川大学出版社,2006.

[3] 肖川. 生命教育论[M]. 北京：中国社会科学出版社,2004.

[4] 郑晓江. 生命与死亡——中国生死智慧[M]. 北京：北京大学出版社,2011.

[5] 沈之菲. 生涯心理辅导[M]. 上海：上海教育出版社,2000.

[6] 徐大真. 职业心理学[M]. 北京：高等教育出版社,2011.

[7] 黄晋太. 创新教育与创新人才培养[M]. 北京：红旗出版社,2002.

[8] 邓彤. 学会学习[M]. 北京：中国物资出版社,2000.

[9] 殷陆君. 人的现代化——心理·思想·态度·行为[M]. 成都：四川人民出版社,1985.

[10] 资中筠. 启蒙与中国社会转型[M]. 北京：社会科学文献出版社,2011.

[11] 夏勇. 走向权利的时代[M]. 北京：社会科学文献出版社,2007.

[12] 全国教育联合会新学制课程标准起草委员会. 新学制课程标准纲要[M]. 上海：商务印书馆,1925.

[13] 单文经. 澳门公民教育简史载 21 世纪中国公民教育的机遇与挑战[M]. 郑州：郑州大学出版社,2008.

[14] 卢梭. 爱弥儿（上卷）[M]. 李平沤,译. 北京：商务印书馆,1981.

[15] 李妍焱. 拥有我们自己的自然学校[M]. 北京：中国环境出版社,2016.

2. 论文类

[1] 张鸿芹. 现代教育思想及方法[J]. 包头职业技术学院学报,2004(1)：30-31,42.

[2] 邹峻. 现代教育思想课程复习举要[J]. 当代电大,2004(11)：82-86.

[3] 柏民理. 对《现代教育思想》课程网上教学活动的理性思考[J]. 辽宁广播电视大学学报,2010(2)：23-24.

[4] 季瑶佳. 现代教育思想下的汉语言文学教学分析[J]. 中外交流,2017(28)：153-154.

[5] 严梅. 现代教育思想引导下的汉语言文学教学创新路径[J]. 黑龙江教育学院学报,2019,38(8)：34-36.

[6] 郑玉宇.《现代教育思想》课程导学模式初探[J]. 湖北广播电视大学报,2007(3)：21-22.

[7] 晋银峰,胡海霞,陈亚茹. 我国大学生命教育研究十六年[J]. 黑龙江高教研究,2018,36(11)：41-46.

[8] 张文质. 教育的价值向度与终极使命——访黄克剑先生[J]. 教育评论,1993(4)：3-7.

[9] 叶澜. 让课堂焕发出生命活力——论中小学教学改革的深化[J]. 教育研究,1997(9)：3-8.

[10] 顾明远. 教育的本质是生命教育[J]. 课程·教材·教法,2013,33(9)：85.

[11] 冯建军. 生命教育与生命统整[J]. 教育理论与实践,2009,29(22)：8-11.

[12] 冯建军,朱永新,袁卫星. 论新生命教育课程的设计[J]. 课程 · 教材·教法,2017,37(10)：12-18.

[13] 朱永新,冯建军,袁卫星. 新生命教育课程的理念[J]. 教育,2017(5)：16.

[14] 张洪烈. 舒伯生涯发展论的评析及应用[J]. 云南财经大学学报,2010,26(4)：154-160.

[15] 冯国锋. 生涯教育是以职业为核心的综合性的终身教育[J]. 教育与职业,2012(6)：176-178.

[16] 南海,薛勇民. 什么是"生涯教育"——对"生涯教育"概念的认知[J]. 中国职业技术教育,2007(3)：5-6,10.

[17] 王来顺. 霍兰德职业选择理论及其现实运用[J]. 求索,2009(7)：160-161,116.

[18] 张洪烈. 舒伯生涯发展论的评析及应用[J]. 云南财经大学学报,2010,26(4)：154-160.

[19] 高艳,王瑞敏,林欣. 基于生涯混沌理论的大学生职业生涯规划课程设计[J]. 高教探索,2017(12)：119-123.

[20] 杨浩. 浅谈高校开展创造学教育的必要性[J]. 文史月刊,2012(8)：201-202.

[21] 张海燕. 创造学与我国高校创造教育的回顾与前瞻[J]. 扬州大学学报(高教研究),2009,13(4)：21-23.

[22] 牛楠森,李越. 创新的教育性与创新教育[J]. 国家教育行政学院学报,2017(9)：23-28.

[23] 孙喜香. 社会民主主义的公民教育观研究[D]. 武汉：华中师范大学,2018.

[24] 秦秋霞. 当代中国公民教育价值取向研究[D]. 武汉：华中师范大学,2013.

[25] 戴淑芬. 论民国初期的公民教育[J]. 教育教学论坛,2017(11)：144-145.

[26] 何思颖,何光全. 终身教育百年：从终身教育到终身学习[J]. 现代远程教育研究,2019(1)：66-77,86.

[27] 张四方,武迪迪. 基于核心素养的 HPS 教学实践——以"甲烷"为例[J]. 化学教育(中英文),2019,40(13)：33-36.

[28] 邓阳,王后雄. 科学教育的新篇章：美国《下一代科学教育标准》及其启示[J]. 教育科学研究,2014(5)：69-74.

[29] 张超. 基于地理"P＋S"自能发展课堂课案设计——以"多变的天气"为例[J]. 地理教学,2019(3)：15-18,32.

[30] 熊国勇. 美国《下一代科学标准》核心内容与特征分析[J]. 基础教育,2016,13(2)：97-103.

[31] 陈钱钱,赵国庆,王晓静. 科学工程实践、跨学科概念与学科核心知识的整合——从《下一代科学教育标准》视角看 WISE 项目[J]. 远程教育杂志,2018,36(2)：29-36.

[32] 王惠娟,张琦,周维国. NGSS 评估项目对高中地理表现性评价的思考[J]. 地理教学,2019(16)：28-31,49.

[33] 孙文娜,韩芳. STEM 到 STEAM：科学、艺术与创新教育[J]. 中国教育技术装备,2019(4)：80-82.

[34] 陈·巴特尔,许伊娜. 和而不同：中西自然教育的不同演绎[J]. 天津市教科院学报,2015(4)：9-11,47.

［35］李贤智,杨汉麟."让学校适应学生"的可贵尝试——尼尔夏山学校教育实验的历史回顾［J］.黄冈师范学院学报,2008(1)：108-112.

［36］张宛."问题儿童"康复的探索——夏山学校的教育实践［J］.河北师范大学学报(教育科学版),2008(3)：58-61.

［37］张建平.夏山学校办学特色摭论［J］.天津市教科院学报,2006(5)：26-27.

［38］班建武."新"劳动教育的内涵特征与实践路径［J］.教育研究,2019,40(1)：21-26.

［39］张德伟.国际中小学劳动教育初探［J］.中国德育,2015(16)：39-44.

［40］郭璨,陈恩伦.我国网络教育政策变迁的多源流理论阐释［J］.教育研究,2019,40(5)：151-159.

［41］黄先开,殷丙山.网络教育学的学科可能性与基本问题探讨［J］.开放学习研究,2017,22(6)：5-10.

［42］杨志坚.国家开放大学的历史使命［J］.中国高等教育,2011(Z2)：33-35.

［43］王红,赵蔚,孙立会,等.翻转课堂教学模型的设计——基于国内外典型案例分析［J］.现代教育技术,2013,23(8)：5-10.

［44］王文礼.MOOC的发展及其对高等教育的影响［J］.江苏高教,2013(2)：53-57.

［45］祝智庭,彭红超,雷云鹤.智能教育：智慧教育的实践路径［J］.开放教育研究,2018,24(4)：13-24,42.

［46］段世飞,龚国钦.国际比较视野下的人工智能教育应用政策［J］.现代教育技术,2019,29(3)：11-17.

［47］梁艳茹.人工智能时代的基础教育目标定位［J］.当代教育科学,2019(1)：15-18.

［48］王亚飞,刘邦奇.智能教育应用研究综述［J］.现代教育技术,2018,28(1)：5-11.

［49］张进宝,姬凌岩.是"智能化教育"还是"促进智能发展的教育"——AI时代智能教育的内涵分析与目标定位［J］.现代远程教育研究,2018(2)：14-23.

［50］刘邦奇,王亚飞.智能教育：体系框架、核心技术平台构建与实施策略［J］.中国电化教育,2019(10)：23-31.

［51］周邵锦,王帆.K12人工智能教育的逻辑思考：学生智慧生成之路——兼论K12人工智能教材［J］.现代教育技术,2019,29(4)：12-18.

［52］刘邦奇,袁婷婷.智能教育系统的总体架构及区域实践模式研究［J］.远程教育杂志,2019,37(3)：103-112.

［53］朴钟鹤.教育的革命：韩国智能教育战略探析［J］.教育科学,2012,28(4)：87-91.

［54］梁迎丽,刘陈.人工智能教育应用的现状分析、典型特征与发展趋势［J］.中国电化教育,2018(3)：24-30.

［55］高婷婷,郭炯.人工智能教育应用研究综述.现代教育技术,2019,29(1)：11-17.

［56］祝智庭,魏非.教育信息化2.0：智能教育启程,智慧教育领航［J］.电化教育研究,2018,39(9)：5-16.

［57］张进宝,黄荣怀,张连刚.智慧教育云服务：教育信息化服务新模式［J］.开放

教育研究,2012,18(3)：20-26.

[58] 罗桂琼. 云计算技术在教育信息化中的应用研究[J]. 电脑与信息技术,2019,27(4)：48-50.

[59] 牟智佳."人工智能＋"时代的个性化学习理论重思与开解[J]. 远程教育杂志,2017,35(3)：22-30.

[60] 王珠珠. 教育信息化 2.0：核心要义与实施建议[J]. 中国远程教育,2018(7)：5-8.

[61] 朱淼良,姚远,蒋云良. 增强现实综述[J]. 中国图象图形学报,2004(7)：3-10.

[62] 刘立云,李春燕,赵慧勤. 增强现实(AR)技术在教育中的应用案例研究[J]. 中国教育信息化,2017(17)：19-22.

[63] 陈凯泉,何瑶,仲国强. 人工智能视域下的信息素养内涵转型及 AI 教育目标定位——兼论基础教育阶段 AI 课程与教学实施路径[J]. 远程教育杂志,2018,36(1)：61-71.

[64] 傅骞,刘鹏飞. 从验证到创造———中小学 STEM 教育应用模式研究[J]. 中国电化教育,2016(4)：71-78.